PLAN

d'un

NOUVEL ÉQUILIBRE POLITIQUE

EN EUROPE

LYON. — IMPRIMERIE DE GIRARD ET JOSSERAND,
Rue Saint-Dominique, 13.

PLAN

D'UN NOUVEL

ÉQUILIBRE POLITIQUE

EN EUROPE

OUVRAGE PUBLIÉ EN 1798 SOUS LE VOILE DE L'ANONYME

PAR

JOSEPH DE MAISTRE

NOUVELLE ÉDITION

PRÉCÉDÉE D'UNE INTRODUCTION

PAR

M. R. DE CHANTELAUZE

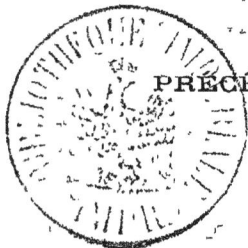

PARIS

CHARLES DOUNIOL, LIBRAIRE

Rue de Tournon, 29.

LYON

GIRARD ET JOSSERAND, LIBRAIRES-ÉDITEURS

Place Bellecour, 4.

1859

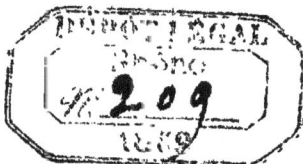

A MON ILLUSTRE ET HONORÉ DÉFENSEUR

MONSIEUR ODILON BARROT

ANCIEN DÉPUTÉ, ANCIEN MINISTRE DE LA JUSTICE

ET PRÉSIDENT DU CONSEIL

Hommage d'une respectueuse et inaltérable reconnaissance.

R. C.

La récente publication des *Mémoires politiques* et de la *Correspondance inédite* de Joseph de Maistre, faite sous les auspices du ministère piémontais, a éveillé au plus haut degré la curiosité publique. Elle a fait plus. En divulguant la pensée de cet homme extraordinaire sur les limites territoriales qu'il rêvait pour le Piémont, elle a tout à coup ravivé les espérances trompées des uns et les craintes assoupies des autres. En un mot, elle semble avoir servi en quelque sorte de préface à la question brûlante dont l'Italie est aujourd'hui la cause et le foyer.

Le comte de Maistre, dans ces nouveaux Mémoires, nous est apparu, mieux que ja-

*

mais, animé du plus généreux patriotisme,
et il semblait que la tâche de nous le montrer plus complet, à ce point de vue, dût paraître assez belle à l'éditeur de ce livre.
Malheureusement, au lieu de se borner à
rendre son modèle dans sa grandiose unité,
M. Albert Blanc s'est égaré de paradoxe en
paradoxe. C'est ainsi que, sous sa plume,
J. de Maistre est devenu tour à tour franc-
maçon, jacobin, saint-simonien et fouriériste.
Aussitôt la presse démocratique s'est emparée de cette lumineuse découverte, et elle a
coiffé ce noble buste du bonnet phrygien.

Pour que sa gloire restât pure et intacte,
ce n'était point assez que le comte de Maistre
eût écrit les *Considérations sur la France*,
le livre *Du Pape*, les *Soirées de Saint-Pétersbourg*. Les gages éclatants qu'il donna sans
cesse à l'ordre européen, à la civilisation
tout entière, n'auront pu mettre à l'abri de
doutes intéressés, de soupçons injurieux,
l'intégrité de sa foi chrétienne et de sa foi
monarchique. A l'aide de quelques lambeaux
de phrases décousues, dont on n'a pas bien

saisi peut-être la vraie portée, on a fait de
l'infatigable défenseur de l'Eglise et de l'hé-
rédité royale un secret ennemi des rois, un
audacieux contempteur des Papes.

Une critique plus sensée s'est élevée aussitôt pour protester énergiquement contre
cette déviation imprimée avec tant d'audace
aux doctrines si nettes et si droites de J. de
Maistre. En rappelant l'attention des lecteurs
sur ses principaux ouvrages, en mettant en
saillie les points essentiels de ses doctrines,
cette critique a détruit en partie la fâcheuse
impression causée par les interprétations de
ces Mémoires.

C'est à cette critique saine et judicieuse
que nous apportons aujourd'hui un nouveau
levier, pour replacer et raffermir sur son
piédestal la statue de l'immortel publiciste.

Le livre que nous publions, et qui est
l'œuvre de J. de Maistre, et non celle de
l'abbé de Pradt, comme le supposent aujourd'hui tous les biographes, ce livre
nous a paru le meilleur des arguments

à opposer aux commentaires quelque peu
aventureux des *Mémoires politiques*.

Au lieu de lambeaux et de fragments de
correspondance, dont les vides sont com-
blés, dans ce dernier ouvrage, par des considérations trop souvent étrangères aux
vraies théories et à la pensée de l'auteur,
on trouvera dans ce livre un exposé complet
des idées de Joseph de Maistre sur la révolution française et sur une reconstitution
de l'Europe d'après de nouvelles bases. Les
immuables vérités qu'il y fait entendre sur
les caractères essentiels de la révolution,
n'ont rien perdu et ne perdront jamais rien
de leur intérêt. Le plan qu'il y expose pour
réorganiser non seulement le Piémont et
l'Italie, mais l'Europe entière d'après un
nouvel équilibre, ce plan ne saurait manquer non plus, au milieu des inquiètes
préoccupations du jour, d'exciter vivement
la curiosité des lecteurs.

Ainsi, la publication de ce livre est inté-
ressante à un double point de vue : elle fera
mieux connaître les conceptions politiques

de l'auteur des *Considérations* ; en second lieu, elle mettra en pleine lumière l'homme que M. Proudhon pourrait si justement nommer l'antinomie vivante de la révolution.

Lorsque ce livre parut pour la première fois, il causa en Europe une sensation profonde. Les publicistes, les hommes d'Etat le lurent avec admiration. Le Directoire s'en émut, et la presse révolutionnaire poussa un cri de stupeur. Le fougueux démagogue Antonelle lui consacra plusieurs articles remarquables dans son *Journal des Hommes libres*, et déclara *que c'était la production la plus redoutable qu'eût imaginée le génie de la contre-révolution.*

Mallet du Pan, un des penseurs les plus judicieux de l'époque révolutionnaire, publia, dans le numéro VIII de son *Mercure britannique*, un compte-rendu de ce livre *prodigieux*, dans lequel, sauf quelques restrictions de détails, il ne donne aucune borne à son admiration.

« A la fin, dit-il, nous avons un écrit où

« l'on ne répète pas ce que d'autres avaient
« déjà répété, et qu'on peut lire sans regretter
« la perte de son temps...

« Personne n'a mieux déduit que l'écri-
« vain, en moins de mots et avec une saga-
« cité aussi juste, l'état des questions à l'or-
« dre du jour. Il résume d'abord, dans un
« chapitre tracé à grands traits, les caractè-
« res de cette révolution qui a produit tant
« de méprises, de mauvais juges et de mau-
« vais peintres, et qui à tous ces fléaux a
« ajouté *celui des empiriques qui promettent*
« *d'en guérir le genre humain, pourvu qu'on*
« *prenne de leur drogue et surtout qu'on la*
« *paie.*

. . . .

« Tout ce qu'on peut dire de profond,
« d'évident et de sommaire sur ce sujet, se
« trouve dans les trente premières pages de
« cette brochure, écrite avec autant de force
« que de clarté.

« Nombre de Français expatriés, les étran-
« gers qui les copient, les ministres qui leur
« accordent confiance, n'aperçoivent dans la

« subversion de la France que leur histoire
« personnelle, et dans la révolution qu'une
« émeute prolongée par des scélérats Nom-
« bre d'hommes en place et de raisonneurs
« au-dehors en sont encore à croire qu'on
« peut transiger avec ce volcan et l'éteindre
« en le laissant brûler. J'invite les uns et
« les autres à méditer les observations que
« présente l'auteur sur *l'universalité*, sur *la*
« *mobilité*, *la rapidité*, *l'incompatibilité* de
« la révolution avec tout ce qui existe
« encore, hors de la ligne de ses do-
« maines.

. . . .

. . . .

« C'est un jeu de mots que de parler de
« paix au milieu d'un état de choses où toutes
« les conditions, tous les attributs de paix
« ont disparu. L'auteur combat, avec la su-
« périorité de la dialectique, de l'expérience
« et du jugement, cette vaine subtilité, dic-
« tée par l'incertitude et par la crainte, qui
« fait distinguer de l'état de guerre celui de
« désordre, d'humiliation, de crise et de ter-

55

« reur où l'on se trouve en ce moment...
« (10 décembre 1798.)

 « Nous regrettons de ne pouvoir transcrire
« le dernier chapitre de l'*Antidote*, écrit avec
« une vigueur de raison et une précision de
« vérité qu'il est peu aisé de rendre dans
« un extrait.

. . . .

. . . .

 « L'Europe a pris, sinon une nouvelle
« face, du moins une nouvelle inclinaison
« depuis quatre mois. L'*Antidote*, *composé*
« *au commencement de l'été*, se rapporte à
« cette époque, et n'est pas toujours en har-
« monie avec celle qui lui a succédé.

. . . .

. . . .

 « Peu de gens connaissent mieux que l'au-
« teur la France, l'esprit de l'Europe, la
« crise générale, les torts des médecins et la
« nature des remèdes; toutefois ses notions
« sur l'Angleterre participent des erreurs
« trop répandues sur le continent; il a
« été trompé sur des points essentiels, et

« surtout dans son chapitre sur les colo-
« nies. »

. . . .

« Mais ces inexactitudes, dit en finissant
« Mallet du Pan, mais quelques pensées
« plus hardies que solides, diminuent faible-
« ment le mérite de cet ouvrage, où l'auteur
« pénètre dans l'intérieur même du sujet,
« en écartant les superficies qui absorbent
« les observateurs médiocres. *Au-dessus*
« *des préjugés de nation, de condition et de*
« *parti*, il paraît unir à la vigueur de carac-
« tère celle d'un esprit étendu et cette capa-
« cité si rare *qui s'applique heureusement*
« *aux différentes branches de l'intelligence*
« *humaine.* »

A qui pouvait convenir alors un tel éloge,
sinon à l'auteur des *Considérations sur la
France ?*

Un an auparavant, Mallet avait fait de
lui un portrait à peu près semblable dans
l'*Avertissement des éditeurs* qui précédait ce
dernier ouvrage.

« Le hasard a fait tomber entre nos mains,

« disait-il dans cette préface, le manuscrit
« de l'ouvrage qu'on va lire. Son au-
« teur nous est inconnu, mais nous sa-
« vons qu'il n'est point Français ; on s'en
« apercevra à la lecture de ce livre. Trop
« d'étrangers sans doute, surtout en Alle-
« magne, se sont mêlés et se mêlent encore
« de juger la révolution, ses causes, sa na-
« ture, ses acteurs et ses suites, d'après la
« lecture de quelques papiers publics. On ne
« doit pas confondre ce fatras *avec l'ouvrage*
« *ingénieux et instructif que nous publions.*

« Sans adopter toutes les vues de l'au-
« teur, sans approuver quelques unes de
« ses idées qui semblent approcher du pa-
« radoxe,... on ne lui disputera ni une grande
« instruction, ni l'art de la mettre en œuvre,
« ni des principes d'une incontestable vé-
« rité.

« Il paraît que ce manuscrit, *chargé de*
« *ratures,* n'a pas été revu par l'auteur, et
« que son travail est incomplet ; de là quel-
« ques négligences de diction, quelques in-
« cohérences, et une précision quelquefois

« trop sèche dans certains raisonnements
« trop affirmatifs. *Mais ces imperfections*
« *sont rachetées par l'originalité du style,*
« *par la force et la justesse des expressions,*
« *par nombre de morceaux dignes des meil-*
« *leurs écrivains, et où une grande étendue*
« *d'esprit s'unit à cette pénétration vive et lu-*
« *mineuse qui, au milieu des nuages de la*
« *politique polémique, montre des routes et*
« *des résultats nouveaux.* Puisse ce travail
« être médité par les Français!... etc. »

S'il faut admettre le récit de M. Albert
Blanc, ce serait cette préface, si flatteuse au
fond, qui aurait jeté depuis quelque froi-
deur dans les relations de Joseph de Maistre et de Mallet du Pan. Il serait difficile de
le croire, s'il n'existe que cette seule preuve.
Joseph de Maistre avait beaucoup d'estime
pour la personne de Mallet, une admiration
si vraie et si sincère pour son talent d'écrivain, que dans l'un de ses premiers ouvrages, l'*Adresse à la Convention nationale*, il
essaya d'imiter le style véhément et original
de ce remarquable publiciste. Il le pria

même de faire imprimer cet essai, et l'on n'ignore pas que Mallet se chargea de cette commission.

Ces détails sont importants, comme venant à l'appui de la thèse que nous allons soumettre au lecteur.

L'ouvrage que nous publions parut, pour la première fois, sous ce titre : *Antidote au congrès de Rastadt, ou Plan d'un nouvel équilibre politique en Europe, par l'auteur des Considérations sur la France.* — LONDRES, 1798. C'est cette première édition dont nous reproduisons le texte ; elle est devenue d'une rareté extrême, nous ne savons pour quelle raison.

Afin de détourner les soupçons de la police, Mallet, dans son compte-rendu de l'*Antidote*, s'exprimait ainsi :

« *Cette brochure a paru dernièrement en* « *Allemagne sans nom d'imprimeur et de* « *libraire,* omission dont il faut conclure « que l'auteur n'a trouvé sur le continent « *ni un gouvernement, ni un marchand* « *de livres, assez hardis pour autoriser cette*

« *publication*. Lorsque, à sa lecture, on aura
« vu qu'elle a tout entière pour objet l'exa-
« men et la défense des premiers intérêts de
« l'Europe, le tableau de ses dangers et de
« ses ressources, et celui des effets qui doi-
« vent résulter de la puissance actuelle de
« la France, *on aura la juste mesure des dis-*
« *positions pusillanimes qui dominent encore*
« *sur le continent.* »

Il y avait péril, en effet, et un très-grand
péril, à publier le moindre mot contre les
hommes du Directoire. L'Europe, comme la
France, avait subi la nouvelle terreur de
fructidor.

Ainsi, lorsque Mallet, dans son *Mercure
britannique*, assurait que l'*Antidote* venait
d'être imprimé en Allemagne pour la première fois, et que l'auteur lui était inconnu,
il avait d'excellentes raisons pour taire la
vérité. Il avait déclaré de même ne pas connaître l'auteur des *Considérations*, et nous
savons le contraire. La plupart des biographes l'ont pris au mot ; de là l'erreur généralement accréditée parmi eux que la première

édition du livre fut imprimée à Hambourg.

Or, nous croyons être en mesure de prouver que cette opinion n'est nullement motivée.

A cette époque, Mallet habitait Londres [1], où il rédigeait le *Mercure*. L'année même où parut l'*Antidote*, c'est-à-dire en 1798, il fit imprimer, chez Splisbury, son *Essai historique sur la destruction de la ligue et de la liberté helvétique.*

Nous avons cet ouvrage entre les mains, et en comparant attentivement ses caractères typographiques avec ceux de l'*Antidote*, nous n'avons trouvé entre eux aucune différence. Ces caractères sont identiquement les mêmes ; les capitales des chapitres, les italiques des titres ne diffèrent en rien ; les chiffres qui indiquent la pagination sont encadrés de parenthèses à angles droits tout à fait semblables, et présentent les mêmes particularités, les mêmes irrégularités... En

_____

[1] Il demeurait, n° 19, Woodstock-Street.

un mot, il n'y a pas à en douter, la
première édition de l'*Antidote*, qui porte
sur son frontispice le nom de *Londres*, a
bien été réellement imprimée dans cette
ville et chez Splisbury, l'imprimeur de Mallet. Les hommes du métier à qui nous
avons soumis cette question sont du même
avis.

Ainsi, les relations de J. de Maistre avec
Mallet, la mission que celui-ci avait acceptée
déjà de faire imprimer un ouvrage de l'illustre anonyme, la complète ressemblance
des caractères de l'*Essai historique, etc.*, avec
ceux de l'*Antidote*, sortis l'un et l'autre des
presses de Splisbury en 1798, la présence
de Mallet à Londres à cette même époque,
tout démontre que ce dernier ouvrage a été
imprimé sous les yeux mêmes de celui-ci
et par ses soins.

Tout s'explique par ces coïncidences, jusqu'aux nombreux contre-sens et fautes typographiques du livre, car on sait déjà par
Mallet du Pan que l'écriture de J. de Maistre
était toute *chargée de ratures*.

A ceux qui pourraient objecter que si Mallet avait fait imprimer l'*Antidote*, il en eût sans doute corrigé avec plus de soin les innombrables erreurs, on peut répondre que le *Mercure britannique*, journal de Mallet, n'est pas moins criblé de fautes, et que s'il était à ce point insoucieux de la correction de ses propres ouvrages, à plus forte raison pouvait-il négliger la révision de ceux des autres. Au reste, il est facile de comprendre qu'un manuscrit français, d'une écriture peu lisible et probablement chargé de ratures, soit sorti tel que nous le connaissons d'une presse anglaise.

Nous espérons que ces raisons paraîtront concluantes aux bibliophiles.

Ainsi, la méprise des biographes lorsqu'ils assurent que le livre a été imprimé à Hambourg, vient évidemment de la fausse indication donnée par Mallet pour s'éviter des inquiétudes et des tracasseries. Mallet cachait le nom de l'auteur de l'*Antidote*, comme il avait caché celui de l'auteur des *Considérations*, *etc.* Pour se mettre à couvert, il avançait que le livre avait été publié en Allemagne. Son assertion n'était évidemment qu'un faux-fuyant, puisqu'il ne pouvait ignorer que Splisbury[1], qui, tous les mois, imprimait le *Mercure britannique*, avait prêté ses presses à l'*Antidote*, ouvrage politique tout à fait dans l'esprit de cette revue.

De son côté, J. de Maistre, en ne signant pas ce livre, avait les meilleures raisons pour ne pas se faire connaître. On sait avec quelle amertume il se plaignit plus tard des libraires qui placèrent son nom en tête des *Considérations sur la France*. Il s'emporte jusqu'à les qualifier de *bourreaux*, et en effet, s'il y avait péril pour sa position en 1816, à plus forte raison le mot n'eût-il pas été bien trouvé à une époque où cette imprudence eût si gravement compromis la tête

---

[1] En tête de l'ouvrage de Mallet intitulé: *Essai historique sur la destruction de la ligue et de la liberté helvétique*, Londres, in-8, 1798, le nom de l'imprimeur est écrit *Spilsburg*, et *Splisbury* sur le frontispice du *Mercure britannique*. Comment s'étonner après cela des nombreuses fautes typographiques qui défigurent l'*Antidote*, puisque l'imprimeur n'apportait aucun soin à l'orthographe même de son nom?

**

de l'auteur [1]? On sait, au reste, qu'il ne consentit à s'avouer publiquement l'auteur des *Considérations* qu'à partir de 1817, après son retour de Saint-Pétersbourg.

Si J. de Maistre n'a jamais réclamé la paternité de l'*Antidote*, même lorsque l'abbé de Pradt laissa supposer plus tard qu'il en était l'auteur, il est facile de comprendre son silence. Chargé naguère d'une mission secrète à Lausanne par le roi de Sardaigne, revêtu de fonctions publiques, il devait nécessairement dérober avec le plus grand soin le nom de celui qui, dans l'*Antidote*, avait fait entendre de si éclatantes et de si dures vérités

[1] « Je n'ai point encore vu mon ouvrage, écrit-il en 1816 au marquis Henri de Costa, Dieu sait comment on aura imprimé, à 800 lieues de moi, le grec et le latin. *Le bourreau de libraire a mis encore mon nom, contre ma défense la plus expresse. Les Considérations sur la France* m'ayant mis à la mode dans ce pays, mon nom peut aider au débit ; la bonne foi, la parole d'honneur ne signifient rien :

L'honneur est un vieux saint que l'on ne chôme plus. »

(*Lettres et Opuscules*, t. Ier, p. 378.)

« Quand je songe que Napoléon a tenu entre ses mains et que la plupart de ses généraux ont acheté à Milan la 5e édition des *Considérations sur la France, que je n'avouois pas à la vérité, mais que tout le monde m'attribuoit...* etc. »

(*Lettres et Opuscules*, t. Ier, p. 154.)

aux rois. Plus tard, devenu ministre plénipotentiaire de Sardaigne en Russie, de 1802
à 1817, la position si délicate où il se trouvait lui faisait du silence une loi non moins
rigoureuse. Enfin, rentré à Turin à cette dernière époque, et nommé presque aussitôt
chef de la grande chancellerie du royaume,
avec le titre de ministre d'Etat, il eut des raisons non moins graves de ne s'avouer en
rien l'auteur de cette véhémente philippique
contre l'inertie et l'imprévoyance des têtes
couronnées.

Ainsi s'explique parfaitement le silence
absolu, toujours inviolable et nécessaire que
garda jusqu'à sa mort J. de Maistre, afin de ne
compromettre jamais ni les intérêts de son
maître, ni sa sûreté et sa position personnelle.

Mais ce qui est caractéristique, c'est que,
s'il ne s'avoua jamais l'auteur du livre, il ne
protesta jamais non plus contre cette supposition, admise généralement dès l'apparition de l'*Antidote*.

Au reste, la première édition, celle dont
nous reproduisons le texte, le désignait suf-

fisamment, puisqu'elle portait ces mots sur son frontispice : *Par l'auteur des Considé-rations sur la France.*

Il y a plus, la seconde édition fut réunie aux *Considérations* sous le nom de J. de Maistre.

Ni l'une ni l'autre n'éveillèrent la moindre réclamation de sa part [1].

Que si l'on jette les yeux sur les principaux ouvrages de bibliographie, on n'y trouve rien de positif sur le véritable auteur du livre.

On lit dans le *Dictionnaire des Ouvrages anonymes et pseudonymes* de Barbier, t. Ier, sous le n° 920, que l'*Antidote au congrès de Rastadt* est de l'auteur des *Considérations sur la France* (ou plutôt de M. l'abbé de Pradt). Londres, 1798, in-8°.

M. Quérard, dans la *France littéraire,*

---

(1) « Peu après les *Considérations*, dit M. Albert Blanc, parut un livre non signé sur le congrès de Rastadt ; cet ouvrage, écrit par M. de Pradt, *fut généralement attribué à J. de Maistre.* Il y eut même en 1798 une édition clandestine imprimée à Paris sous la rubrique de Londres, où les *Considérations* et le *Congrès de Rastadt* sont réunis sous le nom de J. de Maistre. »

(*Mémoires, etc., p.* 35.)

s'exprime absolument dans les mêmes termes; mais il suppose que l'ouvrage, bien que
portant le nom de *Londres*, a été imprimé à
Hambourg. Puis il ajoute : « *C'est le premier
et le plus célèbre des écrits de l'auteur. Ce fameux Antidote* eut plusieurs éditions en Allemagne. Son succès fut infiniment moindre
en France que dans l'étranger, et cela devait
être ; car qu'importait alors à l'opinion énergique et puissante qui dominait, qu'un petit
prêtre émigré écrivît un livre bon ou mauvais contre la république française? »

M. Quérard nous apprend de plus qu'il y
eut, en 1799, une nouvelle édition de l'*Antidote* suivi de *La Prusse et sa neutralité*, sans
nom d'auteur ; ce dernier livre est de l'abbé
de Pradt. Ces deux ouvrages furent réimpri-
més de nouveau ensemble en 1817, Paris,
Béchet, in-8°.

Même incertitude dans les biographies
contemporaines. Dans la *Biographie moderne*, publiée à Leipsick en 1806, in-8°, on
lit à l'article *De Pradt*, qu'*on lui attribue généralement l'Antidote au congrès de Rastadt.*

La *Biographie des Hommes vivants*, publiée en 1819 chez Michaud, libraire, nous apprend de plus que « l'abbé de Pradt habita longtemps Hambourg, et qu'il y publia en 1798, sous le voile de l'anonyme, son *Antidote au congrès de Rastadt*, l'un des ouvrages les plus forts et les plus profondément pensés qui eussent encore paru contre les principes révolutionnaires. Cet ouvrage, ajoute le biographe, fut réimprimé plusieurs fois dans la même année, et fit en Europe une vive sensation. »

Comme on le voit, cette biographie est la seule jusqu'alors qui, sans hésiter, attribue l'*Antidote* à l'abbé de Pradt. Elle est contredite à la même époque par la *Biographie nouvelle des Contemporains*, publiée par Arnault, ancien membre de l'Institut, A. Jay, E. de Jouy, de l'Académie française, Norvins, etc., contemporains de l'abbé de Pradt et de J. de Maistre, et qui pouvaient savoir peut-être quelques particularités sur ce point.

Voici comment s'exprime, dans ce dernier ouvrage, l'auteur de l'article *De Maistre*, t. XII :

« *M. de Maistre est encore l'auteur du* Con-grès de Rastadt, *ouvrage auquel M. l'abbé de Pradt, ancien archevêque de Malines, a eu beaucoup de part...* » Et, par une étrange contradiction, la même biographie, à l'article *De Pradt*, attribue l'*Antidote* uniquement à ce dernier.

Il y a donc eu jusqu'à présent sur cette question une complète incertitude parmi tous les biographes. Mais comme la difficulté n'est à vider qu'entre deux personnes, nous espérons pouvoir la résoudre plus facilement que ne le fut la fameuse discussion qui s'agita à propos des *Lettres de Junius*. Ici le terrain est circonscrit, et à l'aide d'une rigoureuse critique, nous ne désespérons pas d'arriver à une démonstration aussi claire que possible.

Pour croire que le livre est de J. de Maistre, nous avons déjà une preuve bibliographique qui nous semble concluante. Joignons-y d'autres preuves de diverse nature : preuves littéraires tirées de la complète identité du style, de la répétition de certains

mots peu usités en général et employés avec
prédilection par J. de Maistre, de la parfaite
analogie de quelques idées philosophiques qui
lui sont propres ; preuves, enfin, tirées de
la nature même du plan d'équilibre européen présenté dans ce livre, plan qui ne peut
avoir été conçu que par un étranger, ce qui
élimine l'abbé de Pradt, et que par un Piémontais, ce qui désigne J. de Maistre. Ces
divers rapprochements, nous n'en doutons
pas, nous conduiront à une certitude pour
ainsi dire mathématique.

Commençons d'abord par les preuves tirées du style.

En comparant les nombreux ouvrages de
l'abbé de Pradt avec l'*Antidote*, on n'y trouve
pas la moindre ressemblance quant à la forme. Au contraire, entre les œuvres de J. de
Maistre et l'*Antidote*, analogie parfaite; même
style nerveux, sobre, concis, rapide, brus-
que, vif, éloquent, coloré, familier ; même
style plein d'ellipses, de verve et de chaleur.
Si l'axiome de Buffon : *Le style est l'homme
même*, a jamais été vrai, c'est surtout, à l'égard

de J. de Maistre, lui qui frappait tous ses écrits d'une empreinte si originale.

Au reste, il avait si bien lui-même le sentiment de son style, qu'il crut devoir, on le sait, refuser à Louis XVIII le concours de sa plume pour rédiger une pièce officielle, dans la crainte qu'on ne lût son nom au bas de la page, au lieu de celui du roi.

« Il y a, écrivait-il à ce propos à M. d'A-« varay le 15 juillet 1804, une sorte de « danger que je ne me permettrai jamais « d'affronter : *c'est celui de mon style qui est* « *trop connu*. Certainement, je n'entends « pas me vanter, car il n'y a rien de com-« mun entre *meilleur* et *différent ;* mais le « fait est qu'il diffère, sans qu'il m'ait ja-« mais été possible de comprendre moi-« même ce que c'est que cette espèce de « timbre qui me trahit toujours. Dernière-« ment encore, une oreille allemande a re-« connu à la seconde ligne un mémoire in-« sipide sur la pluie et le beau temps. *Enfin,* « *autant vaudroit y mettre mon nom*. Mal-« heureusement, disait-il encore à M. d'A-

« varay, *une seule ligne de moi pourroit*
« *avoir des suites funestes pour le roi mon*
« *maître.* »

A chaque page de l'*Antidote*, on reconnaît
les vibrations particulières de ce timbre. Le
premier chapitre surtout, celui où l'écrivain,
s'élevant à une hauteur de vues prodigieuse,
détermine avec la plus puissante intuition
les caractères essentiels de la révolution
française, au moment même où peuples et
rois s'aveuglent au point de ne voir en elle
qu'un désordre d'un instant, ce chapitre offre
des beautés de style que l'auteur des *Soirées*
n'a jamais surpassées.

L'homme politique y atteint parfois le
sublime de la poésie des prophètes :

« Il n'y a pas plus de neutralité possible
« avec la révolution qu'avec la peste ; elle
« embrasse les individus et les empires...

« Il faut le dire : par le fait de la révolu-
« tion, l'Europe est constituée en état de dé-
« molition dans toutes ses parties : religion,
« mœurs, langage, démarcation des empires,
« forme des gouvernements, classement des

« hommes entre eux, base des propriétés,
« tout est effacé, tout est confondu. *La ré-*
« *volution brise d'abord les empires, elle en*
« *jette les morceaux dans ses creusets. Déjà*
« *six nouvelles républiques en sont sorties,* et
« la vieille Europe paraît destinée à subir le
« rajeunissement de Médée. »

   « Telle a été, telle est, telle sera toujours
« la révolution. C'est un corps de destruc-
« tion complètement organisé pour cette fin,
« parfaitement homogène, adhérent dans
« toutes ses parties, qui, dans sa course, doit
« tout écraser ou être écrasé lui-même. Il n'y
« a pas de milieu, la révolution est appelée
« à tout détruire ou à être détruite.

  . . . .

   « Etrange spectacle, s'écrie-t-il, inconnu
« depuis la création du monde !

   « La révolution est une secte armée, pro-
« cédant *systématiquement* à l'accomplis-
« sement de ses vues par l'établissement
« d'une nouvelle doctrine religieuse, politi-
« que et *sociale,* par tous les moyens réunis
« de la tyrannie et des gouvernements ré-

« guliers, par tous les arts des peuples po-
« licés et par la férocité des sauvages ; as-
« semblage ineffable de contradictions, qui
« rapproche la civilisation de la barbarie,
« l'héroïsme du courage de la bassesse de
« la peur, les plus vives lumières de la plus
« épaisse ignorance, et qui, réunissant ainsi
« les incompatibles, sait les faire concourir
« au même but.

« La révolution a ébranlé les facultés
« morales des hommes autant que les ba-
« ses des gouvernements. Tout ce qui peut
» séduire la multitude, troubler les esprits,
« embraser les cœurs, toutes ces dangereu-
« ses amorces se trouvent réunies dans la
« révolution. C'est le plus vaste plan de sé-
« duction qui ait été conçu et le plus large
« filet qui ait jamais été jeté sur l'espèce
« humaine. » (*Antidote*, etc., ch. VIII.)

N'est-ce pas le même voyant qui, en
1784, avait prononcé cet oracle :

« Ce siècle se distingue par un esprit

« destructeur qui n'a rien épargné : lois,
« coutumes, institutions, antiques, il a tout
« attaqué, tout ébranlé, et le ravage s'éten-
« dra jusqu'à des bornes qu'on n'aperçoit
« point encore [1]. »

Puis, comparant les révolutions ordinaires à la révolution française :

« Là, c'étoit une inondation partielle, un
« débordement de quelques instants. Ici,
« c'est le naufrage complet de toutes les in-
« stitutions anciennes, englouties par l'ou-
« verture des cataractes révolutionnaires ;
« et, comme au temps du premier déluge,
« les hommes rient et boivent à la face
« d'une pareille catastrophe. »

. . . .

. . Toujours le même ton fatidique lorsqu'il
parle de cette révolution terrible :

« *Son étoile*, s'écrie-t-il, *l'emporte visible-*
« *ment sur des astres pâlissants et à leur dé-*
« *clin.* »

. . Même familiarité dans les comparaisons :

_____

[1] *Discours prononcé par les gens du roi à la rentrée du sé-*
nat de Savoie.

« Paris envoie aujourd'hui des constitu-
« tions et des metteurs en œuvre de révo-
« lutions, comme il expédioit jadis les mo-
« des et la poupée. »

Par la largeur et la fermeté du style, par
la portée des vues comme par l'élévation
des idées, par l'originalité des images comme
par son éloquence puissante et soutenue, ce
premier chapitre offre sans contredit quelques unes des plus belles pages de notre
langue. Bossuet lui-même, dans les *Oraisons
funèbres* et le *Discours sur l'histoire universelle*, ne s'est jamais élevé plus haut, et Bossuet n'a eu qu'un émule, Joseph de Maistre.

En examinant l'opinion de l'auteur de
l'*Antidote* sur quelques unes des puissances
de l'Europe, vous retrouverez aussi l'auteur
des *Considérations*, des *Soirées*, du livre
Du Pape, etc., toujours concis comme Tacite, toujours profond comme Machiavel.

Ecoutez ce qu'il dit de l'Espagne et de l'I-
talie :

« Ce sont deux puissances à l'agonie,

« dont la révolution tend à se faire la léga-
« taire universelle. »

En parlant de l'état toujours flottant et
instable de l'Europe...

« Quand les armes sont posées, les ma-
« nœuvres clandestines recommencent; on
« n'abandonne la tranchée que pour la
« mine; en traitant de la paix, on fait en-
« core la guerre. »

« La Russie, née pour l'Europe avec le
« siècle, n'a pas cessé de la troubler. Au
« lieu d'assurer l'équilibre, elle n'a fait que
« le déranger. Combien de fois a-t-il fallu l'y
« rappeler par des dispositions menaçantes !
« Cette puissance, arrivée en peu d'années
« au terme possible de son agrandissement
« en Europe, n'a plus qu'à jouir du repos et
« à le faire goûter aux autres ; elle peut y
« employer ses immenses forces avec d'au-
« tant plus de succès *qu'elle peut toujours*
« *aller faire du mal aux autres, et qu'on ne*
« *peut guère aller le lui rendre chez elle.* »

Il dépeint en deux mots la situation toujours précaire de l'Autriche :

« L'Autriche a des voisins partout, et des
« frontières nulle part. »

Que pense-t-il de Naples ?

« L'habitude d'engourdissement où vit ce
« gouvernement paralyse les facultés dont
« le ciel s'est plu à le combler. »

La peinture qu'il fait des anciens gouvernements, dont les vieux ressorts craquent
de toutes parts sous la pression de la révolution, semble empruntée aux commentaires
des *Décades* de Tite-Live.

L'oligarchie vénitienne, supprimée tout à
coup d'un trait de plume de la carte des nations
par le général Bonaparte, offre à l'auteur le
sujet d'un tableau saisissant de profondeur
et de vérité, d'ironie amère et de vigueur.

Tout cède à la seule vue des phalanges
républicaines. Plusieurs peuples ont passé
sous le joug. La Hollande, les Pays-Bas ne
sont plus ; Venise vient d'expirer ; les autres
royaumes sont voués au même sort.

« Le gouvernement de la Hollande at-
« tend les Français dans ses chaises curules,
« leur livre la clef du trésor, celle des places

« et l'armée, tandis que le stathouder leur
« laissoit sa maison toute tendue. On appe-
« loit cela un gouvernement.

« Celui de Venise n'a su ni prévoir, ni
« combattre, ni détourner l'orage. Il fournit
« le champ de bataille pendant un an ; il at-
« tend la victoire pour se décider, au lieu de
« la fixer en se décidant ; il ne fait aucun
« préparatif de défense qu'après la prise de
« Mantoue, qui lui en interdisoit tout espoir.
« Il éclate sans concert avec l'Autriche, de
« manière à tomber plutôt en conjuré qu'en
« souverain ; au moment du danger, il ne
« sait qu'abdiquer : digne solution de tant
« de pauvretés. C'étoit un des gouverne-
« ments les plus renommés de l'Europe.

« Même scène à Gênes et à Rome. Là,
« comme dit l'Arioste, on marchoit encore
« et l'on étoit déjà mort. Les Français n'y
« ont pas été trompés. *Semblables à ces*
« *squelettes d'Herculanum qui tomboient en*
« *poussière au premier contact de l'air, ces*
« *misérables gouvernements n'ont pu soutenir*
« *la seule approche des Français.* »

***

Et lorsque la ville éternelle est envahie à son tour :

« Avec les Français, dit-il, quelque chose
« de pis que Mahomet est entré dans
« Rome. »

Enfin, voici le jugement qu'il prononce sur la nécessité de maintenir la souveraineté temporelle des pontifes romains pour sauvegarder leur autorité spirituelle :

« Cet événement, dit-il en parlant de la
« chute de l'auguste Pie VI, doit avoir les
« plus graves conséquences; car, si la puis-
« sance temporelle des Papes importoit peu
« à l'équilibre de l'Europe, s'ils ne pesoient
« pas un grain dans cette balance, il n'en
« étoit pas de même de la puissance spiri-
« tuelle ; *et la perte de la première entraîne*
« *nécessairement, quoi qu'on en dise, celle de*
« *la seconde.* Il ne manque plus au malheur
« du monde que d'ajouter les discordes re-
« ligieuses à celles qui l'agitent déjà, et c'est
« pourtant le résultat inévitable du dernier
« événement de Rome. »

N'est-ce pas là J. de Maistre dans toute

sa grandeur, sa virilité et sa puissance?
N'est-ce pas le même penseur qui posséda
à la fois, au plus haut degré, la logique et
l'intuition, l'homme qui étonna l'Europe par
le hardiesse et la profondeur de ses vues, l'é-
crivain qui jeta sa pensée dans un nouveau
moule avec tant de force et d'originalité?

Partout on reconnaît la griffe du lion.

Au reste, plein de défiance contre notre
propre conviction, nous avons voulu connaître l'impression que produiraient quelques
pages de ce livre sur des personnes nourries
de la lecture de l'immortel publiciste. Nous
avions eu soin de ne leur confier en rien nos
hypothèses. Toutes, sans hésiter, le lui ont
attribué.

Dans l'abbé de Pradt, rien de caractéristique, rien de personnel. Son style est sans
fermeté, sans ressort; il est délayé, traînant,
chargé d'épithètes, d'apostrophes, d'excla-
mations. Sa rhétorique surannée est tout
empreinte du faux goût du dix-huitième siècle; c'est une forme acquise par le frottement et les conversations, une monnaie cou-

rante qui ne garde aucune empreinte indivi-
duelle. En un mot, entre les deux styles le
même abîme qu'entre les deux hommes.

Passons sur la question philologique, et
disons seulement que nous avons trouvé
dans l'*Antidote* certaines expressions, certains mots originaux, employés par J. de
Maistre dans ses autres ouvrages. Nous
avons eu soin, au reste, de les signaler par
des notes au bas du texte [1].

Ce qui nous a frappé surtout dans ce livre, indépendamment du style, c'est le caractère particulier de certaines idées philosophiques qui y sont contenues en germe,
et dont on trouve le développement dans les
œuvres postérieures de J. de Maistre.

Nous avons pris soin, autant que nous l'a-
vons pu, de faire au bas des pages ces cu-

---

(1) Nous devons en particulier des remercîments à l'un de nos
amis, M. Paul Beurtheret, rédacteur de la *Gazette de Lyon*, qui,
pour abréger notre travail, a bien voulu nous aider dans nos
recherches. M. Beurtheret a eu l'obligeance de nous fournir
quelques notes intéressantes sur les questions politiques. Ces notes sont signées de ses initiales. C'est par oubli que celles qui se
trouvent au bas des pages 49, 58, 66, 68, 71, ne portent pas cette
désignation.

rieux rapprochements. Citons entre autres un passage de l'*Antidote* dans lequel se trouve, à l'état d'embryon, la fameuse doctrine *de la réversibilité des souffrances de l'innocence au profit du coupable.* La même opinion avait été exprimée déjà en quelques mots dans les *Considérations sur la France*, et plus tard elle devait servir de thème, comme l'on sait, à l'auteur de l'*Eclaircissement sur les sacrifices* et des *Soirées de Saint-Pétersbourg.*

Autre raprochement des plus singuliers :

Dans l'*Antidote*, l'auteur essaie de déterminer quelle est en moyenne la durée de la vie des souverains en Europe et quelle a été en particulier celle des rois de France.

Plus tard, dans le livre *Du Pape*, J. de Maistre généralisera ce calcul pour le monde entier et posera la formule de cette loi singulière, à savoir : que la durée de la vie des souverains est proportionnelle au degré de perfection du culte religieux et de civilisation des pays sur lesquels ils dominent.

Nous n'en finirions pas si nous voulions

citer toutes les analogies morales, historiques, philosophiques, analogies d'idées, de
tournures de phrases, de mots fugitifs et
frappés à un coin particulier, que l'on trouve
dans l'*Antidote* aussi bien que dans les œuvres de J. de Maistre.

En un mot, entre cet ouvrage et les autres
écrits de l'éminent penseur, pas de contradictions, pas de disparates. Tout se lie, tout
s'enchaîne, tout se coordonne, tout s'explique réciproquement ; pas une idée essentielle du livre qui ne se puisse adapter avec
les diverses combinaisons philosophiques et
politiques de l'auteur des *Soirées de Saint-
Pétersbourg*.

Quelle différence lorsque l'on applique
la même méthode exégétique aux nombreuses productions de l'abbé de Pradt! Cette
fastidieuse tâche accomplie, on se demande
avec étonnement comment tant de lecteurs
éclairés ont pu être dupes à ce point de ne
pas être frappés de ces profondes dissem-
blances.

Trois questions se présentent à la critique. Abordons-les sans crainte. Y a-t-il eu plagiat? Comment l'erreur qui attribuait le livre à l'abbé de Pradt a-t-elle pu circuler sans éveiller les soupçons du public ? Enfin l'abbé de Pradt était-il homme à s'enrichir de la dépouille d'autrui ?

A ces questions on peut répondre :

Quiconque, par son silence, favorise l'opinion qui lui attribue publiquement un livre dont il n'est pas l'auteur, est aussi indélicat que celui qui a tout mis en œuvre pour arriver au même but. Dans l'un comme dans l'autre cas, il y a plagiat.

L'erreur avait chance de s'accréditer. Le plagiat, à l'égard du véritable auteur, était possible, praticable, puisqu'il avait les plus fortes raisons du monde pour garder l'*incognito*. De plus, nous avons quelque motif de supposer que le plagiaire connaissait très-probablement la volonté bien ferme de l'auteur de ne pas se divulguer, ou qu'il se rendait au moins compte des motifs de son silence.

Lorsque l'abbé de Pradt habitait Hambourg, on sait qu'il écrivait dans le *Specta-teur du Nord*, journal publié dans cette ville par Rivarol et autres émigrés. On sait aussi que J. de Maistre envoyait des lettres politiques à ce recueil. Or, n'est-il pas probable que les divers collaborateurs de ce journal aient eu des relations, ou tout au moins se soient connus les uns par les autres? Qui pourrait nous dire que l'abbé de Pradt ne savait pas à quoi s'en tenir sur la position si délicate de l'auteur de l'*Antidote*, et que, la connaissant, il n'en ait pas profité pour se dire ou pour se laisser proclamer l'auteur du livre?

Lorsqu'en 1799 parut une nouvelle édition de l'*Antidote*, réunie à un autre ouvrage de l'abbé de Pradt, mais sans nom d'auteur, le futur archevêque de Malines la laissa courir sous son nom sans protestation aucune.

Malheureusement toutes les suppositions sont permises sur ce triste et louche personnage. Le croire capable d'un plagiat n'a rien qui puisse étonner et qui ne soit en harmonie parfaite avec la conduite d'un prélat dont le Pape ne voulut jamais reconnaître la nomination comme archevêque. Pour l'abbé de Pradt, un plagiat littéraire ne pouvait être qu'une peccadille.

Les scandales de sa vie sont étalés dans toutes les biographies.

Devenu aumônier de Napoléon, il se décore lui-même du titre mythologique d'*aumônier du dieu Mars*.

L'auguste caractère dont il est revêtu lui ayant permis de s'insinuer auprès du roi d'Espagne, il s'en sert pour faciliter son arrestation, et sur-le-champ il reçoit la récompense de ce premier exploit diplomatique.

Ambassadeur à Varsovie, il vend lui-même aux enchères le mobilier de la légation, et abandonne furtivement son poste après le désastre de Moscou. On vit alors le prélat qui avait versé l'huile sainte sur la tête de Napoléon, lorsqu'il se fit sacrer roi d'Italie à Milan, renier misérablement son maître et le baptiser du nom de *Jupiter-Scapin*.

Un tel personnage n'était-il pas de trempe à s'attribuer indûment la paternité d'un livre qui avait eu un succès européen ?

L'*Antidote* n'est tombé dans un oubli si profond que parce qu'on l'a cru l'œuvre de l'abbé de Pradt. Les éphémères et trop nombreuses brochures dont il inondait la France et l'étranger, ont littéralement tué et enterré ce remarquable livre. D'ailleurs, comme les principales œuvres de Joseph de Maistre, telles que le livre *Du Pape*, les *Soirées*, etc., ne parurent qu'à partir de 1820, personne n'eut la pensée d'exhumer un ouvrage oublié pour en comparer les idées et le style avec ces dernières productions.

L'abbé de Pradt ne s'est jamais prononcé d'une manière formelle, du moins publiquement, sur l'*Antidote*. Deux ou trois de ses ouvrages au plus portent cette simple mention sur le frontispice : *Par l'auteur de l'Antidote*, mais sans le nom de l'abbé de Pradt. Un seul, le *Congrès de Vienne*, la reproduit suivie du nom de l'abbé de Pradt, mais celui-ci entre deux parenthèses, comme si le libraire ou l'imprimeur n'eût pas été certain qu'il en fût vraiment l'auteur. La rédaction de la préface de ce livre, dans lequel l'*Antidote* est nommé, est des plus ambiguës. Pour donner à entendre qu'il est de lui et afin de pouvoir se retrancher au besoin derrière les termes vagues de la phrase, s'il venait à surgir un doute ou une dénégation, l'abbé de Pradt se sert d'un pronom élastique et indéterminé :

« Alors, dit-il, parut l'*Antidote au congrès de Rastadt*, ouvrage dans lequel *on* essayait de suppléer aux oublis du *Congrès*, etc., etc. »

En résumé, ce qui tranche la question contre l'abbé de Pradt, c'est cette mention portée sur le frontispice de la première édition : *Par l'auteur des Considérations sur la France.* L'abbé de Pradt n'a jamais revendiqué ce dernier livre comme étant de lui, et, en 1798, on savait, à n'en pas douter, que son auteur, qui ne devait s'avouer lui-même que vingt ans plus tard, était Joseph de Maistre. Donc l'*Antidote* n'est pas de l'abbé de Pradt. Lui, qui se montra si timide plus tard pour s'emparer de l'*Antidote*, qui usa de tant de prudence pour mettre son plagiat à couvert, eût-il, dès le début, s'il eût été vraiment l'auteur du livre, commis la naïveté de le laisser courir sous le pseudonyme d'un autre? Cette supposition est impossible. L'abbé de Pradt était bien homme à s'emparer de la chose d'autrui; il n'était pas homme à se dépouiller de son propre bien. Pour s'emparer d'un livre, il n'eût pas débuté par une maladresse. Faire une telle supposition, ce serait mettre en doute ce qui est indiscutable : la dextérité de ce personnage.

En parcourant les diverses compilations du trop fameux aumônier du dieu Mars, on peut s'apercevoir qu'il a fait d'assez nombreux emprunts à l'*Antidote*. Mais, malgré le soin qu'il a de s'approprier les idées de ce livre pour donner le change, aucun œil vigilant et attentif ne saurait être dupe d'un pareil jeu.

Quant à Joseph de Maistre, s'il exprime la même pensée, il ne se copie jamais. L'abbé

de Pradt, au contraire, reproduit gauche-
ment et servilement la même idée dans les
mêmes termes. Mais ce qui chez lui devient
surtout choquant, c'est la différence profonde qui existe entre les phrases emprun-
tées à l'*Antidote* et la logomachie qui les entoure. Au reste, l'abbé de Pradt n'a pas si
bien imité son modèle qu'il n'ait laissé échapper bien souvent les plus flagrantes contradictions.

Il serait facile de les relever. Nous nous
contenterons, afin d'être bref, d'en signaler
une ou deux.

Dans son ouvrage : *Des Colonies et de la
révolution actuelle d'Amérique,* chapitre xii,
l'abbé de Pradt réclame, *au nom des droits
de l'humanité, l'émancipation des nègres,*
tandis que l'auteur de l'*Antidote* voit, dans
l'application de cette mesure, la ruine complète des colonies.

Dans l'*Antidote,* l'auteur confond dans la
même réprobation *députés constituants, législatifs, conventionnels ;* il ne garde pas
plus de ménagements pour les hommes purs

et intègres de 1789 que pour les féroces dictateurs de 1793, et, si l'auteur de l'*Antidote* se nomme J. de Maistre, il est pleinement d'accord sur ce point avec l'auteur des *Considérations sur la France*.

Quant à l'abbé de Pradt, qui a fait partie de la Constituante, où sa conduite, il est juste de le dire, fut sans reproche, il a soin çà et là, dans ses ouvrages, de se parer de la gloire de cette illustre assemblée.

« C'est à l'Assemblée constituante, dit-il « dans ses *Mémoires historiques sur la révo-* « *lution d'Espagne*, que l'Europe a l'obliga- « tion de sa nouvelle existence. *Que cette* « *assemblée laisse déclamer contre elle; sa* « *justification est faite*. Par qui d'ailleurs « cette assemblée est-elle attaquée? Par des « hommes qui, dans son sein peut-être, n'au- « raient pas osé franchir la première mar- « che de sa tribune. »

En ouvrant le *Congrès de Vienne*, on voit que ce prolixe et fade publiciste s'est attaché, autant que possible, à modeler ses plans sur quelques uns des chapitres de l'*Anti-*

dote. Il n'y présente, au reste, aucune vue nouvelle, originale ; ce qu'il dit est un mélange de lieux communs à l'usage des chancelleries. Ce prétendu homme d'Etat n'est qu'un écolier qui singe, avec plus ou moins d'habileté, les gestes et la voix de ses maîtres.

Enfin, si l'abbé de Pradt était l'auteur de ce livre, le premier, par hypothèse, qu'il aurait écrit, comment expliquer la profonde infériorité de tous ceux qui depuis sont sortis de sa plume?

Ainsi, tandis que tout concourt à éliminer l'abbé de Pradt, tout signale au contraire J. de Maistre comme l'auteur de l'*Antidote.*

Pour terminer, examinons brièvement en quoi consistait le plan du nouvel équilibre politique en Europe, proposé par l'auteur de ce livre, et nous y lirons la preuve irrécusable que ce plan ne peut être que l'œuvre d'un Piémontais, de Joseph de Maistre.

Partant de cette idée, que la révolution française est une révolution *universelle,* et que sa force d'expansion et de propagande est incalculable, il engage les souverains à opposer enfin une digue insubmersible à ce torrent dévastateur. Sa conception est aussi hardie, aussi neuve qu'elle était nécessaire au point de vue des intérêts de la coalition; et malheureusement plusieurs données de ce plan ont été appliquées contre la France en 1815.

N'oublions pas qu'il écrit en 1798. Les républiques de l'Europe ont été envahies et détruites par la révolution, sans plus de scrupule que les royaumes.

Gênes, Venise, la Suisse, ont succombé sous les étreintes du *monstre* tout comme la Hollande et les principautés des bords du Rhin. La force des baïonnettes n'a pu arrêter sa marche toujours croissante; l'offensive n'a pas mieux réussi que la défensive.

Que faut-il faire pour le contenir? Créer une barrière tellement forte, du nord au midi, qu'il soit impuissant à la briser; une espèce de muraille de la Chine qui l'isole à jamais du genre humain. Si l'Europe a été envahie tant de fois, c'est que cette barrière n'existait pas. Qu'on l'élève enfin, et le monde pourra respirer.

En conséquence, l'auteur de l'*Antidote* propose d'agglomérer en un seul tout plusieurs Etats épars jusque là et incapables de se défendre.

La Hollande et les Pays-Bas formeront un seul gouvernement attribué à la maison d'Orange avec un titre royal.

Même système d'agglomération sur les bords du Rhin.

Arrivons au cœur de la question, à l'idée génératrice du plan de l'*Antidote*, à l'idée secrète d'agrandissement pour le Piémont, qu'il a su élever aux proportions d'un intérêt européen.

« *Le duché de Milan, le Brescian, la Crémasque, le duché de Modène et le territoire génois sont réunis au Piémont, qui formera le titre royal de la maison de Savoie. Les petits territoires détachés du grand-duché, les fiefs impériaux et l'Etat de Parme y sont réunis...* L'infant reçoit la Sardaigne et la Corse, avec le titre royal de la première. *Le Piémont*

★¥ŕ★

rentre dans ses anciennes frontières du côté
de la France, y compris la Savoie. Les for-
teresses du Piémont seront rétablies, etc. »

Il n'y aura plus en Italie que trois principautés : le royaume de Naples, les Etats
de l'Eglise et le Piémont. L'agglomération
des divers Etats qu'il désigne autour de ce
centre sera très-praticable suivant lui, l'in-
corporation des plus faciles ; et, à ce propos,
il cite à l'appui de sa thèse la forte constitution de la Prusse, cette solide nationalité
qui s'est formée tout à coup depuis un siècle
à peine.

Qu'on ouvre maintenant les lettres de
J. de Maistre publiées par M. Albert Blanc,
qu'on y étudie la pensée du Savoyard proscrit, du royaliste méconnu de son souverain, du diplomate à Saint-Pétersbourg, on
retrouvera toujours l'auteur de l'*Antidote*.
Mêmes plans politiques, même amour de
son pays, mêmes rêves de grandeur pour
ce Piémont et cette maison de Savoie qu'il
aime avec passion, comme on aime toutes
les grandes choses, c'est-à-dire sans limite et

sans frein. Citons quelques exemples, et l'on comprendra que l'auteur de l'*Antidote* est bien l'*entêté Savoyard* que nous connaissons, et qu'un plan pareil n'est pas sorti d'une tête française.

Quel est le but de l'*Antidote?* Créer autour de la France révolutionnaire un cordon sanitaire qui l'isole de l'Europe, et pour cela fortifier, par son agrandissement en Lombardie, le Piémont, qui en est la sentinelle avancée. C'est l'Italie qu'il faut faire revivre, ce n'est pas le saint Empire qu'il faut relever : il est mort de décrépitude. J. de Maistre le hait en vrai patriote italien : « Voyez, dit-il, le principe établi par l'Autriche dès l'an 1789, et qui a tout mené par rapport à nous : le roi de Sardaigne, placé entre nous et la France, étoit invulnérable à cause de l'équilibre ; maintenant qu'il auroit horreur de s'allier avec une bande de régicides, il est à nous ; nous en ferons à notre plaisir, etc. » (*Mémoires*, p. 38.)

Plus loin : « Le roi n'a pu obtenir un asile en Autriche dans le cas le plus embarrassant. Et le roi se fieroit?... Ce ne sera jamais par mon conseil. » (P. 50.)

« Tant qu'il me restera de la respiration, je répéterai que l'Autriche est l'ennemie naturelle et éternelle du roi, tandis que la France ne l'est pas [1]. Que désire le roi? L'établissement de sa puissance dans l'Italie septentrionale. Que craint l'Autriche? Ce même établissement. Donc, etc. » (P. 51.)

Ainsi le patriotisme du noble exilé va jusqu'à préférer la France révolutionnaire à l'Autriche envahissante. Il n'oublie pas que c'est elle qui s'est opposée à la restauration de la maison de Savoie en 1799, avec toute la haine de ses convoitises excitées. La chasser de l'Italie et refouler la révolution en France, voilà les deux rêves de sa vie.

En traversant la Lombardie, cette terre promise de l'Europe, il s'est rappelé l'aigle du saint Empire qui, depuis tant de siècles, la garde d'un œil jaloux du haut des aires inaccessibles dont il a couronné les sommets des

_____

[1] Il ne faut pas perdre de vue que cette lettre est écrite en 1794. (*Lettres et Opuscules*, t. 1er, p. 7.)

Alpes [1]. Il s'est rappelé les Othon, les Frédéric et les reîtres allemands à Milan et à Mantoue, de même qu'en tournant ses regards vers sa chère Savoie, il se rappelait aussi ses parents au fond des cachots et ses foyers devenus la proie du vainqueur.

Voilà toute la pensée de l'*Antidote*, et nous le demandons encore, est-elle d'une tête française ?

L'écrivain qui, pour trouver un prétexte à l'agrandissement démesuré du Piémont, construit un plan gigantesque, est-il l'abbé de Pradt ? Il faut choisir et se décider enfin. Quel diplomate en Europe y eût songé sinon le comte de Maistre, dont on s'explique alors et dont il faut bien excuser la patriotique exagération ? N'est-ce pas son confident et son ami, l'empereur Alexandre, qui, dans les traités de 1815, maintint la couronne sur le front de son souverain, et qui lui donna Gênes ? Bien des fois, à coup sûr, au

---

[1] Voir les curieux détails donnés dans la brochure *Napoléon III et l'Italie* sur la formidable position de l'Autriche dans le Tyrol et sur le versant des Alpes de la Carinthie.

bord de cette Newa dont il avait gardé un si poétique souvenir, le pauvre ambassadeur savoyard avait entretenu son illustre interlocuteur des intérêts de son prince, alors perdu dans un îlot de la Méditerranée. Il l'avait conquis à ses plans, à ses idées, nous dirions presque à ses illusions. N'en a-t-on pas la preuve dans l'insistance que mit l'empereur Alexandre, au sein du congrès de Vienne, pour que le Milanais fût annexé au Piémont? On sait comment l'Autriche, en faisant les plus grands sacrifices à l'Angleterre, parvint à entraîner les autres voix en sa faveur.

Les questions qui s'agitent en Europe feront peut-être de ce livre une actualité. Chacun va le commenter, chaque parti va s'en faire un drapeau; mais tous, à coup sûr, reconnaîtront la voix du noble comte, comme à la Constituante, dans les séances les plus orageuses, on reconnaissait la voix tonnante de Mirabeau. Le voile de l'anonyme, qui a si longtemps couvert Joseph de Maistre, est enfin déchiré. Il y a dans ces pages, écrites en traits de flammes, tous les signes qui peuvent révéler leur auteur; c'est bien l'homme dont on a dit, même dans sa vieillesse : *Il ressemble à l'Etna; il a la neige sur la tête et le feu dans la bouche* [1].

Qu'on le discute donc, ce livre, qu'on le commente; il sera toujours curieux, en 1859, de retrouver l'Europe en face des mêmes problèmes qu'en 1798. Décidément les révolutions sont bien peu progressistes.

Pour nous qui vivons à l'écart et le plus loin possible de notre temps, ce livre n'est qu'une résurrection littéraire, un respectueux hommage rendu à une immortelle mémoire.

Il y a des hommes qui font époque, et qui sont pour tous l'impérissable révélation du passé. Ce qui domine le génie dans J. de Maistre, c'est le cœur. Avant d'être un

---

(1) J. de Maistre avait les cheveux blancs, ce qui fit dire à un seigneur sicilien qui le vit à Paris : *Pare il nostro Etna; la neve in testa ed il fuoco in bocca.*

(*Memorie della reale Academia delle scienze di Torino*, t. XXVII.)

grand politique, il fut un grand citoyen. Il aima son pays à la manière de Guillaume Tell ; il aima son âpre Savoie avec le même dévouement que Dante aimait Florence.

Mais quelle ne serait pas la tristesse de cette grande âme s'il lui était donné d'assister au spectacle qui s'étale à nos yeux, si elle pouvait être témoin de l'aveuglement de son inquiète patrie qui se précipite tête baissée dans le schisme et les aventures ? Que dirait l'auteur du livre *Du Pape* de ces empiriques qui, sous prétexte de sauver le Saint-Siége, font précisément tout ce qu'il faut pour l'anéantir ? Que dirait le patriote royaliste de ces libérateurs qui, pour affranchir l'Italie, s'appuient sur la révolution, tout en protestant de leur invincible horreur contre elle ? Que dirait-il enfin de tous ces réformateurs dont la première tâche devrait être sans doute de réformer leurs propres institutions ? Ne répéterait-il pas avec plus de force, avec plus d'énergie ces paroles de l'*Antidote :*

« Un Pape, grand homme d'Etat, Jules II,

vouloit chasser de l'Italie tout ce qu'il appeloit les barbares allemands et français. Il
n'entendoit pas qu'un tel pays ne pût se
suffire à lui-même, et certes il avoit bien
raison. »

C'est avec respect que nous avons re-
cueilli, pour le rendre à la lumière, ce livre
enfoui sous un demi-siècle de poussière et
d'oubli, ce livre qui nous a fait éprouver,
lorsque nous l'avons ouvert, le religieux
étonnement du laboureur de Virgile, à la vue
des grands ossements des héros d'un autre
âge qu'exhume le soc de sa charrue :

Grandiaque effossis mirabitur ossa sepulcris.

ANTIDOTE

AU

CONGRÈS DE RASTADT

OU

PLAN D'UN NOUVEL ÉQUILIBRE POLITIQUE
EN EUROPE

*Par l'Auteur des Considérations
sur la France.*

LONDRES

1798

PRÉFACE.

Le traité de Campo-Formio et le congrès de Rastadt ont donné lieu à cet ouvrage. Le premier est déjà annulé en ce qui concerne l'état de l'Italie, qu'on avoit prétendu fixer par ce traité. A cet égard, il n'a pas eu trois mois d'existence... Le congrès de Rastadt dure encore en se traînant sur les errements des conférences de Seltz et sur des notes toutes également prévues (1) pour

---

(1) L'édition originale porte : *pourvues*, ce qui n'a pas de sens. Toutes les fois que nous rencontrerons de semblables erreurs, nous essaierons de les relever avec soin. Le lecteur pourra ainsi décider la question en dernier ressort.

Les fautes de typographie et les contresens assez nombreux de l'édition originale que nous reproduisons prouvent suffisamment que le livre a été imprimé loin de celui qui l'a écrit, et qu'il n'a

1

quiconque a pris la peine d'étudier le génie des
deux parties : les Français haussant toujours de
prétentions et de ton, les Allemands s'humiliant
à mesure.

Les résultats inévitables et déjà éprouvés de ces
deux négociations nous ont engagés à recher-
cher si le nouvel état de l'Europe ne présentoit
pas la possibilité de quelque combinaison autre
que toutes ces stipulations de désordre et d'op-
probre; si, au lieu de traités d'un jour, d'un
instant, il n'y avoit pas moyen d'esquisser un
plan dont la solidité des bases assurât la perma-
nence, dont la force intrinsèque opposât une
barrière puissante à la révolution.

Nous serions heureux si ce but étoit rempli par
notre ouvrage.

pu en corriger lui-même les épreuves. Et si, comme tous les biographes en sont à peu près d'accord, le livre est sorti des presses de
Hambourg, cette circonstance, à moins de supposer une profonde incurie de la part de l'auteur, exclurait même la pensée de
la collaboration de l'abbé de Pradt, qui habitait alors cette ville;
tandis que les grossières erreurs de cette première édition s'expliquent facilement par l'absence de Joseph de Maistre, qui, à
cette époque, se trouvait à Turin.

Nous sommes loin de penser que le plan qu'il renferme soit le meilleur possible ; nous avouerons même connoître deux combinaisons bien supérieures à celle que nous allons développer ; mais on peut encore moins proposer aux Européens d'aujourd'hui les meilleurs arrangements possibles, qu'on ne pouvoit donner aux Athéniens les meilleures lois. Il ne faut aux uns, comme il ne falloit aux autres, que ce qu'ils sont capables de supporter ; et, certes, il nous semble que c'est encore exiger beaucoup que de vouloir faire passer l'Europe de l'état d'engourdissement où elle est, de l'asservissement qu'elle montre aux volontés de la France, de la faire passer, dis-je, à l'activité, au courage, au soin de ses intérêts propres, tels que l'exige le plan pour l'exécution duquel nous osons les premiers sonner le réveil à son oreille.

Nous observerons 1° que le premier caractère de notre ouvrage, celui auquel nous attachons le plus de prix, est d'offrir enfin un plan de politique honnête ; oui, un plan honnête... On a trop abusé du nom de la politique ; on l'a trop

déshonoré par l'emploi qu'on en a fait, surtout
dans ces derniers temps, où il est devenu le
manteau de tous les crimes et de tous les bri-
gandages. Nous avons voulu la ramener à sa pureté naturelle, montrer la politique en accord
avec la religion ainsi qu'avec la morale. Le plan
que nous proposons est tout dirigé vers ce but;
il sera la preuve que le plan de politique le plus
vaste peut s'effectuer sans porter aucune atteinte
à ces bases de l'ordre social, et qu'enfin, en politique comme en géométrie, la ligne droite est
toujours la plus courte...

2° Que ce plan est également favorable aux
deux grandes puissances dont l'union en fait la
base et feroit le salut du monde, si elle étoit également sincère et éclairée.

La Prusse y trouve réunis ses intérêts d'Etat et
de famille.

Comme Etat, elle acquiert un nouvel allié
puissant, un allié nécessaire, dans le nouvel Etat
de Hollande. Elle voit s'éloigner d'elle la puissance française que le congrès de Rastadt lui
donne pour voisine. Cet éloignement affranchit

la Basse-Allemagne, que les cessions de Rastadt laissent à jamais ouverte aux Français. Sûrement Frédéric n'eût jamais consenti à un pareil assujettissement.

Comme famille, la Prusse ne peut voir qu'avec transport l'élévation de la maison d'Orange, avec laquelle elle est unie par tant de liens que les deux maisons semblent n'en faire qu'une seule.

L'Autriche trouve dans ce même plan le complément de son nouveau système d'agrandissement en Italie et d'éloignement de la France, avec laquelle il ne lui resteroit plus aucun point de contact. Ses possessions d'Italie sont tellement couvertes par le nouvel Etat de Piémont et par la ligne de places qu'elle acquiert, que toutes ses forces deviennent disponibles en Allemagne et contre le Turc et la Russie. Cet arrangement termine toutes ces importunes questions sur l'état des Belges et sur la dette de ce pays, qu'il devient facile de faire entrer dans les cessions et renonciations qui doivent accompagner ce changement de domination.

Là finissent aussi toutes ces honteuses questions si longuement débattues à Rastadt, et l'Empire germanique échappe encore une fois à la
faulx qui le menace.

Quant aux autres parties intéressées, il est impossible qu'il y ait un seul plaignant; car tout
le monde reste ou rentre à sa place.

C'est à dessein que nous avons fait de cet ouvrage un devis complet de toutes les parties du
plan. Il falloit répondre à cette foule d'hommes
inconsidérés ou craintifs que toute idée neuve
ou étendue frappe d'abord de stupeur, et qui
commencent par objecter à tout : *Cela est impossible...* Il falloit leur montrer à la fois l'objet
et les moyens, et les analyser de manière à les
rendre palpables. La mauvaise foi peut seule
désormais rejeter la démonstration que nous of-
frons. Nous n'avons pas, il faut l'avouer, été tout
à fait insensibles au désir de répondre au reproche adressé tant de fois à ceux qui, écrivant sur
les affaires publiques, et qui, ne rencontrant
partout que des malheurs, laissent facilement
échapper les sentiments dus à une pareille série

de désastres ; reproche fondé sur ce que, retranchés dans la censure, ils n'en sortent jamais pour rien proposer. On pourroit sortir à peu de frais de cet embarras, et se borner à répondre qu'il suffit de faire tout le contraire de ce qu'on a fait jusqu'ici pour obtenir un résultat tout différent et pour s'éloigner du précipice autant qu'on s'en est approché. Mais comme la simplicité de cette réponse, en éteignant, il est vrai, une objection, ne met rien à la place et ne crée pas une idée ; comme c'est d'idée que l'on manque, nous avons voulu suppléer à ce déficit, et présenter au moins un canevas aux hommes qui gouvernent partout...

Nous avons à répondre d'avance à ceux qui contesteront la base principale de notre plan, qui est la guerre. Sûrement ils ont quelque droit de s'étonner de l'assurance avec laquelle nous parlons de guerre au milieu de la conjuration qui existe pour la paix d'un bout de l'Allemagne à l'autre. On la veut, cette paix, à quelque prix que ce soit ! Honneur présent, sûreté future, déchirement d'une partie de ses membres, dissolution de sa constitution, tout cela, nous le savons,

ne paroît pas à l'Allemagne valoir un coup de
fusil ou une minute de son sommeil. Nous con-
noissons depuis longtemps l'intensité de cette
léthargie dont le siége est dans les cabinets principaux de cette contrée, léthargie qui, au reste,
finira au jour et à l'heure où ils le voudront bien;
mais nous savons aussi que cette mesure d'évaluation n'est pas plus applicable à l'Allemagne
qu'aux autres Etats de l'Europe, que la décision
de leur sort est hors de leurs mains, et qu'elle
réside tout entière à Paris; de manière que si
Paris a besoin de la guerre, toutes les bassesses
passées, présentes et à venir de l'Allemagne seront en pure perte; elle en aura la honte de plus
et pas la guerre de moins. Il y a plus, c'est précisément parce que l'Allemagne veut la paix et
qu'elle s'en montre affamée, qu'elle aura la guerre.
Sa foiblesse et ses frayeurs appellent l'ennemi
dans son sein et servent de régulateur à l'insolence et aux prétentions du Directoire. Si, au
lieu du vil langage qu'il tient depuis huit mois,
le congrès de Rastadt eût parlé avec énergie et
fermeté; s'il eût montré des dispositions viriles

à chaque nouvel écart de la députation française, peut-être auroit-il forcé d'entrer en compte avec lui, et eût-il obtenu quelque influence sur la décision de la guerre ou de la paix, comme les Américains viennent d'y amener la fierté du Directoire, et recueillent ainsi les fruits de la seule négociation décente qui ait eu lieu depuis la guerre. Mais, après tout ce qui s'est passé à Rastadt, croire que les convenances et les décisions de cette assemblée soient encore de quelque considération ; croire, d'un autre côté, qu'une grande république militaire puisse vouloir la paix, qu'elle renonce volontairement et subitement au ressort principal de sa puissance, qui est la guerre, qu'elle abjure cet attribut essentiel et distinctif de sa nature ; croire qu'un Etat qui s'organise tout par la force, qui y sacrifie toutes les parties du corps social, toutes les branches nourricières de l'Etat, retombe tout à coup dans la paix ; croire à de pareilles contradictions, c'est forcer le cercle des probabilités humaines et croire aux impossibles moraux. Passe encore pour les impossibles politiques ou militaires, ceux-là sont relatifs et en quelque sorte de convention ; mais les autres sont fondés sur la nature et immuables comme elle.

L'Allemagne, quoi qu'elle fasse, aura donc la guerre, et cette guerre est tellement inévitable que, si le congrès acceptoit d'emblée les dernières propositions de la France, celle-ci en présenteroit sur-le-champ de (1) nouvelles, qu'elle tient en réserve et qu'elle feroit succéder jusqu'au point où il n'y auroit plus à choisir entre un refus absolu et (2) une ruine totale. On en aura là preuve dans la nouvelle scène qui se prépare. Sûrement l'Allemagne voudra encore user de condescendance envers la France dans ses nouvelles exigences ; elle cherchera à les adoucir ou du moins à les scinder. Le but de cet attermoiement correspond d'ailleurs à l'intention de quelques puissances, qui est d'éloigner de l'Allemagne le foyer de la guerre et de la concentrer en Italie, entre la France et l'Autriche. C'est une conjuration du Nord contre le Midi. Eh bien ! l'on

(1) L'édition originale porte : *des* nouvelles.
(2) Edition originale : *ou*.

verra la France rejeter ce plan avec dédain, con-
tinuer de tenir l'Allemagne enchaînée au sort des
combats, et cela par la seule raison qu'elle y
trouve une proie toujours facile , tandis que l'I-
talie n'offre plus rien qui puisse tenter l'avarice
du Directoire.

La médiation que la cour de Berlin prépare
pour de nouveaux territoires d'empire, qu'elle(1)
voudroit couvrir de l'ombre tutélaire de sa neutralité, n'aura pas plus de succès. Les Français la
rejetteront, comme resserrant le cercle de leurs
excursions, qu'ils cherchent toujours à étendre.
Cet essai mesquin de la Prusse n'est bon qu'à lui
montrer que, lorsqu'il s'agit de ses convenances, le
Directoire ne tient aucun compte de celles d'autrui.

La Prusse auroit déjà reconquis la Hollande et les
Pays-Bas avec l'argent que sa ligne de démarcation
lui coûte depuis quatre ans. Il est plus aisé d'aimer l'argent que de savoir l'employer à propos.

Peut-être croira-t-on découvrir quelque contradiction entre les deux tableaux que nous pré-

(1) La première édition porte : qu'*il* voudroit, etc.

sentons alternativement de la force et de la foiblesse de la révolution. Après l'avoir peinte comme un colosse dans la première partie, on la montre dans la seconde comme très-facile à détruire; contradiction au moins apparente et que nous allons chercher à résoudre.

Les extrêmes se touchent dans cette révolution encore plus que dans tout. Montée au faîte du pouvoir dès le 14 juillet 1789, s'est-il écoulé une seule année dans laquelle on ne puisse assigner une ou deux époques auxquelles elle a dû périr? Le ciel en a disposé autrement. Il en est de même de sa force actuelle. La révolution a une grande force d'institution et d'immenses matériaux de pouvoir, cela est incontestable; mais ces moyens sont balancés par des vices internes au moins aussi grands. Une organisation régulière n'a pas encore donné à ces matériaux la force qui résulte de la bonne disposition des parties. Un désordre affreux, des dilapidations sans exemple énervent leurs forces et affoiblissent leurs ressorts. Certainement il résulteroit une grande force de la réunion de six nouvelles républiques agissant de front, sur des principes et des intérêts communs. C'est ce qui arrivera si on leur donne le temps de s'organiser complètement. Mais dans l'état actuel, sortant d'une création nouvelle, elles en ont encore toute la foiblesse, et le seul sentiment énergique qui leur est échappé a été pour exhaler toute leur haine contre leur créateur. Ces nouvelles républiques n'ont encore ni armées, ni finances, ni organisation régulière. Les passions que tous les grands mouvements politiques allument toujours fermentent dans tous les cœurs. Il y a donc dans leur sein un contre-poids à la force matérielle qu'elles présentent au-dehors, et par conséquent les moyens réels de la révolution sont(1)au-dessous de leurs apparences extérieures.

Il en est de même de l'assujettissement dans lequel nous peignons les Français par rapport à leur gouvernement. Il est extrême sans doute, mais il est tout factice ; et, loin de donner lieu de désespérer du peuple français, il doit, au contraire, inspirer de grandes espérances à qui con-

(1) *Sont*, mot manquant dans l'édition originale.

noît l'impétuosité du caractère national, et à qui
veut calculer avec quelle force il se relèveroit de
l'abaissement dans lequel on le tient. Cette explosion ne sera pas spontanée, il faut s'y attendre ; mais qu'on soulève au moins le poids qui
écrase le ressort de la nation, que ce gouvernement terrible soit au moins dépouillé d'une partie de cet éclat extérieur, de ce prestige d'invincibilité qui fait retomber sur les sujets le poids
d'humiliation des étrangers ; qu'on montre à son
tour ce gouvernement dans l'humiliation de la
défaite, dans l'embarras de la pénurie, dans la
turpitude de sa nudité, et alors on connoîtra ce
que peut et ce que veut le peuple français. Malheureusement c'est une épreuve à laquelle il n'a
pas encore été mis, et tant qu'on (1) battra en
retraite devant chaque fantaisie du Directoire,
tant que le congrès et les cabinets se borneront à
l'humble rôle de (2) cours d'enregistrement, on

(1) L'exemplaire que nous avons sous les yeux porte : qu'on *se*
battra en retraite, etc.

(2) Edition originale : l'humble rôle de *ces* cours d'enregistrement.

n'aura aucun droit d'attendre de la part des Français, abandonnés à eux-mêmes, un terme à un asservissement dont ils reçoivent le modèle de si haut. Au reste, cet assujettissement tant reproché aux Français ne va pas plus loin de leur part que de celle des autres nations : toutes sont tombées au même esclavage, et, dans cette lutte ignoble de servitude, les Français ont au moins l'avantage de ne porter que leur propre joug...

Quelques conjectures contenues dans cet ouvrage ont déjà été réalisées dans l'intervalle qui s'est écoulé de sa composition à l'impression. L'aile du temps actuel est plus rapide que la plume de l'écrivain, et les événements d'aujourd'hui devancent jusqu'à l'imagination.

La prise de Malte, la possession de l'Egypte, l'envahissement de tout le Piémont et du royaume de Naples, donnent la juste mesure des conquêtes des Français; ils reçoivent de la lâcheté et de la perfidie les clefs (1) des plus fortes citadelles, et des barrières réputées impénétrables s'abais-

_____

(1) Edition originale : les chefs.

2

sent devant des conventions dictées par les plus
infâmes motifs. Ainsi l'Europe, plus effrayée qu'in-
dignée, vient de voir tomber sans combat, par
le seul effet de combinaisons perfidement ourdies,
des boulevards devant lesquels les deux plus puissants princes de l'Europe, Soliman et Louis XIV,
perdirent chacun la fleur de leurs armées.

La prise de possession de la citadelle de Turin
a confiné le roi dans sa capitale, comme Louis XVI
le fut aux Tuileries ; comme lui, il ne régnoit
plus que sous le bon plaisir de ses geôliers ;
comme lui, il n'étoit plus qu'un instrument contre l'Autriche, en cas de guerre, et contre ses propres sujets, en cas d'un soulèvement inévitable
contre les Français, lors de la reprise des hostilités.

Cette occupation, jointe à celle de la citadelle
d'Alexandrie, envahie aussi sous les prétextes les
plus odieux, et à tous les événements arrivés depuis, change complètement le système de guerre
des Autrichiens en Italie, assure aux Français des
avantages incalculables en leur donnant une double ligne de places des Alpes au Tarano, et force
l'Autriche d'augmenter son armée de quarante
mille hommes.

Ce nouvel outrage fait à la royauté dans la personne du roi de Sardaigne achève de démontrer
notre plan. La foiblesse de ce prince est la cause
des humiliations auxquelles il est condamné. Il
ne seroit sujet à rien de pareil s'il avoit la consistance que nous lui assignons. Les grandes puissances sont, à raison de leurs forces, à peu près
exemptes de ces avanies. Le Directoire est forcé
à son tour de dévorer les outrages qu'il reçoit
aussi quelquefois, comme on a vu dans l'affaire
de Bernadotte et dans celle des envoyés américains. Ses ambassadeurs, qui règnent avec tant
de fracas dans les petites cours du Midi, sont tout
comme les autres auprès des plus grands souverains. Les derniers excès commis contre le roi
de Sardaigne doivent enfin faire prendre un parti
et choisir entre n'avoir pas de rois et (1) en avoir
de véritables. Il vaut mieux mille fois s'en passer
que de voir, dans leurs personnes, couvrir la
royauté d'insultes restées toujours sans vengeance.

(1) Edition originale : *ou* en avoir.

L'occupation de la citadelle de Turin est une partie du plan du révolutionnement de l'Italie et de l'Europe. On s'assure du Midi pour passer ensuite avec sécurité à l'attaque du Nord, dont les armées plus nombreuses et les gouvernements plus robustes font craindre plus de résistance.

Malte a été enlevée moins à l'ordre qui y régnoit qu'à l'Europe entière, dont le commerce dans la Méditerranée reste par là à la discrétion de la France. Cette île coupe en deux cette mer, et enlève à l'Europe commerçante la partie la plus riche du commerce de ces contrées, qui est celui du Levant. L'occupation de ce point change toutes les relations commerciales des autres nations avec les Echelles du Levant.

Malte est encore plus dominateur du commerce du Levant que le cap de Bonne-Espérance ne l'est de celui de l'Inde, car il y a à la pointe d'Afrique une latitude de mer qui n'existe pas entre Malte, la Sicile et les côtes de Barbarie...

L'étourderie avec laquelle les affaires générales de l'Europe sont menées est telle, que les deux points principaux, qui ne devoient jamais être entre les mains des Français et des Anglais, sont précisément occupés par eux.

La raison dit que des points d'utilité ou de danger communs, déjà très-forts par eux-mêmes, ne doivent jamais être possédés par des puissances trop fortes ; mais que l'intérêt commun exige que la force des localités soit compensée par la foiblesse des possesseurs, qui, par cette raison, ne peuvent jamais devenir exclusifs. Eh bien ! une suite inouïe de fautes et l'absence de tout esprit public en Europe ont livré les deux possessions qui maîtrisent le commerce général aux deux nations les plus puissantes et les plus capables de frapper et d'interdire le commerce universel. Cette prise de Malte fournit matière à mille réflexions qui ne peuvent trouver place ici, mais dont les plus importantes, celles des causes qui ont préparé ce grand événement, n'ont encore été effleurées dans aucune des mille observations qu'elle a fait naître.

Il en est de même de l'expédition de Buonaparte. Tandis que l'Europe s'amuse à calculer les chances de cette entreprise, elle ne s'aperçoit pas que c'est autant contre elle que contre l'Angleterre que cette expédition est dirigée ; que l'expulsion des Anglais de l'Inde, de quelque main qu'elle parte, n'est que le signal de l'expulsion des Européens de cette contrée ; qu'ils y seront réduits dans peu à un état pareil à celui qu'on leur accorde à la Chine et au Japon, et qu'en perdant la propriété territoriale de l'Inde, ils ne pourront plus fournir à ce commerce que par l'extraction du numéraire, qui achèvera de les ruiner. C'est pour les Indes qu'ils exploiteront le Mexique et le Pérou. L'expédition de Buonaparte est donc une véritable conjuration contre l'Europe entière.

Si quelque esprit chagrin, si même quelqu'un des directeurs de cette lugubre tragédie, fatigués de l'importunité de nos conseils, nous demandoient le titre de notre mission, nous leur répondrions avec assurance que la manie de conseiller et d'écrire doit être strictement réprimée dans les temps ordinaires ; que, simples spectateurs d'une scène qui ne nous atteint pas, nous n'avons alors aucun droit de nous immiscer dans

sa conduite, et qu'enfin on peut bien se livrer
au gouvernement lorsqu'il ne s'agit que d'une
légère augmentation des charges publiques; mais
ici il s'agit de tout autre chose. Ce n'est ni d'un
impôt de plus ni d'une place dans l'armée dont
il est question, mais c'est de la religion, des lois,
de la société, de la patrie, de la vie de chaque
individu. Lorsque, atteint dans tant de points,
après avoir attendu et observé en silence l'effet
des combinaisons politiques, on trouve sans
cesse les cabinets bronchant dans la carrière et
vous conduisant vers le précipice avec un aveuglement opiniâtre, on a sans doute bien payé sa
dette à leur égard, et l'on a bien acquis le droit
de les remettre dans la route qu'ils méconnois-
sent. Il seroit trop tard d'attendre le naufrage, et,
sur un vaisseau entr'ouvert, de laisser le gou-
vernail à ces pilotes malhabiles. Tout Européen
a acquis le droit de recommander aux ministres
de tout pays ses dieux, sa patrie et ses foyers; ce
sont eux qui leur ont fait perdre tous ces biens.

ANTIDOTE[1]

AU

CONGRÈS DE RASTADT

CHAPITRE PREMIER.

CARACTÈRES PARTICULIERS DE LA RÉVOLUTION. UNIVERSALITÉ, MOBILITÉ, INCOMPATIBILITÉ ET RAPIDITÉ DE LA RÉVOLUTION.

Quelle est l'origine des troubles qui agitent tant d'Etats? Quelle est la cause et des guerres qui viennent de finir, et des guerres qui durent encore, et des guerres qui menacent tantôt d'un

---

(1) Ce n'est pas la seule fois que le comte de Maistre s'est servi du mot *Antidote* au figuré. Dans son livre *De l'Eglise gallicane* (liv. II, chap. VII, p. 185) se trouve cette phrase : « ... Ce même sermon sur *l'Unité*, que mille écrivains nous présentent sérieusement comme l'expression même et la consécration des quatre articles, tandis qu'il en est *l'antidote.* »

côté, tantôt d'un autre? Qui a aboli dans une
partie de l'Europe la religion qui y dominoit?
Qui a renversé ces anciens gouvernements et
fondé ces nouveaux? Qui a expulsé de leur empire tous ces princes dont le sang y régnoit depuis si longtemps? Qui a envoyé en exil, qui y
entraîne (1) encore cette foule de propriétaires qui
errent de contrées en contrées? Quel est l'agent
universel des agitations partout où elles se montrent? Au nom de qui se font-elles? A quel but
sont-elles uniformément rapportées?

N'est-ce pas à cette révolution qui, commen-
cée en France en 1789, tend graduellement à
envahir l'univers, et à changer sa face, comme
le renouvellement des saisons, en partant tour
à tour du nord et du midi, s'étend peu à peu
sur le reste du monde, et y fait régner alternativement l'hiver et le printemps, les frimas et la
verdure?

Comme aucun des bouleversements actuels
n'existoit avant cette époque, comme on ne connoît aucune autre cause, aucun autre mobile de
tout ce qui se passe, il est juste d'en laisser tout
l'honneur à la révolution, honneur qu'elle est
d'ailleurs bien loin de refuser, et qu'elle a, au contraire, revendiqué mille fois.

(1) Edition primitive : *enchaine*.

Avant cette époque, l'Europe et par elle le monde étoit heureux en masse. L'homme, comme individu et comme gouvernement, y développoit depuis quelque temps, avec un grand succès, un de ses plus nobles attributs, la perfectibilité (1). Elle s'exerçoit sur tout ce qui fait la force des empires, l'agrément de la société, et l'agrandissement de l'esprit. Si l'accroissement de la population et de la richesse, si la multiplication et le choix des jouissances de la vie, sont des signes certains de prospérité, on ne peut se refuser à reconnoitre que l'Europe étoit dans un état de prospérité toujours croissante. Pour s'en convaincre, il n'y a qu'à consulter les tables de population en tout pays, qu'à considérer l'accroissement et l'embellissement des villes ; créations nouvelles, presque partout, qui contrastoient si fortement avec les anciennes. Les signes métalliques de toutes richesses circuloient avec

(1) On a souvent accusé M. de Maistre de n'avoir que des opinions rétrogrades. Il croyait, comme on peut en juger par ce passage ainsi que par beaucoup d'autres, au progrès social, à la perfectibilité humaine. Voici une phrase de lui qui exprime à peu près dans les mêmes termes la même idée :

« (Le Sarde), dit-il, est dépourvu du plus bel attribut de l'homme, la *perfectibilité.* »

(Lettre de Joseph de Maistre au chevalier de Rossi. Saint-Pétersbourg, 29 mai (10 juin) 1805.)

une abondance et une activité inconnues jusqu'alors; le commerce s'enrichissoit de productions nouvelles et de moyens de transport qui lioient ensemble toutes les parties des Etats audedans et au-dehors. L'homme étoit généralement mieux logé, mieux nourri, mieux vêtu. Si quelques unes des anciennes apparences (1) de la grandeur avoient disparu, la commodité dédommageoit de la perte de la magnificence, et l'homme s'approprioit davantage des jouissances plus rapprochées de lui et plus faites à sa mesure.

Les gouvernements avoient déposé l'antique âpreté des formes et la rudesse du joug; elles tomboient partout, en cédant aux mœurs encore plus qu'aux lois. En général, on ne sentoit le gouvernement que par l'impôt et par la sûreté; l'une étoit le prix de l'autre. Encore presque partout celui-ci étoit-il peu de chose. Les gouvernements, inaccessibles aux grands mouvements de l'ambition, étoient plus économistes que machiavélistes; et lorsque les brigands qui les ont ébranlés ou détruits ont osé leur adresser cette odieuse imputation, ils savoient bien qu'ils péchoient par le défaut contraire, et qu'au lieu de despotisme, il y avoit anarchie en Europe.

(1) Edition originale : *appartenances.*

La fréquentation mutuelle entre les différents
peuples, devenue plus commune et plus facile,
avoit rapproché les mœurs et les cœurs, étendu
la communication de la parole et des idées, et
fondu, pour ainsi dire, tous les habitants de
l'Europe dans une seule communauté, au milieu
de laquelle il leur étoit impossible de se trouver
absolument étrangers; trop de points de contact
existoient entre eux.

Tel étoit en somme l'état de l'Europe avant la
révolution. Donc, pour apprécier sa nature et
ses effets probables, il suffit de mesurer la distance de l'état d'alors à celui d'aujourd'hui. La
géométrie n'admet pas de démonstration plus
rigoureuse.

Cette révolution est devenue l'affaire de tout
le monde, l'affaire universelle, ou pour mieux
dire, de Pétersbourg à Lisbonne, de Constanti-
nople à Londres, d'Europe en Amérique, il n'y
a plus qu'une affaire prédominante à toutes les
autres, celle de la révolution. Il n'y a pas de
neutralité possible avec elle, pas plus qu'avec la
peste et les incendies. Elle embrasse les individus
et les empires. Parmi ceux-ci, combien pour lesquels la révolution ne fut à son aurore qu'un
objet de spéculation ou de risée, et pour lesquels
elle est devenue, ici un instrument de ruine,

là , et ce sont les heureux , un sujet de terreur , partout un motif d'inquiétude ! Voyez l'Angleterre savourant d'abord la vengeance de la guerre d'Amérique , couvant ensuite d'un œil de convoitise la ruine du commerce de la France , l'invasion de ses colonies , et regardez-la aujourd'hui acculée à la défense de son île. Demandez-lui si la ruine du commerce français lui rend les quatre milliards que lui a déjà coûtés la guerre , si les troubles de la France ont apaisé ceux de l'Irlande. L'Amérique, le Danemark , la Suède , la Turquie, l'Italie, ont aussi caressé ou méprisé l'enfance du monstre. Dans sa croissance rapide, il a déjà dévoré ceux de ces Etats qu'il a pu atteindre ; il ne cesse de molester ceux que leur éloignement met hors de sa portée. En un mot, à un état de calme et d'ordre général , à des établissements fondés sur une religion à peu près commune , sur un corps de droit public universel , a succédé un état de trouble et de confusion générale , un état d'hostilités permanentes, d'athéisme permanent, de subversion dans la morale civile et politique qui étoit en possession de régir le monde , morale remplacée par je ne sais quels principes bizarres, dictés par l'ignorance et par l'intérêt personnel, qui, à la différence des autres codes de droit public, communs par leur nature à tous les peuples, ne s'appliquent jamais qu'à une des parties, celle qui les a faits... Il faut le dire, par le fait de la révolution, l'Europe est constituée en état de démolition dans toutes ses parties : religion, mœurs, langage, démarcation des empires, forme des gouvernements, classement des hommes entre eux, base des propriétés, tout est effacé, tout est refondu. La révolution brise d'abord les empires, elle en jette ensuite les morceaux dans ses creusets. Déjà six nouvelles républiques en sont sorties, et la vieille Europe paroît destinée à subir le rajeunissement de Médée (1)...

Telle a été, telle est, telle sera toujours la révolution. C'est un corps de destruction complètement organisé pour cette fin, parfaitement homogène, adhérent dans toutes ses parties, qui dans sa course doit tout écraser ou être écrasé lui-même ; il n'y a pas de milieu. La révolution est appelée à tout détruire ou à être détruite. Elle ne s'en défend pas et déchire à plaisir le voile sur l'avenir comme sur le passé. Elle a résisté aux changements des chefs, aux chocs des

---

(1) « La révolution est universelle : la France s'empare de l'Europe, et l'Europe s'empare du monde. »

(Mémoires de J. de Maistre, p. 312.)

factions, aux vicissitudes des gouvernements suc-
cessifs, aux attaques des ennemis armés, aux
embûches des ennemis cachés. En quelques mains
qu'ait été déposé son redoutable pouvoir, elle
n'en a pas ralenti sa course d'un seul pas ; quiconque en a saisi les rênes les a tenues d'une
main également ferme. Elle semble avoir déposé
son double esprit sur chacun de ceux qui l'ont
dirigée. Etrange spectacle, inconnu depuis la
création du monde, et qui ne peut être surpassé
que par celui qu'offrent ses adversaires, ceux
auxquels elle fait jurer haine depuis Amsterdam
jusqu'à Rome, auxquels elle adresse en vers et
en prose, dans toutes les langues vivantes et
mortes, ses proclamations menaçantes, et leur
annonce leur sort futur. Car, il faut l'avouer à
la louange ou à la honte de cette révolution, elle
a mis dans l'énonciation de ses projets une im-
pudence de franchise qui n'a pas admis une minute de déguisement. Si elle a tout fait, elle a
aussi tout dit ; elle a tout proclamé à l'avance.
Etoit-ce pour dérouter des ennemis habituelle-
ment empêtrés dans les replis d'une dissimulation routinière ? Etoit-ce insulte à leur foiblesse
ou conscience de ses propres forces ? On l'ignore ;
mais on a entendu la révolution proclamer, par
l'organe de tous ses écrivains, par celui plus

éclatant encore de toutes ses actions, qu'elle
étoit destinée à changer la face du monde.

Les mêmes dispositions (1) sont également parties des deux bouts de la chaîne révolutionnaire.
Buonaparte l'a dit comme l'abbé Fauchet, et La
Fayette comme Anacharsis Clootz. En 1797, Buonaparte articule devant le Directoire que l'ère
des gouvernements représentatifs date du traité
de Campo-Formio, et qu'après quelques efforts
encore le monde sera libre. En 1790, l'abbé
Fauchet appeloit tous les peuples à se former en
convention nationale dont Paris seroit le siége,
et tandis que La Fayette proclamoit la sainteté de
l'insurrection et d'autres maximes anarchiques,
Anacharsis débitoit à la barre de l'assemblée qu'il
n'y avoit plus de gouvernement que celui des
droits de l'homme et de la souveraineté du peuple. Le même système perce, comme on voit, à
travers les extravagances des uns et les annonces
plus enveloppées des autres; mais la différence
de la marche n'exclut pas la similitude du résultat; elle la confirme au contraire par la coïnci-
dence forcée sur le même point.

Il ne sert donc à rien de se déguiser ou de
vouloir déguiser aux autres la nature toute par-

(1) Edition originale : *dépositions.*

ticulière de cette révolution. Elle est , comme l'a
dit Burke , une secte armée , procédant systématiquement à l'accomplissement de ses vues par
l'établissement d'une nouvelle doctrine religieuse, politique et sociale , par tous les moyens
réunis de la tyrannie et des gouvernements réguliers, par tous les arts des peuples policés et par
la férocité des sauvages (1); assemblage ineffable
de contradictions, qui rapproche la civilisation
de la barbarie, l'héroïsme du courage de la
bassesse de la peur, les plus vives lumières de
la plus épaisse ignorance, et qui, réunissant
ainsi les incompatibles, sait les faire concourir
au même but.

Si l'on pouvoit mêler quelques images moins
sombres à ce lugubre tableau, ne seroit-on pas
tenté de rire de la perpétuité du contresens qui
fait confondre cette révolution avec les autres,
de la gravité avec laquelle on s'obstine à la traiter comme les affaires autour desquelles tournoit
l'ancienne politique? N'est-il pas plaisant de voir
les gouvernements s'évertuer à donner un dé-

(1) « Si l'on confisque, si l'on exécute à mort d'un côté, il est
certain qu'on en fera autant de l'autre, et, de rigueur en rigueur,
on viendra enfin à faire *une guerre de sauvages.* »
(*Adresse à la Convention nationale,* 1er février 1793. *Lettres et Opuscules* de J. de Maistre, t. II, p. 25.)

menti à la révolution sur sa propre nature ; et lui soutenir, en dépit des faits , malgré ses avertissements réitérés, qu'elle n'est pas ce qu'elle dit être, et affirmer ainsi qu'ils la connoissent mieux qu'elle ne se connoît elle-même ? Car c'est là le sens véritable de toute leur conduite. Cependant les conseils d'un ennemi sont quelquefois bons à suivre, et la révolution en donne un excellent toutes les fois qu'elle avertit de sa véritable origine et de sa future destinée.

Par quelle fatalité se fait-il que cette vérité , devenue également triviale dès le commencement de la révolution pour tous ses amis et pour quelques uns de ses ennemis, se soit arrêtée à eux, et que, s'élevant de là dans les régions supérieures , elle ne soit pas parvenue aux hommes destinés à gouverner les autres , ou aux puissances principales faites pour déterminer les plus foibles ? On compteroit jusqu'à trois ministres principaux qui ont entendu d'emblée la révolution. Par une singularité remarquable, ils appartenoient tous les trois au midi de l'Europe, et, par un malheur insigne, ils ne présidoient qu'à des Etats du second ordre.

Tous les malheurs de la révolution , tous les embarras des gouvernements datent de cette fatale méprise. Le principe une fois manqué, il n'y a eu qu'erreur dans les conséquences ; c'étoit forcé. Partout on a fait fausse route, et plus on la continue, plus on s'éloigne du but. Aussi voyez quel profit les gouvernements retirent de leurs tentatives, de leurs efforts, soit pour, soit contre la révolution : rien n'y fait ; il semble qu'on travaille à asseoir une pyramide sur sa pointe (1).

Parmi les révolutions qui remplissent l'histoire, les plus remarquables par leur étendue et par leur durée sont celles où l'esprit de secte s'est mêlé à celui de politique, et les objets intellectuels aux objets matériels. Les révolutions causées par des querelles de pure ambition, soit au dedans soit au dehors des États, sont presque toujours restées locales ou passagères. Les voisins ont pu vouloir en profiter sans s'exposer beaucoup ; la politique étoit leur excuse, et, dans ce cas, peut-être étoit-elle valable. Mais il en est tout autrement des révolutions qui touchent à la fois au pouvoir et à la morale, soit religieuse, soit civile. D'abord, le foyer des dissensions est double en nombre ; ensuite, il est illimité dans son étendue : des objets de cette nature s'étendent à tous les hommes, à tous les pays ; ils trouvent

(1) On sait avec quelle prédilection J. de Maistre empruntait ses comparaisons aux sciences.

partout des passions à remuer et peuvent n'a-
voir de limites que celles du monde.

Si, dans quelques pays, le prince et les sujets
ne s'accordent pas entre eux, si l'ambition arme
les membres d'une même famille, ou les grands
contre le prince, le reste du monde demeure à
peu près étranger à la querelle, nécessairement
circonscrite dans un territoire borné. Mais si ces
mouvements sont excités par l'introduction d'une
doctrine nouvelle et de principes généraux (1)
applicables, par leur nature, à tous les pays et à
tous les hommes, alors la question change entièrement de face, et l'intérêt est le même pour
tous; car tous sont atteints ou susceptibles de
l'être... Les Armagnacs et les Bourguignons dé-
chirent la France, Charles VII met fin à ses divisions, et l'Europe n'en est pas troublée. Alors
même, le grand schisme d'Occident la partageoit
depuis soixante ans entre Avignon et Rome. La
Rose rouge et la Rose blanche saccagent l'Angleterre pendant cinquante ans ; le reste de l'Europe
ne s'en aperçoit pas. Henri VIII, Luther et Calvin
la divisent et l'ensanglantent pour des siècles. Si
Mahomet n'eût voulu qu'un empire, peut-être
fût-il resté conducteur de chameaux ; au moins

(1) Édition originale : *des* principes.

son empire auroit déjà péri dans les révolutions
si communes aux pays sur lesquels il auroit ré-
gné. Mais il est révolutionnaire en religion, en
législation, en morale ; les esprits s'enflamment,
les dogmes s'étendent avec l'empire ; le roi disparoît, mais le prophète législateur règne encore
sur la plus grande partie du monde. Les révolutions combinées d'opinion et de politique sont
donc d'une tout autre conséquence que les révolutions de simple politique. Or, quelle révolution réunit jamais dans un degré plus éminent
que la révolution française les attributs et les
dangers de ces doubles révolutions ? Religion, morale, gouvernement, elle atteint tout, elle renou-
velle tout (1)... Nous l'avons déjà dit, et nous n'y
revenons que pour ne pas omettre que ces re-
nouvellements même, tous coordonnés vers un
même but, ne sont le plus souvent que provisoi-
res, et attendent, comme les matériaux d'un édifice, leur place définitive. Ainsi il est aisé de
juger qu'entre toutes ces républiques qui se grou-
pent autour de la France, elle seule, à peu près,

(1) « Nul doute, à ce qui me semble, que nous n'assistions à une
des grandes époques du monde, et que tous les hommes sages ne
doivent tenir leurs yeux ouverts, car nous ne sommes pas au
bout. »

(*Mémoires et Correspondance* de J. de Maistre, p. 377.)

atteint sa consistance définitive. Le reste n'est
que provisoire ; ce sont des pierres d'attente qui
entreront, il est vrai, dans la construction totale
de l'édifice, mais à des places différentes de celles
qu'elles occupent maintenant. Par exemple, les
républiques cisalpine, romaine et ligurienne ne
subsisteront pas dans leur état actuel de républiques séparées. Cet isolement n'est qu'un passage.
Il falloit les arracher à l'ancien édifice politique
de l'Europe, les organiser provisoirement contre
elle, et puis les ramener, suivant les circonstances, au but indéfectible de la révolution. De
leur réunion s'élèvera peut-être avant peu la république italique, annoncée déjà par les révolutionnaires cisalpins, et adoptée en esprit par la
révolution, en vertu de deux de ses grands principes, l'unité des nations et les limites naturelles
des empires. On passera ensuite plus loin : la
république espagnole ou ibérienne, la république
germanique, la sarmate, l'anglaise, la hongroise,
sont assurément déjà décrétées à Paris *in petto*,
et l'on n'y attend que le moment opportun pour
les proclamer. Les petits remuements qui auront
lieu jusque là ne sont que des essais, des ébau-
ches qu'on ramènera à l'ordonnance primitive et
régulière d'une organisation universelle de républiques. Que la descente en Irlande réussisse,

l'indépendance et le républicanisme y abordent
avec l'armée de la révolution française, ou plutôt
ils la précéderont ; car il est indubitable que la
reconnaissance de la république irlandaise pré-
cédera l'envoi des Solons qui vont l'y établir à
coups de sabre. La raison de tout ceci est simple : la révolution ne regarde comme légitime
que le gouvernement représentatif ; tout le reste
est usurpation , erreur , violation de tous les
droits ; tout le reste est marqué d'une tache de
péché originel que le seul baptême de la révolution peut effacer. Il n'y a donc de sa part que
reconnaissance provisoire à l'égard des autres
gouvernements. Le but invariable étant de tout
républicaniser, on commence par le faire sur tout
ce qui tombe sous la main ; arrivent ensuite des
circonstances nouvelles, des hommes nouveaux
qui donnent un nouveau tour aux arrangements
déjà pris et qui les ramènent à leur destination
primitive. Ainsi ont existé les républiques lom-
barde, cisrhénane et lémanique ; ainsi existeront,
jusqu'à la formation complète du grand tout républicain, les différentes parties qui doivent le
former. Le plan total existe, n'en doutons pas ;
les matériaux s'y adaptent successivement, et la
révolution les y classe, comme Paris classe dans
son muséum les monuments dont il dépouille les

vaincus. C'est à cette épouvantable incertitude que sont réduits les peuples et les rois. Sur tout leur avenir ils n'ont pas d'autre donnée que celle d'une destruction jurée, inévitable ; mais le mode même de leur future existence est couvert de plus de voiles qu'ils n'en peuvent percer. Comment s'y reconnoîtroient-ils, comment adopteroient-ils quelques mesures avec maturité, tandis que la révolution ne donne à rien le temps de mûrir, tandis que ce Prothée, multipliant ses métamorphoses, les tient toujours hors de mesure avec les nouvelles circonstances qu'il crée sans cesse ?

Second caractère particulier de la révolution : La mobilité est un de ses attributs principaux. Variable dans tout le reste, c'est dans son principe qu'elle est immuable et fixe ; là seulement elle peut être saisie avec sécurité. Burke l'a dit avec raison, cette méprise a tout gâté, au point qu'on n'a pas seulement commis des fautes contre la révolution, mais que tout ce qu'on a fait contre elle n'a été qu'erreurs et fautes. Comment ne l'auroit-il pas dit en voyant les gouvernements placés entre deux compétiteurs, la monarchie et la république, se déterminer pour la dernière et repousser l'autre comme un ennemi public ? Les gouvernements se sont en effet trouvés dans cette alternative.

La monarchie leur tendoit les bras et leur demandoit de la rétablir pour les affermir à son
tour; la république, au contraire, ne demandoit
à se faire reconnoître que pour parvenir à les
renverser. L'une donnoit une religion protec-
trice, une existence assurée, la paix au-dedans et
au-dehors; l'autre n'offroit que ruine, incertitude pour l'avenir... Et l'on a pu balancer, et l'on
balance encore entre deux rivaux de condition
si différente; ou plutôt on ne balance plus, et le
choix est fixé sur celui qui ne devoit avoir qu'à
se montrer pour être à jamais proscrit. Si c'est
une épreuve, elle coûte trop cher pour la pro-
longer; si l'on a attendu des modifications du
temps et des autres influences qui agissent à la
longue sur les institutions et sur les hommes,
c'est une erreur démentie par trop de faits. Les
corrections ne s'appliquent qu'aux accessoires
des choses, jamais à leur essence; tant qu'on
laisse agir celle-ci, elle agit suivant ses principes
essentiels et ses qualités radicales. Elles peuvent
être arrêtées, détournées ou affoiblies à un certain point et pour un certain temps; mais dès
que la contrainte cesse, la nature reprend ses
droits, et ses actes sont toujours coordonnés à
son principe : *Naturam expellas furca...*

La révolution est la démonstration de cette

vérité, et celle-ci prouve à son tour qu'il y a dans
son essence un principe d'incompatibilité avec
tout ce qui n'est pas elle, avec tout ce qui a
existé avant elle, avec tout ce qui existe autour
d'elle. « Il vous conviendra d'examiner si la république française peut coexister avec l'Angleterre, » a dit Monge au Directoire. Voilà qui est
parler conséquemment et clair, et qui n'est pas
dit pour la seule Angleterre. Voilà ce que l'Europe auroit dû se dire depuis longtemps. Voilà
la question devant laquelle tomboient toutes
celles de jalousie, de rivalité, de haine, en un
mot, toutes ces misérables querelles que six années de malheur commun, quoi qu'on en dise,
ont à peine épuisées. Combien de difficultés
étoient aplanies par la simple rectification de
la question ainsi posée! Elle ne présentoit plus
que deux points, la nature de la révolution et
ses dangers, c'est-à-dire le principe et la conséquence... Cette simplification, utile en toute
affaire, l'est bien davantage dans celles où beaucoup d'intérêts aboutissent et où beaucoup
d'hommes sont appelés; quand ceux-ci sont déjà
si embarrassants, n'est-il pas trop heureux de
pouvoir alléger les choses, et de retrouver sur
la légèreté des unes la diminution du fardeau
des autres?

Oui, depuis longtemps, dès le commencement
des troubles, l'Europe devoit se demander si la
révolution française étoit compatible avec elle,
et, prévenant l'insolence de la question que
celle-ci a osé lui adresser, régler toutes ses mesures sur ce principe. L'incompatibilité de la révolution avec tout autre établissement préexistant étoit la seule question digne du tribunal de
l'Europe; elle étoit décidée depuis longtemps à
celui de la raison (1).

Quand la révolution s'est permis d'envahir la
paisible Helvétie, cette Suisse pacifique, monument unique de bonheur créé par le gouvernement patriarcal, de quel prétexte a-t-elle coloré
cette agression, qui est sûrement un des atten-
tats les plus graves de tous ceux qui composent
cette longue série de crimes que l'on appelle la
révolution française? n'est-ce pas au nom de leur
incompatibilité? Le fort a dit au foible que son
antique existence ne pouvoit cadrer avec la
nouvelle création; la grande nation a dit à de
petites peuplades que sa sûreté était compromise

_____

(1) J. de Maistre voulait, ainsi que Burke, que l'on fît à la
France, non une guerre politique, mais une guerre de principes.
Ce système ne put prévaloir contre la volonté bien arrêtée de Pitt
et de tous les cabinets de l'Europe, de se borner constamment à
une guerre politique.

par le simple contact de formes un peu différentes dans leurs gouvernements respectifs. L'extermination a suivi un retard d'obéissance. La Suisse est aujourd'hui livrée au pillage, déchirée par les Français, saturée d'outrages par le Directoire, pour la faire entrer, de gré ou de force, dans les moules de la révolution. Tel sera le sort commun.

Le Pape n'a été détruit qu'à titre d'incompatibilité ; sa chute étoit prévue (1) et annoncée depuis longtemps, et il y avoit aussi trop de simplicité à croire qu'une révolution d'athéisme toléreroit à sa porte, sous les attributs de la souveraineté, le chef de la religion qu'elle poursuit partout... Si telle est la révolution française en elle-même, pouvoit-elle être servie autrement que par des agents de même nature, et l'incompatibilité des hommes ne devoit-elle pas correspondre à celle des choses? Voyez aussi par qui elle est successivement menée et poussée. Tout homme qui l'aborde a-t-il quelque chose de commun avec le reste de l'humanité? ne commence-t-il pas par se dépouiller de son ancien être? n'est-il pas en lui-même un abrégé de la révolution? Ces hommes, déjà si dangereux sous ces rapports, réu-

(1) Edition originale : *prévenue.*

nissent encore toutes les qualités malfaisantes du
cœur et de l'esprit. De celui-ci ils en ont, et
beaucoup ; et l'état continuel d'agitation et d'é-
réthisme (1) où ils vivent les force à le développer à chaque instant... Il tend sans cesse vers
deux objets, le pouvoir à acquérir ou à conserver et la secte à propager. Le cœur de ces hommes, fermé aux affections ordinaires, ne s'ouvre
qu'à celles de la révolution : c'est la seule fibre
qui y soit restée sensible. A force de la porter
dans leur cœur, ils en ont chassé tout le reste.
En un mot, les yeux de ces gens-là suivent d'autres règles d'optique ; leur esprit conçoit et produit, leur cœur bat différemment de celui des
autres hommes. Si quelques uns tombent ou s'é-
garent dans cette dure carrière, ils sont remplacés à l'instant par de nouveaux candidats dont
la succession rapide fait régner sur cette révolution le feu d'une éternelle jeunesse. Burke a très-
bien remarqué que cette rotation accélérée dans
les titulaires d'emplois de tout genre deviendroit
dans peu une cause très-active de troubles au-

---

(1) Ce mot, qui peint avec tant d'énergie l'état d'irritation fé-
brile de certains révolutionnaires, est employé ailleurs dans le
même sens par J. de Maistre. « Ce degré d'éréthisme, dit-il dans
les *Considérations sur la France*, fatigue bientôt la nature humaine. »

dedans ou de tempêtes au-dehors. Que faire en
effet de ces milliers d'hommes qui, en regar-
dant derrière eux, peuvent presque tous dire :
Olim truncus eram, passés maintenant au partage
ou au faîte du pouvoir : législateurs, ambassadeurs, généraux, ministres, directeurs, disposant
sous mille formes de la force et de la fortune
publique, de la puissance de l'empire et de l'état
des citoyens, s'identifiant avec la grandeur de
leur gouvernement, incapables de rétrograder
vers l'obscurité de leur origine, et de Cincinna-
tus n'ambitionnant tous que la dictature? que
faire, dis-je, de tant de vanités et de cupidités?
Le monde suffit à peine à l'ambition de quelques
citoyens romains; il fallut renverser des empires
pour distraire ces citoyens trop grands pour
leur patrie, et porter ailleurs l'emploi de leurs
dangereux talents. La France menace des mêmes
éruptions, et non pas au bout de quelques siècles, comme à Rome, mais à la fin de huit années de révolution, qui nous montrent déjà une
plénitude d'ambitions malfaisantes auxquelles il
faut chercher un débouché. Quels sont, en effet,
ces conducteurs de révolution, tantôt sous une
dénomination, tantôt sous une autre, hier membres de comité, aujourd'hui directeurs, demain
ordonnateurs aux armées, et toujours en mou-

vement? Quels sont ces infatigables fabricateurs
de lois qui revêtent autant de toges qu'ils savent
donner d'interprétations à leurs versatiles décrets : députés constituants, législatifs, conventionnels (1)?... Quels sont ces ambassadeurs qui
courent d'un bout du monde à l'autre, fatiguant
les cours de leurs prétentions, les bravant par
leur insolence et les violant par leurs entreprises?
Ne sont-ce pas des hommes sortis de la révolution, éclos à sa chaleur, se mouvant en tout sens
dans son orbite, et portant partout le feu dont
ils s'y sont imprégnés? Aussi voyez comme la révolution gagne et s'étend, comme les projets
succèdent aux projets, les conquêtes aux conquêtes. A la Hollande envahie il faut joindre l'I-
talie subjuguée, à celle-ci la Suisse; après arrive
le tour de l'Angleterre; tout à l'heure c'est l'E-
gypte ou quelque plage lointaine qui appelle
l'ambition de quelques spéculateurs de renom-
mée ou d'argent. Bientôt le monde sera trop
étroit pour l'hydre de tant d'émulations et de
projets ; dans ce moment même, le remplace-
ment de quelques législateurs fait mille fois plus
de mouvement en France que n'en a fait dans le

(1) Il est probable que si M. de Pradt avait été l'auteur de ce
livre, il n'aurait pas englobé dans la même réprobation les députés
de l'Assemblée constituante, dont il avait fait partie.

Nord celui de trois de ses principaux souverains,
et les bancs de ces obscurs sénateurs se vident
ou se remplissent à plus grand bruit que les plus
grands trônes.

On a remarqué que l'époque augustale a compris un espace de cent soixante ans pour soixante-
dix empereurs, c'est-à-dire un peu plus de deux
ans pour chacun, tandis que la France n'a compté
que soixante-six rois pendant mille quatre cents
ans, c'est-à-dire un peu plus de vingt-un ans
pour chacun (1). Les huit années de la révolution
ont donné à la France plus de chefs que la troisième race n'a donné de rois pendant soixante-
dix ans. Le trouble d'une part, le calme de
l'autre, expliquent cette immense différence...
L'accélération du mouvement s'étend à tout dans

(1) Dans le livre *Du Pape*, J. de Maistre consacre un chapitre
entier à examiner quelle est, en moyenne, la durée de la vie des
princes, et il conclut que *les règnes européens excèdent, même depuis longtemps, le terme de vingt ans, et s'élèvent, dans plusieurs
Etats catholiques, jusqu'à vingt-cinq ans.* (*Du Pape*, t. II, ch. v :
Vie commune des princes, etc.)
Nous nous bornerons à indiquer ce singulier rapprochement au
lecteur qui douterait que l'*Antidote* soit de J. de Maistre. Si l'auteur des *Considérations sur la France* avait fait le moindre emprunt
à un livre qui ne fût pas de lui, nul doute que sa loyauté bien connue lui eût fait un devoir de le citer. Son silence sur ce point
nous paraît un argument sans réplique.

la révolution. La scène change aussi vite que les
acteurs. On a dit, au sujet du partage projeté de
l'Allemagne, que ce siècle seroit bien nommé le
siècle des partages; il le seroit encore mieux le
siècle des révolutions. Car il a vu tout se renouveler et changer; il a vu naître la Russie, la Prusse
et l'Amérique; il a vu disparoître la Pologne,
abîmer la France, subvertir la Hollande, la Suisse,
l'Italie et les Pays-Bas. Et ce ne sont là que les
traits principaux, car les changements moins importants sont innombrables et se perdent dans
cet océan d'innovations. Que l'on compare le
temps qu'ont pris l'élévation de ces premiers
Etats et la chute des derniers avec celui que pre-
noient les anciennes révolutions, soit en bien,
soit en mal; et pour cela, sans s'enfoncer dans
l'histoire ancienne, qu'on compare seulement le
temps des guerres civiles en France, ou celui qu'il
a fallu pour en expulser les Anglais, avec les
huit années qui ont suffi à la bouleverser et à la
républicaniser; la Hollande combattant pendant
soixante ans pour son indépendance, et soumise
en six semaines aux jacobins; la Suisse sous les
armes contre les Autrichiens pendant cinquante
ans, et sous le joug des Français au bout de trois
jours et demi, car la guerre véritable n'a duré
que du 2 au 5 mars de cette année; l'Italie ra-

vagée, disséquée en grands et en petits carrés,
ce qui étoit république devenant monarchie, ce
qui étoit monarchie devenant république, dans
l'espace de deux ans, et ce même pays remplis-
sant autrefois le monde de désordres et de sang
pour de misérables Guelfes et Gibelins, pour les
Sforces à Milan, pour les Médicis à Florence,
pour les Doria à Gênes; Venise combattant elle
seule la ligue de Cambrai, voyant depuis trois
cents ans les flots de la puissance ottomane se
briser sur ses bords, et ne tenant pas contre une
simple sommation des Français; le nord de l'Europe ensanglanté pendant cent ans pour l'union
de Calmar, se précipitant ensuite pendant trente
ans sur l'Allemagne pour former l'équilibre de
la paix de Westphalie; toute l'Europe armée pendant quarante ans contre Louis XIV pour arracher de ses mains les Pays-Bas et la Hollande, et
ne trouvant, dans les temps actuels, d'autres armes pour combattre cet agrandissement *liberticide*
que l'insignifiance de quelques notes de milord
Malmesbury. Certes, cet épouvantable contraste
glace d'effroi l'imagination la plus aguerrie contre la peur, et laisse à peine la faculté d'entrevoir où s'arrêtera ce torrent d'innovations... Et
ce qu'il y a de plus effrayant, c'est que ces révolutions, marchant avec une rapidité inconce-

vable, menacent d'engloutir le monde en moins
de temps que ne s'opéroient jadis les plus minces changements. Depuis Salomon, qui a dit que
rien n'est stable sous le soleil, jusqu'au dernier
des écrivains, tous ont remarqué dans les hommes et dans les choses une tendance invincible
vers le changement, une pente naturelle vers une
continuité de révolutions qui ont changé la face
des empires et transformé (1) leur fortune, comme
les vicissitudes de la vie changent et transfor-
ment (2) celle des individus. Mais, semblables à
ceux qu'opère la nature, ces changements étoient
passagers et graduels; ils n'enveloppoient pas le
monde entier; ils étoient le produit combiné de
la succession des temps et d'une série d'actions
d'attaque et de résistance. En déplaçant la puissance, ils effleuroient à peine les mœurs et les
lois. Le plus rapide de tous les conquérants,
Alexandre, court en vainqueur d'un bout de
l'Asie à l'autre; son joug passager y courbe un
instant toutes les têtes, mais il ne s'y imprime
pas; les débris de son empire suffisent à la formation de plusieurs royaumes : ce sont des Etats
nouveaux au milieu de mœurs et de lois ancien-

(1) Edition originale : *transporté*.
(2) Ibid. : *transportent*.

nes. Rome soumet à peu près tout le monde
connu ou qui méritoit de l'être ; les peuples reçoivent sa domination, mais ils gardent leurs
usages et leurs temples. Les Tartares envahissent
la Chine, mais sans aucun dérangement dans les
lois ; et voilà qu'au bout de quelque temps les
conquérants finissent par être conquis par elles.
Dans tous ces cas la souveraineté changeoit, mais
les dieux, les mœurs et les lois restoient.

Quelle immense différence de ces commotions
passagères et locales au bouleversement systé-
matique qui embrasse le monde dans toutes ses
parties ! Là, c'étoit une inondation partielle, un
débordement de quelques instants ; ici, c'est le
naufrage complet de toutes les institutions anciennes englouties par l'ouverture des cataractes
révolutionnaires, et, comme au temps du premier déluge, les hommes rient et boivent à la
face d'une pareille catastrophe.

Qu'on nous pardonne de nous appesantir sur
cette effrayante vérité ; mais comment se déta-
cher de considérations qui embrassent tout ce
qui touche à l'existence des sociétés, tout ce qui
en fait la sûreté, le lien et le charme, tout ce qui
donne quelque valeur à l'existence et quelque
prix à la vie ? comment se soustraire à la plus
vive affliction en voyant que si les plus légers

changemenls dans les Etats occupoient jadis la
vie entière des hommes, les veilles des écrivains,
l'attention de plusieurs générations, aujourd'hui
les bouleversements les plus étendus, ceux qui
ont à la fois la forme et l'effet des ouragans, ob-
tiennent à peine quelques signes de douleur ou
quelques moments d'attention ? Jadis les révolutions formoient les épisodes de l'histoire, aujourd'hui elles sont l'histoire elle-même ; et,
comme si la répétition des mêmes scènes avoit
la force du destin ou le pouvoir de blaser les
âmes, on ne regarde plus chaque révolution particulière que comme une partie intégrante de la
révolution totale, à la représentation de laquelle,
spectateurs oisifs, on assiste sans autre intérêt
que celui d'applaudir ou de siffler les acteurs.

Il faut observer que la marche de la révolution
doit être accélérée à l'avenir par deux circonstances qui sont toutes à son avantage. La première est le changement arrivé dans plusieurs
Etats qui combattoient précédemment contre elle,
et qui combattent aujourd'hui pour elle. La révolution étant devenue conquérante, les anciens
points de résistance sont devenus des points
d'appui et des leviers. L'attaque et la défense
doivent se ressentir de cette interversion (1) de

_____

(1) Edition originale : *intervension.*

rôles. Les Etats non révolutionnés doivent être attaqués plus aisément par leurs ennemis fortifiés de leurs anciens adversaires.

La seconde, c'est que la répétition des scènes révolutionnaires et l'habitude des moyens analogues ont ôté aux unes leur horreur, aux autres leurs difficultés. D'un autre côté, les scènes les plus atroces excitent moins d'intérêt que n'en excitoient jadis les plus minces événements; de l'autre, les moyens révolutionnaires étant devenus vulgaires, leur emploi ayant toujours été heureux et leur succès certain, on s'est familiarisé avec l'idée comme avec les instruments de révolution, on les a classés méthodiquement, et rien n'est plus commun que d'entendre demander quel est l'empire à l'ordre du jour dans la ligne de la révolution.

CHAPITRE II.

Par suite des progrès naturels ou factices de
la révolution, par ceux qu'elle se doit à elle-même
ou aux circonstances qui l'ont favorisée, l'Europe se trouve partagée en deux parties, en deux
zones sous lesquelles il n'y a plus rien de commun : l'une révolutionnaire, l'autre non encore
révolutionnée. La ligne de démarcation s'étend
de l'extrémité de la Hollande à celle de l'Italie,
d'Amsterdam à Rome ; elle enferme cette vaste
contrée qui fut la Hollande, la France, la Suisse
et l'Italie ; elle laisse derrière elle l'Espagne et le
Portugal séparés du reste du monde, se débattant
tant bien que mal contre les atteintes de la révolution. Ce sont deux puissances à l'agonie dont
la révolution tend à se faire la légataire universelle.

Les deux grandes divisions de l'Europe sont l'une sur l'offensive, l'autre sur la défensive, en tout temps et en tous lieux. Quand les armes sont posées, les manœuvres clandestines recommencent; on n'abandonne la tranchée que pour la mine; en traitant de la paix, on fait encore la guerre; chaque mot, chaque ligne des négociations est un acte injurieux ou hostile; toujours une des portes du temple de Janus reste ouverte.

On peut apprécier la durée et l'issue probable de cette lutte par la comparaison des forces respectives.

La révolution étend ses domaines sur les contrées de l'Europe les plus couvertes de population et les plus favorisées des regards du soleil, sur le sol le plus varié et le plus fertile, sur les hommes dont l'imagination et le génie ont le plus de mobilité et d'ardeur, dont le langage, les modes et toutes les productions sont recherchées, adoptées, enfin règnent partout. Les frontières de ce redoutable empire sont réputées impénétrables, également propres à la défense et à l'attaque. L'esprit de secte dont il est pénétré double ses facultés; l'affranchissement de tout principe religieux et de toute moralité lui rend tous les moyens égaux; les factieux, les mécontents de tous les pays sont ses oreilles et ses yeux;

enfin toutes les parties qui concourent à sa formation sont serrées entre elles par les liens les plus
forts.

La partie non révolutionnée a sans doute encore de grandes forces, mais l'esprit vital, qui
pourroit les faire valoir, n'existe pas chez elle.

Qu'on considère en effet la disposition de ses
forces, l'unité possible de ses intérêts, la diver-
sité de ses conseils, la consistance réelle de ses
anciennes habitudes, les moyens relatifs d'influence qu'elle peut exercer sur son adversaire;
qu'on compare cette position respective, et l'on
pourra juger jusqu'où s'étend la supériorité de la
révolution. Sa rivale ne peut plus même s'appuyer
sur des institutions vermoulues ou criblées d'outrages. Quoi! depuis le nord de la Hollande jusqu'aux confins de l'Italie, la religion aura été détruite ou bafouée, les trônes auront été renver-
sés; en vertu de l'égalité, on rit de l'homme qui
ose encore parler de noblesse et de titres hono-
rifiques; tout l'échafaudage des anciens établissements y jonche la terre, et cet objet de comparaison, toujours subsistant, n'atténueroit pas
nécessairement la force des institutions corres-
pondantes dans l'autre partie de l'Europe? Certes, il faudroit connoître bien peu le cœur humain pour oser ainsi le démentir et compter

comme appuis des supports qui ont besoin d'ê-
tre soutenus eux-mêmes.

A plaider contre le printemps,
L'hiver doit perdre avec dépens (1).

Mais le côté le plus foible de la partie non révolutionnée de l'Europe, c'est sa désunion et
l'égoïsme, qui, rendant chacun étranger aux
malheurs de ses voisins, le renferme tout entier
en lui-même et lui fait chercher sa sûreté dans
son isolement. A cet égard, la révolution a été
pour l'Europe encore plus que pour la France la
révolution de la discorde; il n'y a jamais eu moyen
d'en réunir, d'en tenir ensemble les parties.
L'Europe n'a montré partout qu'une force cen-
trifuge, et la république française a dissous ce
qu'on appeloit la république européenne.

Entre mille exemples on peut en citer trois
principaux qui sont encore sous nos yeux : celui
de la Suisse, de l'Angleterre et du Pape, tous
également délaissés par les autres puissances.

Jamais cette indifférence fatale, ce froid (2)
de la mort ne s'est montré d'une manière plus
alarmante aux yeux de l'observateur que dans
l'avant-dernière scène, celle qui a vu tomber le

(1) *Les Ombres*, épître de Gresset.
(2) Edition originale : *fond* de la mort.

trône des Papes. Il existoit depuis des siècles
sous la sauvegarde de la chrétienté tout entière;
sa foiblesse faisoit sa force en l'associant à celle
de chacun en particulier. Cet hommage de convention étoit le résultat de deux sentiments, la
reconnoissance et la nécessité : reconnoissance
pour les bienfaits que la religion a versés sur le
monde chrétien ; nécessité de la maintenir pour
le bonheur des peuples, et par conséquent de
l'honorer pour la maintenir. Eh bien! ce trône
de bienfaisance, environné de tant d'hommages,
vient de tomber sous les coups de la plus noire
perfidie. Un exécrable *guet-apens*, la violation
du droit le plus sacré, devient l'odieux prétexte
d'une invasion préparée de longue main. La
force attaque la foiblesse suppliante, la férocité
se précipite sur la douceur timide et désarmée.
Rome reçoit dans son sein le ravisseur de l'Italie;
le plus vénérable des pontifes, le plus humain
des souverains est arraché à ses autels et à ses
peuples; victime des injures qu'il a reçues, et
que d'infâmes calomniateurs osent encore lui
imputer, il va cacher sa tête auguste dans l'obscurité d'un cloître ou dans les rochers d'une île,
dernier et précaire asile qui ne le sépare que d'un
pas des éternels ennemis du culte dont il est le
chef. Eh bien! cette épouvantable catastrophe

n'a pas arraché une larme, que dis-je? pas même
un cri à qui que ce soit, moins encore à ceux
que la répétition toujours imminente de pareilles
scènes menace à chaque instant d'un pareil sort.
Les chrétiens ont vu l'expulsion du Pape comme
celle du grand Lama; les princes ont regardé le
détrônement de leur confrère en souveraineté
comme celui du prêtre Jean.

Cependant cet événement, inaperçu par la politique et par l'insensibilité, doit avoir les plus
graves conséquences; car si la puissance temporelle des Papes importoit peu à l'équilibre de
l'Europe, s'ils ne pesoient pas un grain dans cette
balance, il n'en étoit pas de même de la puissance
spirituelle; et la perte de la première entraîne
nécessairement, quoi qu'on en dise, celle de la
seconde. Il ne manque plus au malheur du
monde que d'ajouter les discordes religieuses à
celles qui l'agitent déjà, et c'est pourtant le résultat inévitable du dernier événement de Rome.

1° La Suisse servoit de barrière à l'Allemage et
à l'Italie. Son salut intéressoit donc ces deux
contrées sous des rapports essentiels. A-t-on fait
un pas, une démarche? a-t-on écrit une seule
note pour l'arracher des serres de la révolution
française? Elle a ajouté la Suisse à ses domaines,
sans éprouver plus de contradiction que si elle

n'eût fait que travailler sur un de ses cent départements. Il y alloit cependant du salut de l'Allemagne et de l'Italie, et la moindre conséquence qu'on puisse prévoir de cette révolution, pour l'Allemagne, est une différence de cent mille hommes de plus ou de moins contre elle.

L'Angleterre donneroit, en tombant, l'empire de la mer à la révolution. Celle-ci a déjà celui de la terre. Qui pourroit alors lui résister ? Les colonies anglaises étant mises par elle sur le même pied que les colonies françaises et hollandaises, les quatre parties du monde sont envahies sans ressource. Eh bien ! les dangers réels de ce résultat, qui ne peut être balancé par aucune autre considération, ne parlent aux yeux et au cœur de personne ; et le reste de l'Europe assiste aux préparatifs d'une descente qui renferme sa destinée propre, comme à un spectacle de pure curiosité. Il faudroit aller au secours de l'Angleterre, même malgré elle ; il faudroit faire violence à sa fierté. Est-il même bien sûr que l'on fasse des vœux pour elle?...

L'état politique de l'Europe reposoit sur trois grandes bases :

1° Le traité d'Oliva de 1660, pour le Nord ; 2° celui de Westphalie, pour l'Allemagne ; 3° celui d'Utrecht, pour le Midi.

Rien de tout cela n'existe plus. Les traités de Bâle, de Campo-Formio, et le congrès de Rastadt, ont sanctionné le désordre général, introduit depuis le premier partage de la Pologne, et confirmé par la guerre d'Amérique. Les anciens traités créoient, établissoient quelque chose; les modernes ne font que détruire. Le traité de Bâle a scindé l'Empire et rompu toutes les digues de la révolution. Les événements l'ont à peu près annulé. Le traité de Campo-Formio, déjà violé en plusieurs points par les Français, est devenu inapplicable aux nouvelles circonstances, créées par les révolutions de la Suisse et de Rome, ou bien il a amené ces révolutions, s'il ne leur est pas totalement étranger.

Le congrès de Rastadt va sanctionner le déchirement de l'Empire et l'accroissement de la France, à un degré qui ne laisse plus aucun espoir de liberté à l'Europe. Il est juste de compter au nombre des avantages de la révolution sur sa rivale : 1° l'infériorité relative de leurs agents réciproques; 2° les principes d'union qui existent entre toutes les branches de la révolution; 3° les principes de conservation qu'elle s'est ménagés.

Il est vrai, et c'est une observation confirmée par trop de faits, que la révolution a partagé l'es-

pèce humaine en deux classes : d'un côté, la foiblesse et la vertu ; de l'autre, l'énergie et le crime.
D'une part, tout également légal, mais foible ; de
l'autre, tout également coupable, mais énergique et plein. Ici, l'incertitude, l'erreur à côté de
toutes les qualités sociales ; là, la perspicacité et
la vigueur d'esprit à côté de l'absence de toute
moralité. Et, comme si ce n'étoit pas assez de
cette épouvantable suprématie du crime, ce n'est
pas à lui seul qu'elle s'est attachée, elle s'est encore étendue aux individus; de manière que
rien n'a été plus commun dans la révolution
que de voir des hommes disgraciés par la nature, connus partout pour leur médiocrité (1),
une fois qu'ils ont été engagés dans cette nouvelle carrière, y puiser un esprit nouveau, s'y
créer des qualités qu'on étoit loin de leur soup-
çonner, primer ceux dont ils avoient l'habitude
de recevoir le ton ; en un mot, se retremper en
entier dans la révolution, et finir, soit par agran-

---

(1) « Je contemple beaucoup ici l'ambassade française, qui n'a
rien de merveilleux. *Le spectacle qui m'a continuellement frappé
depuis le commencement de la révolution, c'est la médiocrité des
personnes par qui de si grandes choses s'exécutent.* Dès que ces
fameux personnages sont isolés, je vous assure que personne n'est
humilié. »
            (*Mémoires et Correspondance* de J. de Maistre, publiés
                 par M. Albert Blanc, p 300.)

dissement personnel, soit par leur liaison avec le piédestal de la révolution, par figurer assez passablement sur son théâtre, et y acquérir une attitude imposante ainsi qu'un ton assez haut pour pouvoir dire : *Et nous aussi, nous faisons peur!*

Il faut le dire, le parti de l'opposition a toujours été également foible; le parti de la révolution toujours également fort ; de manière que l'on a vu, au grand scandale de la raison et de la révérence sociale, s'évanouir toutes les anciennes réputations, à la guerre comme dans le cabinet, à la tribune comme dans les affaires. Les hommes les plus consommés ont été constamment hors de mesure avec leur nouvelle besogne, avec des adversaires obscurs et des noms sans gloire. Ceux-ci, au contraire, ont été constamment à la hauteur des circonstances ; eux seuls ont eu des plans et de la suite, de l'audace et de l'habileté dans leur exécution ; en un mot, eux seuls ont montré les talents des hommes d'Etat et des guerriers.

Expliquera qui pourra cette interversion (1) des rôles, cette transposition des attributs des hautes classes aux inférieures, et de celles-ci aux supérieures. Il n'en est pas moins vrai qu'elle

_____

(1) Edition originale : *intervension.*

existe, et que le génie de l'Europe a reculé devant celui de la révolution. Son étoile l'emporte visiblement sur des astres pâlissants et à leur déclin...

2° Il existe des principes d'union très-intimes entre tous les membres de la révolution ; car il y a alliance de droit et de fait entre tous les nouveaux gouvernements républicains. Les principes de ces gouvernements étant parfaitement uniformes, les moyens qui ont donné le pouvoir aux gouvernants étant semblables, les dangers de les perdre étant égaux, il s'établit entre tous une corrélation d'intérêts qui fait de tous ces États un gouvernement de complices ; et l'on sait quelle force la complicité prête à une association. La France étant entrée la première dans les voies de la révolution, en connaissant mieux les sentiers, douée d'une grande prépondérance de forces, exerce sur toutes les branches de la fédération révolutionnaire une suprématie de direction et d'autorité. Celles-ci prennent en tout les ordres d'une métropole dont elles s'avouent les colonies. Entre elles tout traité est offensif et défensif, et pour toutes les guerres. Tous les mouvements sont combinés sur le même plan ; ils ne doivent ni précéder ni retarder la marche commune : il faut que tout marche de front...

Le général Joubert fait un 18 fructidor à la Haye pour aiguillonner la lenteur hollandaise. Le général Berthier en fait un autre à Milan pour brider la fougue des Cisalpins. La Suisse reçoit l'ordre de n'admettre dans son directoire aucun citoyen des cantons qui ont combattu contre la France. La nouvelle Rome, formée sur les institutions françaises, recevra sûrement des admonitions et des corrections pareilles. En un mot, Paris envoie aujourd'hui des constitutions et des metteurs en œuvre de révolutions, comme il expédioit jadis des modes et la poupée.

Qu'a l'Europe à opposer à cette chaîne ininterrompue de directoires, de corps législatifs en alliance permanente, fraternisant à Paris sur le même autel de la liberté, et s'appuyant sur des bases communes d'intérêts et d'institutions civiles et religieuses? Certes, c'est là une formidable coalition, et telle, qu'il fallait les flancs de la révolution pour la concevoir et pour l'enfanter...

3° La révolution s'est créé des principes de conservation qui manquent à tous les autres gouvernements.

Elle a établi que toutes ses propriétés sont impérissables et inaliénables. Ennemie des rois, elle a adopté pour ses possessions les maximes

qu'ils avoient établies pour leurs domaines.
Mais elle leur a donné une latitude, et laissé une
ambiguité tout à fait convenable à ses intérêts.
En vertu de cette doctrine commode, tout territoire réuni à ces gouvernements nouveaux ne
peut plus en être séparé. Le corps entier doit périr plutôt que de souffrir le moindre retranche-
ment. Ainsi, il y aura la république française,
une et indivisible ; la république batave, une et
indivisible ; les républiques helvétique, cisalpine,
romaine et ligurienne, unes et indivisibles, devant passer à travers les siècles dans cet état
d'adhérence parfaite de toutes leurs parties,
aussi imperméables que des blocs de marbre ou
d'airain. A cette première qualité la même loi
ayant prudemment joint la faculté d'acquérir, il
se trouve que toutes ces unités et indivisibilités
peuvent toujours gagner sans jamais rien perdre, toujours croître sans pouvoir décroître, jusqu'à ce qu'enfin toutes ces républiques venant à
se rencontrer, ou s'arrêtent toutes à la fois,
ou se brisent par le choc de leurs principes
d'existence. Qu'on examine quelle force relative
se donnent des États qui se constituent eux-
mêmes sur de pareils principes ! Avec eux, le sens
naturel des transactions entre les gouvernements
est interverti , les accommodements sont im-

praticables. Se bat-on? c'est à mort ou pour rien ; traite-t-on ? d'une part, on peut tout céder ; de l'autre, on ne peut rien céder. Quel labyrinthe, grands dieux ! et quel dédale d'erreurs et de souffrances ne préparent-ils pas à ceux qui poussent la tolérance jusqu'à laisser introduire dans la société de pareils principes de désorganisation !... Alexandre partagea son empire entre ses capitaines ; quelques conquérants ont distribué le territoire des vaincus aux compagnons de leurs victoires. La révolution française a conçu un projet tout autrement vaste ; dès longtemps tous ces remuements ordinaires sont dépassés.

Après avoir transvasé pendant six ans toutes les propriétés meubles et immeubles de la France, après en avoir agioté le sol même, la révolution tend à partager le monde entier entre de nouveaux propriétaires souverains, et sur un plan tout de sa création (1). Le voici :

En 1792, la France révèle à l'Europe le don

---

(1) « S'il y a quelque chose de malheureusement évident, c'est l'immense base de la révolution actuelle, qui n'a d'autres bornes que le monde. »

Saint-Pétersbourg, 10 juin 1810.

(*Mémoires et Correspondance* de J. de Maistre, publiés par M. Albert Blanc, p. 360.)

que la nature lui a fait des limites des Alpes, des
Pyrénées, de l'Océan et du Rhin.

La révolution, alors à son aurore, parut tom-
bée en délire par le seul fait de cette annonce,
qui excita généralement plus de mépris que d'effroi, plus de risées que de réflexions. On mé-
connoissoit alors toute l'intensité de cette révolution comme mille autres de ses attributs qu'il
a bien fallu reconnoître depuis. Des revers passagers firent oublier totalement cette prétention;
mais la révolution, elle, ne l'oublioit pas; et
lorsqu'à force de succès, elle crut n'avoir plus à
compter qu'avec son épée, elle fit revivre ses
droits comme le prix de ses sueurs et de son
sang. On sait sur quel ton elle insista à Rastadt
sur la barrière du Rhin.

Mais c'étoit peu de travailler ainsi pour elle-
même. Il falloit, pour compléter le plan, assigner aux autres leurs possessions. Suivez-en le
développement... La Hollande cède une portion
de son territoire; elle reçoit à son tour la promesse d'un dédommagement à la paix générale,
promesse qui l'attache à la France par le lien toujours si fort de l'espérance.

La révolution est entamée à Bâle par l'espoir
de la réunion du Friktal, cédé par l'Autriche.
Toutes les anciennes divisions de la Suisse sont

effacées et remplacées par celles que trace Paris.
Le roi de Sardaigne est alléché par l'amorce de
quelques cessions en Italie. Il faut arracher à
l'empereur le Milanez pour lui *donner* Venise. A
Rastadt, la France n'annonce-t-elle pas qu'elle
se charge d'assigner dans le sein de l'Empire un
dédommagement aux princes dépouillés ? Qui
sait par quelle perspective de cessions et de partages on a détaché la Prusse, la Hesse et tant
d'autres puissances qui sont encore à attendre
l'effet de ces conventions, dont elles ignoroient
complètement le double but ? Le premier étoit de
faire de l'Europe une espèce de domaine national, qu'on partageroit entre de nouveaux souverains, comme on avoit partagé le sol de la
France entre de nouveaux propriétaires ; le second but étoit de détruire les nouveaux souverains par l'effet même de ces dotations, et c'est
là précisément que la révolution les attend.

Après les avoir détachés de leurs sujets, elle détache leurs sujets d'eux. Les délaissés et les nouveaux réunis n'étant d'ordinaire pas plus contents les uns que les autres, on profite de leur
chagrin à tous pour leur insinuer que ces changements sont contraires à leurs droits, attenta-
toires à leur dignité d'hommes ; qu'on les trafi-
que comme du bétail, et que *le* seul moyen de

se venger de l'ancien souverain et de se soustraire au nouveau est de se jeter dans les bras de
la révolution, où ils trouveront un refuge assuré
contre la violation de leurs droits et contre l'instabilité de leur sort. N'est-ce pas ce qu'on vient
de voir éclater en Brisgaw? Et les agitations de
la Souabe ont-elles d'autre objet et d'autre signi-
fication? Tous ces pactes momentanés ne sont
proposés par la révolution que pour se donner
le temps d'arranger ses affaires, pour lier instan-
tanément les puissances à son existence; ensuite,
pour les embarrasser de la garde de sujets mécontents et suspects, et finir par leur arracher à
la fois les anciens et les nouveaux. Ce *crescendo*
de perfidie est exactement gradué sur l'échelle
de la révolution.

CHAPITRE III.

DE L'ÉQUILIBRE POLITIQUE DE L'EUROPE (1).

L'équilibre politique de l'Europe a fait depuis un siècle et demi l'objet de la sollicitude et des spéculations des hommes d'Etat et des publicistes. Ce système entrevu par Henri IV, créé par le cardinal de Richelieu, confirmé par le traité de Westphalie, reçut son plus grand développement du roi Guillaume dans ses longues guerres contre Louis XIV. Il n'a cessé depuis ce temps de recevoir un culte d'habitude et de routine, jusqu'à ce que la révolution, venant à l'envelopper dans la ruine commune, ait démontré la fragilité de cet équilibre si vanté.

(1) L'abbé de Pradt reproduit textuellement une notable partie de ce chapitre dans son ouvrage intitulé : *Du Congrès de Vienne*, chap. VI, avec cette simple note : « Dans ce chapitre, tout ce qui est marqué par des guillemets est extrait de l'*Antidote au Congrès de Rastadt*. »

Il y a deux espèces d'équilibre politique: l'un naturel et indépendant, l'autre dépendant et factice.

Le premier provient de l'égalité proportionnelle des Etats, qui, jouissant de facultés à peu près pareilles en territoire, en population, en richesse, en position géographique, peuvent s'opposer des moyens à peu près égaux d'attaque et de défense; telles sont l'Angleterre et la France, entre lesquelles le commerce, la marine et la position insulaire compensent l'inégalité de population, de territoire et d'armée. Il résulte une force correspondante de moyens qui n'ont rien de semblable. Ainsi, les flottes anglaises contrebalancent les armées françaises; elles reprennent par mer les conquêtes que la France fait par terre; le commerce donne à l'Angleterre (1) la richesse qui paie les armées étrangères contre la France. Dans tous les cas, il y a équilibre, et peut-être plus qu'il n'en exista jamais entre tous les empires connus. Rome et Carthage furent aussi rivales, mais pas plus égales. La Prusse et l'Autriche, l'Autriche et la Russie, celle-ci et la Turquie ont, par différents accidents, malgré des inégalités très-apparentes, une parité véritable de forces; celle-ci est le gage de leur indépen-

_____

(1) Première édition : Le commerce *lui* donne, etc.

dance, qu'elles ont en elles-mêmes les moyens
de conserver et de défendre.

La seconde espèce d'équilibre résulte de la jalousie naturelle des grands Etats entre eux, de la
protection qu'ils accordent aux petits, enfin de
l'attention de tous à empêcher les empiétements
trop avantageux pour une puissance au détriment
des autres.

Dans la première espèce d'équilibre, on se protége soi-même ; dans la seconde, on est protégé.

Ces deux équilibres existoient à la fois en Europe ; et, chose remarquable, leur concours la
laissoit encore sans un bon, sans un véritable
équilibre politique. En voici la preuve.

La France, par sa population, par l'industrie
et par le caractère hasardeux de ses habitants,
par sa position au centre de l'Europe, dominant
sur deux mers, ceinte d'une triple frontière qui
l'isoloit presque autant que pourroit faire l'O-
céan, la France, avec tous ses avantages, dominoit réellement tous ses voisins du continent, et
justifioit le mot du célèbre marquis d'Orméa :
« Que parlez-vous d'équilibre de l'Europe? disoit ce sage ministre de Victor-Amédée ; il est
tout entier dans le cabinet de Versailles : qu'il
sache seulement ce qu'il fait. » Ce mot dit tout,
et les conquêtes de Louis XIV et les déplorables

triomphes de la république ne prouvent que trop
la prépondérance naturelle de cette nation quand
on sait en tirer parti. Voilà la seconde fois depuis cent ans qu'elle met l'Europe à deux doigts
de sa perte.

L'Espagne est une espèce de colonie française ainsi qu'un comptoir pour les autres nations ; mais elle n'a aucune pesanteur spécifique
dans la balance de l'Europe. Isolément, elle ne
peut rien contre personne ; aussi impuissante par
terre contre la France que foible sur mer contre
l'Angleterre, placée aux extrémités de l'Europe,
elle n'existe pour elle, comme puissance, que
de nom, et pour les autres, que comme une
mine en état d'exploitation.

Le Portugal est encore moins sensible dans la
balance des pouvoirs européens. C'est au Brésil
qu'il faut l'aller chercher. Le corps de l'Etat est
là, et la tête seulement en Europe. Ses différentes parties sont trop éloignées pour avoir une
vie véritable et une action propre. Ce pays n'est
qu'une colonie de commerce pour l'Angleterre,
comme l'Espagne l'est pour la France.

L'Italie n'étoit, avant la révolution, qu'une ga-
lerie de tableaux, un muséum que tout le monde
alloit visiter ; mais elle n'avoit aucune influence
dans les affaires politiques. C'étoit toujours cette

Italie dont l'auteur des *Lettres persanes* dit « que, partagée en une infinité d'Etats, ses princes sont, à proprement parler, les martyrs de la souveraineté. Nos glorieux sultans ont quelquefois plus de femmes que certains d'entre eux n'ont de sujets. Leurs divisions habituelles tiennent leurs Etats ouverts comme des caravanserais aux premiers qui veulent y loger. Ce qui les réduit à s'attacher aux grands princes, auxquels ils font part de leurs frayeurs encore plus que de leur amitié. » Il n'y avoit rien de changé à ce tableau quand les Français, qui le savoient bien, ont envahi ce beau pays. Il n'y en a pas pour lequel on se soit battu aussi longtemps et aussi inutilement. Car toutes ces querelles n'avoient encore donné que le plus misérable résultat, par une distribution de pouvoirs dans laquelle il étoit impossible de reconnoître aucun plan ni rien qui annonçât la moindre vue d'ordre ou d'arrangement.

Ainsi, des Allemands régnoient à Milan et ne pouvoient arriver chez eux qu'à travers le territoire de Venise. Cette propriété n'étoit défendue par rien du côté le plus exposé, qui est celui de la France ; car Mantoue, placée à l'extrême frontière de ce pays, ne défend pas le Milanez. C'est bien la clef de l'Italie du côté de l'Allemagne, mais c'en est la porte du côté de la France. Le roi de Sardaigne, placé entre l'Autriche et la France, ne pouvoit équilibrer ni l'une ni l'autre; chacune en détail pouvoit le dévorer. Dans leurs débats, c'étoit à lui à fournir le champ de bataille. Placé au pied des monts, il ne pouvoit lui seul fermer le passage à la France, et, dans le fait, *le geôlier des Alpes* étoit trop foible pour en garder les clefs (1). Du côté du Milanez, contre les Allemands, sa position étoit encore plus mauvaise, car il n'avoit pas les avantages que lui donnoient les Alpes du côté de la France. L'Italie n'étoit donc défendue ni contre la France, ni contre l'Allemagne. Cet état passif étoit aggravé par les dissensions de ses petits princes, tous préoccupés les uns contre les autres, et toujours mal confi-

---

(1) « L'empereur d'Autriche répugne infiniment au rétablissement de Sa Majesté en Piémont, pays qu'il convoite ardemment. Qui sait le parti que nous pourrions tirer de ce désir? C'est une illusion parfaite de s'imaginer que nos maîtres aient jamais été les *gardiens des Alpes*. Il y a longtemps que Machiavel a dit la vérité sur ce point : *Toutes les fois*, dit-il, *que nous voudrons garder les Alpes, vous apprendrez, par derrière, dans vos stations, que les Français ont passé.* Disons donc et répétons mille fois, DANS NOS NOTES, que le roi étoit le *gardien des Alpes*; mais si nous voulons raisonner politiquement, n'en croyons pas le mot. »

(Mémoire de J. de Maistre sur la situation de l'Europe en 1807, publié par M. Albert Blanc.)

nés. Ainsi, le roi de Sardaigne craignoit et rongeoit le duc de Milan ; à son tour, il effrayoit Gênes. Des possessions entremêlées d'antiques prétentions entretenoient des discordes éternelles entre Naples et Rome. Sûrement aucune apparence de force et d'influence au-dehors ne pouvoit résulter d'un chaos de souverainetés si mal ordonnées entre elles.

Le midi de l'Europe étoit donc tout à fait étranger à la formation de l'équilibre. On ne commençoit à en apercevoir des traces qu'en arrivant en Allemagne et en s'élevant vers le Nord. Là, du moins, il y a une espèce de plan et un correctif général pour les défectuosités innombrables qui existoient au sein de ses Etats. Le traité de Westphalie avoit réglé l'état politique de l'Allemagne et faisoit un corps de droit public. Un grand nombre de puissances avoient concouru à le former, à le soutenir, et, dans ces derniers temps, d'autres s'y étoient rattachées ; mais la multitude des changements amenés par la succession des temps avoit altéré la substance de ce traité au point de le rendre insuffisant et inapplicable aux circonstances. Les cessions faites à Louis XIV en avoient attaqué l'intégrité. Quelques unes des puissances qui avoient le plus contribué à sa formation, telles que la Suède,

avoient perdu leur influence, et ne tenoient plus
à l'Empire que par des liens imperceptibles. De
nouvelles puissances, telles que la Prusse, s'é-
toient élevées au sein même de l'Empire. La Russie s'en approchoit chaque jour ; l'Autriche, au
contraire, s'en détachoit et sembloit en vouloir
porter les titres encore plus que le fardeau. L'opposition constante de la Prusse avec l'Autriche
avoit partagé l'Allemagne en deux partis. Tout
s'étoit rangé sous ces deux bannières, au point
qu'il n'y a rien de plus rare en Allemagne qu'un
Allemand. Il n'y a que des Autrichiens et des
Prussiens. Mais leur opposition paralysoit l'Empire encore plus qu'il ne le conservoit. Entre
deux forces égales il y a repos ; il en faut une
troisième pour les mettre en mouvement. L'Empire avoit donc un équilibre de nom et de représentation plus que de fait, et, loin de servir à
l'équilibre général, il demandoit, au contraire,
qu'on travaillât sans cesse à maintenir le sien.
Voyez aussi ce qui est arrivé quand la révolution
l'a attaqué sérieusement.

L'Autriche possédoit une immense étendue de
terrain qui faisoit à quelques égards sa foiblesse
autant que sa force ; car elle a des voisins partout et des frontières presque nulle part. Dans
ses possessions lointaines des Pays-Bas, elle suc-

cède aux embarras encore plus qu'à la puissance de l'Espagne. Celle-ci y envoyoit par mer les armées que l'Autriche ne peut faire arriver qu'à travers l'Allemagne. Ces espèces de colonies continentales ne conviennent qu'aux puissances maritimes, qui peuvent y aborder en tout temps et à peu de frais. Les Pays-Bas mettoient l'Autriche dans la dépendance de la France ; le Milanez lui donnoit une partie de l'Italie pour ennemie. Les Turcs étoient, à la vérité, très-patients à son égard, mais toujours inquiétants en cas de guerre avec la France ou avec la Prusse. La Russie, en s'accommodant successivement de tout ce qui étoit à sa convenance, s'approchoit tous les jours de l'Autriche et devenoit un voisin très-alarmant. L'Autriche voyoit dans la Prusse un éternel ennemi ; une suite d'animosités avoit établi entre ces puissances l'antipathie que la nature a mise entre certaines espèces d'animaux. A tous ces embarras l'Autriche joignoit encore ceux de l'Empire, corps immobile pour l'action, quoique toujours en agitation. Dans cette position, l'Autriche avoit trop d'affaires pour servir efficacement au maintien de l'équilibre ; ses forces étoient trop divisées, et, en pesant sur trop de points, elles ne pesoient assez sur aucun.

La Pologne n'a pas existé une minute, depuis

6

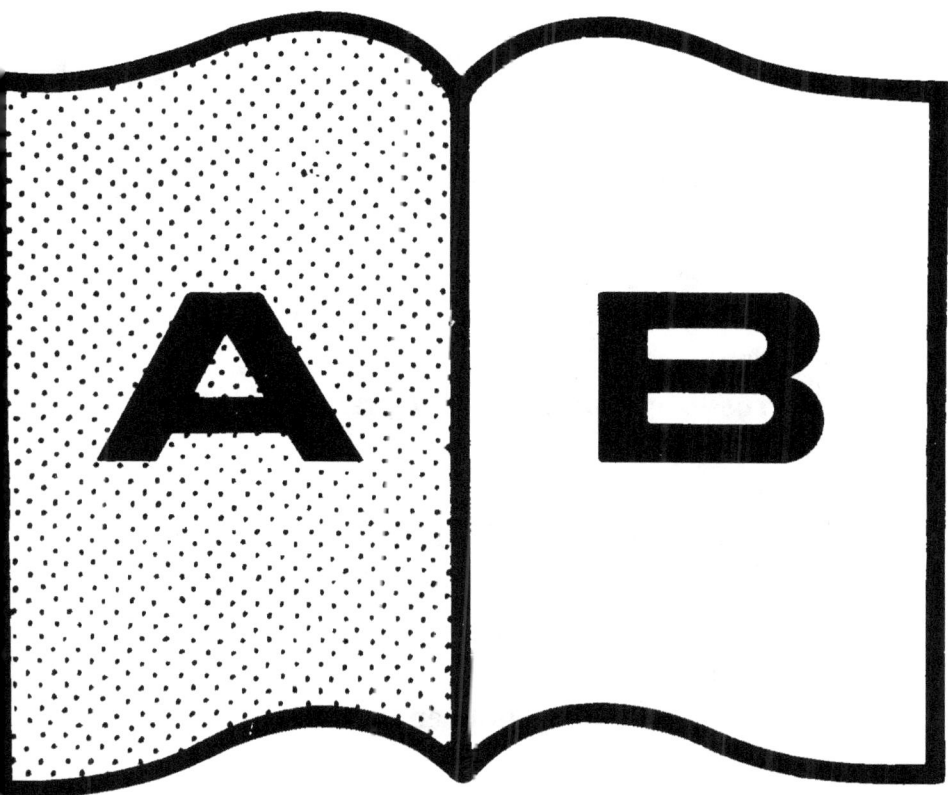

Contraste insuffisant

NF Z 43-120-14

cent ans, au profit de l'Europe. Si le partage de
ce pays fut le scandale de la morale, son gouvernement étoit aussi celui de la raison, et sa destruction ne peut que tourner à l'avantage des Polo-
nais et de l'Europe, en condamnant les premiers
au repos, en dispensant la seconde de les y ramener sans cesse.

La Prusse, qui prend une si grande part aux
affaires actuelles de l'Europe, existoit à peine il y
a cent ans : c'est une création nouvelle. Elle a
passé ce siècle à s'agrandir. Depuis dix ans elle
tend à son dernier période d'accroissement (1), et
si elle travaille depuis quelque temps à l'équilibre
de l'Europe, elle ne fait que lui rendre en tranquillité ce qu'elle lui a coûté en troubles pendant
un demi-siècle.

La Russie est dans le même cas. Née pour
l'Europe avec le siècle, elle n'a pas cessé de la
troubler. Au lieu d'assurer l'équilibre, elle n'a
fait que le déranger. Combien de fois a-t-il fallu
l'y rappeler par des dispositions menaçantes !
Cette puissance, arrivée en peu d'années au terme

---

(1) Joseph de Maistre ne prévoyait pas alors les événements qui
précédèrent le congrès de Vienne, et dont un des résultats fut
d'ajouter plus d'un tiers à la puissance territoriale de la Prusse,
c'est-à-dire tout le grand-duché du Bas-Rhin et la moitié du royaume
de Saxe.

possible de son agrandissement en Europe, n'a plus qu'à jouir du repos et à le faire goûter aux autres ; elle peut y employer ses immenses forces avec d'autant plus de succès qu'elle peut toujours aller faire du mal aux autres, et qu'on ne peut guère aller le lui rendre chez elle.

La Suède et le Danemark soutiennent la balance du commerce plus que celle de la politique. Ces États sont trop loin, trop détachés du continent, trop maltraités de la nature. Quand la Suède tenoit un grand territoire en Allemagne et en Russie, elle influoit sur le Midi, à peu près comme la Prusse le fait aujourd'hui. Celle-ci et la Russie n'existoient pas encore ; la Pologne étoit un chaos de barbarie ; mais depuis que la Suède a perdu presque toutes ses possessions continentales, à la suite du règne de Charles XII, ses rois, relégués au bout du monde, sont plus observateurs qu'acteurs sur la scène de l'Europe. Si l'union de Calmar (1) avoit pu être maintenue, la force qui résultoit de l'union des trois couronnes eût donné au Nord une tout autre influence.

(1) La Sémiramis du Nord, Marguerite de Waldemar, devenue reine de Danemark par la mort de son père et reine de Norwége par celle de son fils Olaüs, détrôna Albert, roi de Suède, et ayant convoqué à Calmar les États généraux de ces trois royaumes en 1393, réunit sur sa tête cette triple couronne.

Depuis la guerre de la succession d'Espagne, la Hollande avoit perdu toute influence sur les affaires de l'Europe; elle y faisoit nombre plutôt que poids. Nous en donnerons les raisons plus bas.

Quant à l'Angleterre, c'est une question de savoir si elle maintenoit plus qu'elle ne dérangeoit l'équilibre général. Elle dominoit sur mer; elle régnoit sur le commerce et sur la richesse comparative des autres nations. Celles-ci étoient quelquefois forcées de s'unir contre elle. Invulnérable dans son île, présente partout par ses mille vaisseaux, elle se jouoit des orages qu'elle élevoit sur le continent; ils faisoient sa sûreté, et si elle songeoit à les apaiser, c'étoit lorsqu'ils alloient trop loin ou qu'ils menaçoient de ruine quelqu'une des parties dont la conservation lui importoit. C'est ainsi qu'en 1790 l'Angleterre, jouant en cela le rôle de la France, arracha la Turquie des serres de la Russie.

Mais avec tous ces avantages l'Angleterre devenoit étrangère à l'équilibre toutes les fois que la querelle étoit entre des puissances purement continentales ou qui abandonnoient leurs colonies. Par exemple, comment l'Angleterre sépareroit-elle la Prusse et l'Autriche, la Bavière et l'Autriche, celle-ci de la Sardaigne ou de la Turquie?

comment même atteindroit-elle (1) la France, lorsque celle-ci se refusera au soin de ses colonies,
comme, dans la guerre présente, aux profits du
commerce, et portera toutes ses forces sur le
continent ?

Dans ces cas extrêmes, l'Angleterre est évidemment hors de mesure... Il y a paru récem-
ment : ses vaisseaux couvroient bien les mers,
mais non pas Vienne, quand les Français y mar-
chèrent l'année dernière ; et avec toutes ses flottes elle n'a pu garder ni la Corse, ni un port en
Italie.

C'est ce qui rendoit si illusoire la triple alliance
entre la Russie, l'Autriche et l'Angleterre. Elles
ne pouvoient pas s'aider directement.

La communauté d'intérêts et des rapports ap-
parents ne suffisent pas pour une bonne alliance ,
il faut des similitudes de moyens ; il n'est solide
union sans cette base.

De ce tableau de l'Europe il résulte évidemment qu'il n'y avoit pas d'équilibre régulier sur
des bases calculées et fixes.

Le traité de Westphalie étoit le seul monument
en ce genre, encore n'est-il applicable qu'à une
portion bornée de l'Europe. Il a bien fait naître

(1) Première édition : *Attendroit-elle,*

l'idée d'un équilibre général, de la nécessité de contenir les grandes puissances les unes par les autres et de garantir les petites par une honorable clientelle ; mais ce qu'il y a eu d'observé dans ce plan étoit plus d'habitude et de routine que de calcul. A la vérité, quelques puissances balançoient assez bien, mais elles ne formoient pas un tout combiné et adapté à un système général.

Les secousses que l'Europe avoit éprouvées depuis la paix de Westphalie n'avoient jamais été assez fortes ou assez générales pour faire désirer d'aller plus loin. On manqua le moment favorable au commencement de la guerre de la succession (1), succession assez ample pour former dès lors un équilibre semblable à celui que nous proposerons. On a préféré de vivre sur d'anciens errements correspondants aux circonstances et aux besoins du temps (2). Il falloit le débordement de la révolution pour faire sentir la fragilité de ce système et le besoin d'attacher la destinée des peuples à de plus fortes ancres.

La révolution a surpris l'Europe dans la position la plus critique, amenée par une infinité de

(1) Cette idée a été reprise et développée par l'abbé de Pradt. (*Du Congrès de Vienne*, chap. VII.)

(2) Edition originale : aux besoins du *tout*.

causes toutes propres à faire ressortir la foiblesse de son système... C'étoient le ressentiment de l'Angleterre contre la France pour la guerre d'Amérique, la guerre de la Russie contre la Porte, les querelles de l'Autriche avec les Pays-Bas, le mécontentement de la Hollande contre Joseph II pour la guerre de l'Escaut, l'imprudence de celui-ci dans son agression contre les Turcs, la convoitise des trois puissances contre la Pologne que l'on poussoit graduellement vers le tombeau, les frayeurs que l'Autriche faisoit à l'Italie.

Quelques puissances se trouvoient alors en état de croissance et à la hausse, telles que la Russie et la Prusse, et cet état éloigne de tout intérêt général ; d'autres, au contraire, tendoient à la décadence et étoient à la baisse... Certes, jamais les liens de l'association européenne n'avoient été plus relâchés ou coupés en plus d'endroits ; la révolution a achevé de les briser. Examinons si le congrès de Rastadt travaille à les renouer bien solidement.

CHAPITRE IV.

ÉTAT DE L'ÉQUILIBRE DE L'EUROPE, D'APRÈS LE CONGRÈS DE RASTADT.

Le congrès de Rastadt a deux objets : l'un extérieur, qui concerne les cessions exigées par la France ; l'autre intérieur, relatif au maintien de la constitution germanique.

Le premier, d'un intérêt général, doit influer sur l'équilibre de l'Europe. Le second, d'un intérêt borné à l'Empire, n'intéresse que ses membres. C'est une affaire de famille qui doit se régler dans son sein et qui n'en sort pas.

Le premier rapport doit seul nous occuper ; le second nous est absolument étranger.

La France demande impérieusement à l'Allemagne de sanctionner les limites qu'elle s'est fixées elle-même à la rive gauche du Rhin. L'Allemagne paroît portée à agréer cette demande. Elle se borne à de minces réserves, et ne conteste en

rien les conquêtes antérieures de la France, conquêtes qui rendent cette dernière indispensable
et qui rendroient nuisibles à l'Allemagne même
les objets en litige.

Ainsi, dans tous les congrès, on n'a pas parlé
une seule fois de l'immense accroissement de la
France, 1° par ses conquêtes actuelles, 2° par les
cessions qu'elle exige encore. La rupture de l'é-
quilibre est tout à fait mise en oubli; on ne lui
conteste que des objets d'une valeur précaire,
inutiles pour la balance générale, dangereux à
l'avenir pour l'Empire lui-même.

Les Français demandent cette nouvelle cession
comme un corollaire de leurs conquêtes, comme
le terme des querelles entre les deux Etats. C'est
au nom des dangers qu'ils ont fait naître eux-
mêmes qu'ils l'exigent. Mettons une grande barrière entre nous, disent-ils, dès lors nous vivrons
en paix. Ainsi les premiers hommes se parta-
geoient la terre pour que les querelles de leurs
bergers ne troublassent pas leur douce fraternité.

Quel est le sens véritable de cette demande de
la part de la France? quelle en sera la suite? Les
voici :

Le projet de porter les limites de la France au
Rhin n'est pas nouveau, il a existé sous différen-

tes formes. On sait combien de ressorts le cardinal Mazarin fit jouer au traité de Westphalie pour
s'assurer de la plus grande partie des Pays-Bas.
Louis XIV reprit ce projet en grand et en pour-
suivit l'exécution pendant la plus grande partie de son règne. Guillaume et les autres princes de son temps étoient trop éclairés pour ne
pas s'y opposer de toutes leurs forces ; aussi le
firent-ils avec un courage et une persévérance
que rien ne put détourner du but. Le succès
couronna, comme il fait toujours, cette union
du courage et des lumières. Dans ces derniers
temps, on accusoit la France de convoiter le pays
entre le Rhin et la Moselle, jusqu'à la pointe de
Coblentz ; il peut être que le cabinet de Versailles
ait voulu ajouter cette faute à tant d'autres.

La controverse de l'avantage de ces agrandis-
sements pour la France ne fait pas partie de notre sujet, quoique nous soyons bien convaincus,
au risque d'être rangés dans la faction des anciennes limites, qu'aucun agrandissement ne lui
convient, et que son ancienne frontière est
encore la meilleure pour elle comme pour ses
voisins (1).

(1) Cette opinion, qui s'explique venant d'un étranger, ne saurait émaner d'un homme d'Etat ou d'un publiciste français.

Ce que nous avons à examiner, c'est la convenance de cet agrandissement relativement à l'Europe, sous le double rapport de la politique et de la révolution.

La France étoit, depuis l'acquisition de la Lorraine, la puissance continentale la plus forte par sa population, par ses frontières naturelles et artificielles, et surtout par la liaison et l'adhérence de toutes ses parties. Cette vérité est triviale à force d'être connue... Aucun corps politique en Europe n'étoit aussi complètement organisé pour l'attaque et pour la défense; toutes ses forces étoient disposées sur une chaîne de forteresses toujours également prêtes à fondre sur l'ennemi ou à le repousser... A ces forces déjà existantes et mille fois éprouvées, la France veut encore joindre celles qui résulteront de la possession militaire et commerciale du Rhin, de la Moselle et de la Meuse. Si l'Allemagne pouvoit attaquer la frontière de la France par la Sarre et par la Moselle, l'occupation de Mayence et de tout le cours du Rhin lui en interdit dorénavant toute approche. Quand les Français auront disposé des citadelles sur la rive gauche, comme ils ont fait en Alsace, qui pourra désormais la franchir? Cette première ligne, soutenue par celle de la Meuse, n'est-elle pas inforçable, et la France ne

devient-elle pas impénétrable sur tous les points ?
Car il ne faut pas la considérer sous le seul rapport de son agrandissement en Allemagne, il faut
encore la voir s'agrandissant du côté de l'Italie
par l'occupation du comté de Nice, de la Savoie,
de Genève et du pays de Porentru, conquêtes
qui, bouchant tous les joints par lesquels on pouvoit arriver à elle, lui donnent tous les moyens
d'attaquer sans en laisser un seul pour l'attaquer
à son tour (1).

A ce plan de défense matérielle, si bien combiné, si bien lié dans toutes ses parties, joignez
l'accroissement de population, de matières premières pour le commerce, de richesses territoriales et imposables, et toute l'immense dépouille
que la révolution se crée partout par l'invasion
des propriétés. Un tel ensemble de moyens, disposés avec cette précision, ne forme-t-il pas une
masse de forces faite pour écraser tous les autres
Etats, incompatible avec toute idée d'équilibre
et même de liberté? Qu'est la Russie avec ses
trente-deux millions d'hommes errants sur la

(1) M. de Maistre démontre de la manière la plus évidente la sagesse de cette politique traditionnelle de la France, qui ne sera réellement en repos chez elle que lorsque ses frontières auront été
fixées au Rhin, au Jura et aux Alpes, comme elles le sont aux
Pyrénées.

septième partie du globe , enchaînée presque
l'année sous un ciel de glace, confinée aux extrémités du monde, sans numéraire et avec un
commerce grossier, en comparaison de la nouvelle France couverte d'une égale population,
resserrée dans un espace infiniment moindre,
défendue par une frontière d'airain, et touchant
à la fois à toutes les parties de l'Europe ?

A ces propriétés personnelles à la France qu'on
joigne encore l'accession des républiques dont
elle s'est entourée et dont elle dispose, et l'on
verra que la France n'est plus un membre de
l'Europe, mais son vrai souverain , auquel le
reste n'auroit plus qu'à obéir en s'épargnant les
frais d'une résistance désormais inutile.

Si les anciens éléments de la puissance de la
France étoient tellement disproportionnés avec
ceux du reste de l'Europe, dans les temps ordinaires, combien cette inégalité n'est-elle pas aug-
mentée par la révolution, qui les tient dans une
fermentation continuelle, propre à doubler leur
force naturelle ! La France, bornée à son seul territoire, a tenu sur pied une armée de sept cent
mille hommes ; elle a culbuté et conquis une
partie de l'Europe avec son ancienne population,
car elle seule a fait jusqu'ici tous les frais de la
conquête et de la guerre. Elle conquerra donc le

monde avec l'addition d'une nouvelle population, avec l'avantage d'une meilleure disposition
de frontières, qui fait une grande économie dans
les frais de garde, et qui diminue beaucoup le
nombre de ses ennemis; car les nouveaux sujets
étoient les anciens ennemis. Ainsi Rome conquit
pied à pied l'univers avec les peuples qu'elle sub-
juguoit...

Reconnoître une pareille puissance, un pareil
colosse, sanctionner son affermissement, est-ce
faire autre chose que sanctionner sa propre ruine
et l'impossibilité de s'y soustraire ? Voilà cependant ce qu'on fait à Rastadt... Que signifient toutes les questions qu'on y traite? N'y en a-t-il pas
une bien antérieure à celles-là, celle de l'agrandissement de la France, ou plutôt le silence que
l'on s'obstine à garder sur celle-ci ne la recom-
mande-t-il (1) pas à l'avance sur toutes les autres ?
Dans le fait, qu'a-t-on à dire à ceux qu'on laisse
maîtres des Pays-Bas, de la Hollande, de l'entre-
Meuse et Rhin? La véritable question est donc
totalement écartée. Au lieu de contester à la
France une aliquote de son agrandissement, il
faut le lui disputer en totalité ; l'un n'est pas plus
cher que l'autre et donne un résultat bien diffé-

(1) Première édition : *commande-t-il.*

rent. Toutes les difficultés que l'on éprouve dans
le congrès naissent de cette méprise, et c'est toujours la même qui règne d'un bout de la révolution à l'autre, d'en négliger les principes pour
ne s'attacher qu'aux accessoires, aux branches.
La perpétuité de ce contre-sens, malgré les suites qu'il a déjà eues, confond la raison.

Cette erreur fondamentale en a produit une
autre.

Les Français tiennent à la possession pleine et
entière de la rive gauche ; les Allemands n'en re-
vendiquent qu'une petite portion. Les Français
allèguent que ces limites ne sont pas assez naturelles, que les leurs le sont davantage, et que la
démarcation tracée par l'Empire tient à des intérêts particuliers. En tout cela les Français ont
raison (1).

Toute cette contestation est un contre-sens de
plus, fruit nécessaire du premier. En effet, qu'auroient à répondre les Allemands si les Français

_____

(1) M. de Maistre, qui ne voit d'autre danger pour l'équilibre
européen que la prédominance de la France, demande qu'on organise l'Europe contre la France. Ces idées, justes peut-être en 1798,
ont triomphé à Vienne en 1815 ; mais l'Europe organisée contre
la France a failli tomber sous la domination de la Russie et n'est
pas suffisamment encore garantie contre ce péril. C'est ce que l'on
commence à voir.

leur disoient, que disputer la rive gauche aux maîtres de Landau, de Mayence, de Luxembourg, de Juliers, de Venloo, du Brabant et de la Hollande, est une véritable folie ; que ce ruban de terre est à peine bon pour établir un bureau de douanes ; que la sûreté de l'Allemagne exige une vaste séparation entre elle et ce qu'il lui plaît d'appeler la peste française ; que s'y refuser est éterniser à plaisir des querelles dejà trop longues, et qu'enfin, lorsque l'heure des sacrifices est arrivée, il faut savoir les faire dans toute l'étendue des circonstances et même de la fatalité ?

Nous sommes loin, assurément, de penser à faire un thème pour les ministres français ; ils n'en ont pas besoin, le ton tranchant de leurs notes l'indique assez, et même qu'ils entendent la question beaucoup mieux que leurs adversaires. Ceux-ci se sont privés du droit de répondre comme il faut à la dernière question en négligeant la première. Elles ne doivent jamais être séparées.

Le congrès de Rastadt est donc tombé dans une erreur capitale, subversive en totalité de l'équilibre de l'Europe, et en cela entièrement opposée à l'esprit du traité de Westphalie, qui se rapportoit beaucoup à cet équilibre. Nous en avons dit la raison.

En descendant de ces généralités à ce qui concerne l'Allemagne comme puissance particulière, on trouve que le congrès de Rastadt est encore tombé dans une autre erreur. Il ne conteste en rien la validité de la limite du Rhin, ni quant à sa force, ni quant à son étendue. Or, il est évident :

Que cette barrière n'en est pas une contre la France, depuis Huningue jusqu'à Mayence. Ce fleuve n'y a pas encore atteint le volume propre à former une barrière proprement dite. Combien de fois n'a-t-elle pas été franchie dans ces derniers temps ! Qui a-t-elle arrêté ? Les places de l'Alsace ne l'annulent-elles pas ? L'Allemagne n'ayant point de place sur ses bords, la barrière, si elle existe, n'est-elle pas bien plus contre l'Empire que pour lui ?

En supposant même que la France ne retienne pas de têtes de ponts sur la rive droite, la barrière du Rhin n'en est pas moins une chimère, car elle est toute franchie du côté de la Hollande. Les trois provinces hollandaises s'étendant beaucoup hors de ce fleuve, il est tourné de ce côté-là. En adhérant à la cession de la gauche du Rhin comme limite naturelle, le congrès devoit au moins demander, en vertu de ce même système et des autres principes avancés par les Français, que la séparation des deux empires s'effectuât dans toute son étendue, et que l'Yssel et le Zuyderzée concourussent aussi à former cette grande limite (1)...

Les Français auroient été fort embarrassés d'échapper à l'application de leurs propres principes, qu'ils doivent admettre ou rejeter en totalité dans les deux cas.

D'ailleurs, le congrès a-t-il bien fait attention à la nouvelle position de l'Allemagne par la cession de la rive gauche, et à la manière dont elle englobe l'Empire dans les domaines de la révolution? La Suisse étant révolutionnée, elle l'atteint sur son flanc gauche; la France règne sur toute l'étendue de son front; la Hollande, aussi révolutionnée, tourne son flanc droit.

Voilà pour l'attaque... Quant à la défense, ces trois pays présentent, du côté de l'Allemagne, l'aspect de deux bastions liés par une longue courtine. Comment l'Allemagne résistera-t-elle à une pareille combinaison de moyens de défense et d'attaque, si, à la faute déjà si grande de l'abandon de la Suisse, on joint encore celle d'abandonner tous les pays qui servent de postes

(1) Nous croyons qu'aucun homme d'Etat français ne discuterait sur ce point avec J. de Maistre. Le Vahal, le Leck et les bouches de la Meuse sont les véritables frontières dont la France a besoin pour sa sécurité.   P. B.

avancés et comme d'avant-mur à l'Allemagne?
Il est à observer que l'abandon de la rive gauche
met à découvert toute la Basse-Allemagne et le
nord de l'Europe. Ils perdent la barrière de la
Hollande, des Pays-Bas et des pays outre Rhin,
que le traité de Westphalie leur avoit assurée et
que les traités subséquents leur avoient confirmée. Cette perte rend le congrès de Rastadt plus
nuisible à la Basse-Allemagne qu'à la Haute, dont
une partie étoit déjà contiguë à la France.

CHAPITRE V.

PLAN D'UN NOUVEL ÉQUILIBRE EN EUROPE (1).

D'après les principes établis ci-dessus, il faut, pour constituer un meilleur système en Europe, que les puissances principales aient des forces à peu près égales, une position correspondante, et que toutes concourent en quelque point à la formation de l'équilibre. Nous avons vu que cet équilibre existoit dans le Nord, que le Midi seul en étoit dépourvu, principalement par l'immense

(1) La pensée qu'il était indispensable, pour le salut de l'Europe, que les souverains s'entendissent entre eux afin d'arrêter un plan de conduite uniforme, se présenta souvent depuis à l'esprit de J. de Maistre ; mais il désespéra de le voir jamais se réaliser.

« En Espagne, en Allemagne, on s'amuse à faire des *concordats,* disait-il plus tard. Têtes folles ! *faites donc un concordat pour sauver le monde. Mais on n'en fera rien.* »

Saint-Pétersbourg, 9 (21) août 1804.

(*Mémoires et Correspondance* du comte J. de Maistre, p. 115.)

disproportion de la France avec tous ses voisins ;
c'est donc cette puissance qu'il s'agit de borner,
tant du côté de la Hollande, de la Basse-Allemagne, que de celui de l'Italie. Si l'on parvient à
appuyer contre la France deux puissances qui,
sans lui être égales chacune en particulier, aient
cependant de grandes forces et une position facile à défendre, deux puissances qui, placées aux
extrémités de la France, aient un intérêt égal à
la contre-balancer, à s'entr'aider mutuellement,
dès lors on aura donné à la France un véritable
contre-poids, et à l'Europe une sauvegarde que
l'une et l'autre n'ont jamais eue.

Pour y parvenir, il ne s'agit ni de démembrer
la France, ni de dépouiller aucun Etat actuellement existant. Loin de nous ces odieuses idées ;
elles ont causé tous les maux que nous déplorons
et que nous voudrions prévenir pour toujours.
Notre moyen est plus simple et plus honnête :
en politique comme en géométrie, la ligne droite
est toujours la plus courte (1).

---

(1) On sait avec quelle indignation M. de Maistre repoussait la
pensée que la France pût être jamais morcelée par ses ennemis,
tant il avait la conviction profonde que son existence est indispensable au travail de la civilisation.

« ... Si la sûreté universelle vous paroît demander, dit-il, une
mutilation de la France, à qui donnerez-vous les provinces déta-

Cet arrangement est tellement à la portée de
tout le monde qu'on ne peut s'étonner assez que
les politiques, dont l'infatigable scalpel dissèque
impitoyablement cette pauvre Europe, ne se
soient pas arrêtés du premier coup à ce plan, qui,
dans l'état actuel des affaires, étoit sous la main
de tout le monde.

Il consiste : 1° à réunir la Hollande, les Pays-
Bas, la partie de l'évêché de Liége à la gauche de

chées de ce sol, qui n'a pas cessé d'être à nos yeux le royaume de
saint Louis? A la *pauvre* maison d'Autriche, qui n'a apparemment
pas assez de puissance pour le bien qu'elle a projeté! »

(Extrait *passim,* par M. Albert Blanc, des lettres publiées en
1851 et de la correspondance diplomatique inédite.)

« Vouloir démembrer la France parce qu'elle est trop puissante
est précisément le système de l'égalité en grand. C'est l'affreux
système de la convenance, avec lequel on nous ramène à la juris-
prudence des Huns et des Hérules... On veut démembrer la
France; mais, s'il vous plaît, est-ce pour enrichir quelque puissance du second ordre? Nenni.

Dantur opes nullis nunc, nisi divitibus.

C'est à la *pauvre* maison d'Autriche qu'on veut donner l'Alsace,
la Lorraine, la Flandre. Quel équilibre, bon Dieu! J'aurois mille
et mille choses à vous dire sur ce point, pour vous démontrer que
notre intérêt à tous est que l'empereur ne puisse jamais entrer en
France comme conquérant pour son propre compte. Toujours il y
aura des puissances prépondérantes, et la France vaut mieux que
l'Autriche. »

Lausanne, 15 août 1794. Lettre à M. le baron de V.

(*Lettres et Opuscules,* t. I, p. 4.)

la Meuse et le duché de Juliers sous un seul gouvernement attribué à la maison d'Orange, avec
un titre royal.

2° A donner à l'évêché de Liége le pays de
Limbourg.

3° A donner à l'électeur palatin, pour Juliers et
Ravenstein, le duché de Luxembourg, qui se lie
le mieux avec les Etats de cette maison aux Deux-
Ponts et dans le Palatinat. Luxembourg seroit
déclaré forteresse d'Empire.

4° Si la Prusse veut céder le duché de Clèves,
elle recevra les Etats du prince d'Orange en Allemagne.

« L'idée de détruire ou de morceler un grand empire est souvent aussi absurde que celle d'ôter une planète du système plané-
taire, quoique nous ne sachions pas pourquoi. Je vous l'ai déjà
dit : dans la société des nations comme dans celle des individus,
il doit y avoir des grands et des petits. La France a toujours tenu
et tiendra longtemps, suivant les apparences, un des premiers
rangs dans la société des nations. D'autres nations, ou, pour mieux
dire, leurs chefs, ont voulu profiter, contre toutes les règles de la
morale, d'une fièvre chaude qui étoit venue assaillir les Français,
pour se jeter sur leur pays et le partager entre eux. La Providence
a dit que non ; toujours elle fait bien. »

Lausanne, 28 octobre 1794. Lettre au même.

« Je vois dans la destruction de la France le germe de deux siècles de massacres, la sanction des maximes du plus odieux ma-
chiavélisme, l'abrutissement irrévocable de l'espèce humaine, et
même, ce qui vous étonnerait beaucoup, une plaie mortelle à la
religion ; mais tout cela exigerait un livre. » (Même lettre.)

5° L'Empire conserve son intégrité de territoire et de constitution.

6° L'empereur reçoit Mantoue et la ligne du
Mincio jusqu'au Pô, avec Corfou et les îles de la
mer Ionienne.

7° Celles de la mer Egée et les petites enclaves
ci-devant vénitiennes, sur la côte d'Epire, resteront aux Turcs.

8° Le duché de Milan, le Brescian, le Crémasque, le duché de Modène et le territoire génois
sont réunis au Piémont, qui formera le titre
royal de la maison de Savoie (1). Les petits ter-

(1) Les rapprochements que l'on peut faire entre ce plan et celui que J. de Maistre propose dans sa correspondance, pour recon-
stituer le Piémont, suffiraient seuls pour démontrer jusqu'à l'évidence qu'il est l'auteur de l'*Antidote*.

« *La maison de Savoie est trop grande pour un petit Etat*, écrit-
il en 1810. Son ancien patrimoine même n'étoit pas en proportion
exacte avec la dignité particulière du souverain... Si l'on vient à le
morceler, la puissance qui naît de l'ensemble disparoît, ou du
moins elle diminue, non point en raison de la diminution physique
et territoriale, mais dans une proportion beaucoup plus grande...
Donc il vaudroit mieux pour la maison de Savoie *posséder de plus
grands Etats en Italie*, et même hors de l'Italie, que de jouir seulement d'une partie des siens, et *ce qu'elle doit chercher par-des-
sus tout, c'est l'indépendance.* »
Saint-Pétersbourg, 10 juin 1810.

(*Mémoires et Correspondance* de J. de Maistre, publiés
par M. Albert Blanc, p. 360.)

« Dans ce moment, il n'y a pas d'inconvénient d'observer, dit-il

ritoires toscans détachés du grand-duché, les
fiefs impériaux et l'Etat de Parme y sont réunis.
L'infant reçoit la Sardaigne et la Corse avec le
titre royal de la première. Le Piémont rentre
dans ses anciennes frontières du côté de la France,
y compris la Savoie. Les forteresses du Piémont

ailleurs, que le diamètre du Piémont n'est point du tout en proportion avec la grandeur et la noblesse de la maison de Savoie. »

(Mémoire de J. de Maistre, écrit en 1807 et publié par
M. Albert Blanc.)

Dans un long mémoire manuscrit qu'il consacre à étudier les
tendances de l'Autriche à s'agrandir sans cesse en Italie, M. de
Maistre déclare que, sans nuire à personne, on peut faire un roi de
Ligurie ou de Lombardie.

(Mémoires et Correspondance de J. de Maistre, p. 181.)

Enfin, M. Albert Blanc, dans sa nouvelle publication, s'exprime
ainsi : « En ce qui concernait le roi de Sardaigne, (Alexandre, empereur de Russie, et son conseil) voulaient laisser à la France le
Rhin, c'est-à-dire consacrer la réunion de la Savoie ; le Piémont
devait être restitué, et l'Italie devenir indépendante. On voit de
quelles illusions se flattait Alexandre. L'Autriche, loin d'abdiquer
son pouvoir sur Venise, voulait Milan. Alexandre espérait néan-
moins donner à la maison de Savoie le Piémont d'abord, puis Milan, Venise et même Gênes ; cette monarchie devait former ainsi
la colonne de l'indépendance italienne.

« Cette idée en particulier avait été adoptée par Alexandre à la
suite des conseils réitérés de M. de Maistre dans ce sens.

« Le dédommagement de l'Autriche devait être la Moldavie et
la Valachie. »

(Mémoires et Correspondance de J. de Maistre, publiés
par M. Albert Blanc, p. 174.)

seront rétablies, et l'on fortifiera les passages par
lesquels les Français ont pénétré en Italie.

9° La Toscane reçoit de Naples Piombino et
Orbitello.

10° Le pape rentre dans ses États ; il cède Avignon à la France et Bénévent à Naples.

Développons les bases de ce plan.

Si quelque chose peut consoler des désastres
de la dernière guerre, c'est que ses malheurs
même fournissent des moyens pour une combinaison politique meilleure et plus large que celle
qui existoit auparavant. Elle a créé véritablement
une étoffe qui manquoit jusqu'ici, et cela de
deux manières :

1° Par la vacance de quelques territoires très-propres à cet arrangement.

2° Par l'agrandissement de quelques puissances
accrues de possessions à leur convenance, qui les
dédommagent des territoires perdus, qui augmentent la masse de leurs forces et qui leur en
laissent un plus libre exercice. Ainsi la Prusse,
accrue d'une grande partie de la Pologne, a gagné à la fois une augmentation de territoire, de
richesse et de population, ainsi qu'une grande
facilité à la développer par la liaison de ses possessions autrefois entrecoupées. De même l'Autriche trouve dans les quatre palatinats de Polo-

gne un ample dédommagement pour les Pays-Bas,
et dans l'acquisition de Venise une propriété bien
supérieure à celle du Milanez.

Le partage de la Pologne et l'occupation de
Venise, en satisfaisant d'anciennes ambitions,
ôtent aux co-partageants d'abord des inquiétudes
sur ce pays turbulent, et de plus des sujets de dis-
tractions pour leurs autres vues, qu'ils (1) peuvent
maintenant diriger vers l'objet qui leur convient.

La réunion des Pays-Bas à la Hollande et du
Milanez au Piémont forme, comme on voit, le
fond de ce plan. Nous n'y avons pas entrevu
l'ombre d'une difficulté de la part de l'Autriche ;
loin de là, l'ensemble de sa conduite nous paroît contenir une renonciation formelle à ces
possessions.

Car 1° l'Autriche y a formellement renoncé.
Par les traités avec la France, elle a reçu d'am-
ples dédommagements dont la Prusse et la Russie
ne la laissent jouir qu'à ce titre, et qu'elles lui
contesteroient sûrement si elle prétendoit les
réunir à ses anciennes possessions.

2° L'Autriche avait renoncé de fait et d'intention aux Pays-Bas longtemps avant de le faire par
écrit. Elle sentoit vivement les inconvénients de

(1) Première édition : qu'*elles* peuvent, etc.

cette colonie lointaine. Celle-ci ne sentoit pas moins ceux d'une domination si éloignée. Les Pays-Bas, à peine supportables pour l'Autriche avec la France monarchie, lui devenoient insupportables avec la France république. On sait qu'elle n'y rentra qu'à regret en 1793, sur des espérances bientôt déçues. L'évacuation de ce pays suivit de près la courte apparition de l'empereur en 1794. Depuis lors il n'a jamais songé à les reprendre. Que signifie autrement l'attention avec laquelle il a arrêté deux fois ses troupes victorieuses, lorsque ce pays lui tendoit les bras? Pourquoi a-t-il effacé soigneusement jusqu'aux moindres vestiges de son gouvernement en congédiant les préposés de tous les rangs dans chaque administration? Enfin, est-ce pour s'y ménager une porte de rentrée qu'il n'a rien stipulé en faveur des sujets brabançons qui le servoient dans la guerre, dans l'administration, dans la justice? Est-ce par foiblesse ou par oubli qu'il expose ses plus anciens et plus recommandables serviteurs à perdre la vie en allant réclamer leurs biens?

Si l'Autriche ne veut plus des Pays-Bas, de leur côté les Pays-Bas veulent-ils davantage de l'Autriche? Les innovations de Joseph avoient aliéné ce pays; les partis s'y étoient formés. Il faut du temps pour fermer de pareilles plaies. La méthode éternelle de l'Autriche de ménager tous les partis, de les confondre dans l'administration pour les dominer l'un par l'autre, n'étoit pas propre à y ramener la paix. Les Brabançons déploraient la violation de leurs droits, l'intrusion des étrangers aux places, gens la plupart inconnus, ignorants des localités et des besoins du pays. Mille autres causes concouroient encore à élever un mur de séparation entre l'Autriche et les Pays-Bas; et, dans le fait, il y avoit divorce entre le prince et les sujets.

Voltaire a dit de l'Autriche qu'elle ne renonçoit jamais entièrement à une propriété, et qu'elle marquoit d'un caractère ineffaçable toute possession qu'elle gardoit seulement pendant vingt-quatre heures. Si Voltaire vivoit dans ce temps, il changeroit d'avis, et surtout il engageroit l'Autriche à en changer. Il lui diroit que la force réelle ne consiste pas dans l'étendue et dans la dispersion du territoire, mais dans la bonne disposition de ses parties; que la tendance à s'agrandir sans cesse, à tout convoiter, ne fait que des ennemis; que l'ambition perd les empires comme les hommes; qu'en gouvernant dans trop d'endroits on ne gouverne nulle part, et que des Etats trop étendus, nécessairement vulnérables sur plusieurs points, sont plutôt d'ostentation et de luxe que d'utilité véritable.

Ces maximes, incontestables pour tous les gouvernements, s'appliquent dans toute leur étendue à l'Autriche. Qu'elle s'examine bien, et qu'elle
prononce sur elle-même si elle n'est pas mille
fois plus forte et plus compacte par ses nouvelles acquisitions que par ses anciennes possessions dispersées au loin et ouvertes de tous côtés.
Si d'ailleurs elle pouvoit y avoir quelques re-
grets, qu'elle songe que les nouveaux Etats qu'elle
contribue à former par ses cessions lui donnent
une barrière contre la France, à l'Europe un
équilibre, et un frein à cette révolution qui lui a
déjà coûté si cher et qui est destinée à lui coûter
bien davantage si elle n'est pas contenue de
quelque manière.

D'ailleurs l'on ne peut concevoir pourquoi
l'Autriche auroit plus de répugnance à céder le
Milanez et les Pays-Bas à deux rois qu'à deux républiques, comme elle vient de le faire...

Les avantages généraux de ce système sont :

1° D'établir à l'égard de la France un contre-
poids véritable. Les nouveaux Etats placés à ses
extrémités, trop foibles pour l'envahir, ce qui
ne peut et ne doit jamais être, ces nouveaux Etats
sont cependant assez forts pour l'occuper séparé-
ment, et, réunis à d'autres, ils peuvent la contenir très-solidement. Au moins, dans ce projet, les

digues sont à côté du torrent, au lieu que l'ancien système les plaçoit au fond de l'Allemagne.

2° De ne créer aucune puissance inquiétante pour les puissances déjà existantes. La Hollande est trop éloignée de la monarchie prussienne et des couronnes du Nord pour leur faire ombrage. L'Angleterre lui sera supérieure sur mer; l'Autriche n'a rien à démêler avec elle : si elle se réunit à la Prusse, elle jette l'Autriche dans les bras de la France, son ennemie naturelle.

Le nouvel Etat de Piémont est dans le même cas. Bridé par Mantoue, par les places du Mincio, de l'Adige, de la Terre-Ferme vénitienne, il n'a aucun moyen comme aucun intérêt de molester l'Autriche ; en l'inquiétant, il la rapproche de la France, qui est autant son ennemie naturelle que celle de la Hollande. Par conséquent, ces deux Etats ne sont point malfaisants de leur nature ; ils sont conservateurs. Etablis contre la France, leur destination est remplie en la surveillant sans cesse et en s'entendant entre eux (1).

3° Cet arrangement facilite les alliances entre les grandes puissances, si nécessaires dans les dangers communs. Les grands Etats se lient bien mieux entre eux qu'avec de plus petits, qui,

(1) Edition originale : *contre* eux.

comme dit Montesquieu, apportent dans ces contrats leur frayeur encore bien plus que leur amitié. Ces sortes d'Etats ne supportent qu'une très-
petite partie du fardeau de l'alliance ; le moindre
revers les annule, les dégoûte ou les détache...

Au contraire, les Etats d'une consistance robuste offrent dans l'alliance garantie, ressources
et réciprocité. Par exemple, quelle différence
pour la Prusse de s'allier à la Hollande constituée sur le nouveau plan ou sur l'ancien ? Dans
celui-là, tous les frais tomboient sur la Prusse,
car ce n'étoient pas quelques millions de subsides mal payés qui la menoient bien loin. Dans
celui-ci, au contraire, elle traite avec une puissance à peu près égale, qui peut lui rendre les
secours qu'elle reçoit : il y a réciprocité, base de
toute bonne et solide alliance.

Il en est de même du côté de l'Italie.

L'alliance du roi de Sardaigne étoit une charge
pour l'Autriche ; il manquoit d'hommes et d'argent. Aussi, comment a-t-il fait la guerre et la
paix? Fondez-le sur le nouveau système, vous
verrez s'il a besoin de l'empereur, hors des cas
extrêmes, et si alors même il n'est pas, par la
force des choses, un allié solide et fidèle.

4° Ce plan conserve l'intégrité de l'Empire en
totalité, et résout toutes les questions que l'on

traite à Rastadt. Ce plan ne touche à aucune propriété, à aucun droit préexistant ; il n'en coûte
pas un pouce de terre, pas une larme à qui que
ce soit. Depuis l'empereur jusqu'à l'abbé de Mal-
médy, tout reste ou rentre à sa place ; car je ne
crois pas que personne soit tenté de réclamer en
faveur des nouvelles républiques qui, à ce seul
titre, méritent d'être renversées, soit que la
France reste république, soit qu'elle redevienne
monarchie. Dans le premier cas, il y en a bien
assez avec la république de France ; dans le second, il y a incompatibilité.

5° Ce plan offre à tout le Nord une garantie
telle qu'il n'en eut jamais. Dans l'ancien ordre
de choses, il existoit entre la France et lui une
barrière bien foible, il est vrai, mais enfin il en
existoit une par l'interposition des Pays-Bas, de
la Hollande et de la partie de l'Empire située sur
la rive gauche. La cession de cette rive découvre
entièrement le Nord et le rend limitrophe de la
France ; car, par le traité de Rastadt, la Basse-
Allemagne va confiner à la France, ainsi que les
villes anséatiques, qui n'en sont plus séparées par
rien. Cet inconvénient est évité dans notre plan ;
il donne pour bouclier à tout le Nord un Etat
puissant par terre et par mer, Etat qui n'a jamais intérêt de l'attaquer, qui a toujours celui

de le défendre contre l'ennemi commun, qui est
et qui sera toujours la France. En descendant
de ces avantages communs à plusieurs Etats
vers ceux qui sont personnels aux nouveaux, on
trouve que le système proposé crée dans leur
propre sein des facultés dont ils avoient manqué
jusqu'à ce jour. Ainsi, les Pays-Bas et la Hollande
étoient ouverts à la France, avant comme après
la démolition des forteresses sous Joseph. A cet
égard, le traité de Bavière étoit insuffisant ; car
l'établissement militaire des Pays-Bas et de la Hollande étant très-foible, si les places étoient gardées, il n'y avoit pas d'armée en campagne, et le
pays étoit envahi ; s'il y avoit une armée, il n'y
avoit plus de garnisons ; les places étoient prises ;
la France pouvoit toujours porter de ses forteresses une armée au cœur du Brabant, avant que
celle de l'empereur eût quitté la Bohême et la
Hongrie. Tout cet arrangement étoit détestable.

Liége, la Hollande, les bords du Rhin n'étoient
pas mieux défendus. Une armée française sortant
par Mézières et Givet marchoit droit sur la Hollande, masquoit Maëstricht, longeoit (1) les bords
du Rhin pour couper le passage aux secours de
l'Almagne, et, sans être arrêtée par une seule mu-

---

(1) Première édition : *bordoit* les bords.

raille de Givet à Nimègue, elle exploitoit à loisir toute la Hollande jusqu'aux grandes inondations. C'est la campagne de Louis XIV...

Tous ces pays n'étoient donc pas défendus. Ils manquoient d'une force intrinsèque, suffisante pour leur défense, et d'une communication assurée avec les secours extérieurs.

A cet égard, le délabrement étoit porté à son comble dans ces derniers temps.

Les Pays-Bas n'ont pu, ou n'ont pas voulu, pendant toute la guerre, parvenir à compléter les cinq régiments d'infanterie et l'unique régiment de cavalerie qui formoient leur établissement militaire.

La Hollande n'avoit presque plus que des troupes achetées partout, sans esprit et sans intérêt national, sans même une bonne organisation militaire. Dans ce pays marchand, un emploi militaire étoit un emploi comme un autre, soumis aux mêmes lois d'arithmétique.

Tous ces défauts disparoissent dans le plan actuel. Le nouvel Etat possède un fonds de population capable de fournir à l'entretien d'une belle armée ; sa richesse lui permet d'en payer le supplément aux étrangers.

Sa position est admirable.

La mer couvre sa droite. Il n'a qu'un front très-étroit du côté de la France ; il sera couvert par les forteresses que l'on rétablira, et, dans les cas extrêmes, par les inondations de la West-Flandre.

Si l'armée française, débouchant par la Haute-Meuse, s'engage dans l'entre-Meuse et Rhin, elle prête le flanc à Maëstricht, à Venloo, à Grave et à la ligne des places de la Meuse, qui, de latérale qu'elle étoit, devient la défense de front de ce pays. Les secours d'Allemagne arrivent sans danger par les provinces de l'Yssel. L'armée de Hollande est, comme celle de France, toujours portée sur la frontière et sur le terrain qu'elle doit défendre...

Enfin, cette réunion ôte les entraves du commerce qui existent entre les deux pays, et leur permet de le porter à son entier développement. Avec la communauté d'intérêts finissent toutes les querelles de l'Escaut, du port d'Ostende, et mille autres vétilles pour lesquelles les deux pays ont été vingt fois à la veille de se déchirer. Les peuples réunis parlent le même langage, ou il n'y a que de légères nuances. C'est toujours un lien entre les gouvernés et une facilité pour les gouvernants.

Enfin, cet arrangement fait de la Hollande une puissance indépendante quant à sa marine et à ses colonies.

Depuis ce siècle, la marine hollandaise a toujours été subordonnée à celle de la France, et encore plus à celle de l'Angleterre. Forcée par sa position de passer sous le canon de tous les ports anglais, elle est entièrement dominée par cette puissance. Sa jonction avec les flottes de France, sans lesquelles elle ne peut rien, est presque toujours impossible. Cet éta' précaire naît de l'infériorité de ses moyens de puissance. Renforcez-les, il cessera, il se changera en état d'égalité et d'indépendance. "

La création de cette nouvelle marine établira sur mer une véritable balance. Elle naît toujours de trois combinaisons; or, il n'y en a encore que deux, formées par les marines réunies de France et d'Espagne d'une part, et par celle de l'Angleterre de l'autre. La troisième résultera d'une puissance navale en Hollande, qui aura l'intérêt et les moyens de balancer les deux premières.

Mais l'effet principal de cet arrangement pour la Hollande est de lui assurer la pleine et entière jouissance de ses colonies, si intéressantes pour l'Europe comme pour elle-même...

Dans l'état actuel, la Hollande ne jouit que précairement de ses colonies, de la part des Anglais et des Français, en vertu de leur supériorité par terre et par mer. La guerre menace-t-elle, a-

t-elle éclaté entre ces puissances? les ports hollandais sont bloqués, et les colonies presque toujours
sans garnisons suffisantes, ou bien composées,
deviennent la proie du premier qui se présente.
La raison en est simple.

La Hollande manque de troupes en Europe ;
comment en auroit-elle en Asie et en Afrique?
Voyez aussi avec quelle facilité ses colonies ont
été enlevées dans cette guerre! comme la France
a dû les défendre dans celle d'Amérique! Le cap
de Bonne-Espérance, cet établissement qui appartient au corps de l'Europe plus encore qu'à la
Hollande, doit, pour la liberté du commerce des
Indes, être au pouvoir d'une puissance du second
ordre, telle que la Hollande, qui soit assez forte
pour le défendre, mais non pas pour en barrer
le passage aux autres nations, ce qui arriveroit
s'il reste à l'Angleterre. Avec une marine telle
que la sienne, cette puissance peut y former un
établissement inexpugnable pour elle et pour les
autres peuples possessionnés ou commerçants
dans l'Inde, avec laquelle on ne pourroit plus
communiquer sans sa permission (1).

(1) Les événements ont justifié à la lettre ces prévisions de M. de
Maistre. L'Angleterre, en gardant le Cap, a fermé, pour ainsi dire,
les mers de l'Orient aux nations maritimes européennes ; de peuples
possessionnés ou commerçants dans l'Inde, il ne reste, à vrai dire,

La nouvelle Hollande ne présente pas les mêmes dangers au reste de l'Europe, car elle n'a pas les mêmes forces en Europe ni les mêmes possessions en Asie. Si elle formoit ce projet insensé, les moyens de l'en punir l'enveloppent et la pressent de toutes parts. Si, par sa disproportion avec les puissances de l'Europe, la Hollande ne jouit que précairement de ses colonies, cette jouissance peut devenir encore plus précaire à l'égard des habitants, soit européens, soit indigènes.

Car la révolution, en rendant les premiers inquiets et moins attachés à la mère-patrie, force celle-ci à les surveiller et à ne plus les abandon-

que la Grande-Bretagne. Avant la révolte de l'Inde et la dernière guerre de Chine, le pavillon britannique flottait à peu près seul sur les mers de l'Inde, de l'Indo-Chine et de la Chine.

L'abbé de Pradt (*Du Congrès de Vienne*) fait remarquer avec raison que « l'Angleterre est la seule puissance dont les accroissements n'ont point été soumis à la délibération du congrès et n'ont pas reçu sa garantie. La Russie, l'Autriche, la Prusse s'y sont soumises... La France et l'Espagne n'y étaient point sujettes, la première étant fixée par le traité de Paris, la seconde n'ayant rien eu de changé dans son ancien état. Mais celui de l'Angleterre avait pris un accroissement immense par l'occupation de Héligoland, de Malte, du cap de Bonne-Espérance, de l'Ile-de-France, et de beaucoup d'autres points sur les côtes de l'Inde et de l'Amérique ; et cependant il n'en a été fait aucune mention au congrès. Est-ce un oubli de la part de celui-ci, ou bien un acte de suprématie de la part de l'Angleterre ? »

(*Du Congrès de Vienne*, chap. XIII, in fine.)   P. B.

ner, comme par le passé, à leur attachement pour elle ; en un mot, à ne plus les laisser aller sur parole. Il faut les garder presque autant que les naturels du pays. De leur côté, les indigènes participant chaque jour à la civilisation et aux arts de l'Europe, atteints, comme les habitants, des idées nouvelles, demandent des précautions beaucoup plus grandes que par le passé. Elles augmentent d'autant les dépenses qu'exige la garde de ces établissements lointains. Or, il est évident que l'ancienne Hollande est infiniment trop foible pour parer à tous ces besoins. Elle peut à peine garder ou contenir ses colonies dans leur état ancien ; que fera-t-elle dans celui qui s'établit ?

Au contraire, dans le plan proposé, la Hollande acquiert des moyens maritimes et militaires correspondants aux nouvelles charges de ces établissements.

Passons à l'Italie. Le nouveau plan lui donne :

1° Une barrière contre la France et contre l'Allemagne. Le nouvel Etat du Piémont, placé entre ces deux pays, a un égal intérêt à protéger l'Italie contre eux et à leur en fermer l'entrée. Il en a les moyens, car, du côté de la France, il est couvert par ses montagnes ; il n'a qu'un petit nombre de passages à garder. Sa population s'élevant à près de cinq millions d'âmes, il peut avoir une armée de cent trente mille hommes toujours distribuée sur les deux frontières. Le grand Frédéric a tenu sur pied, pendant ses deux grandes guerres, une armée de deux cent mille hommes avec une population de trois (*sic*) millions d'âmes. Dans ce moment la Prusse entretient une armée de deux cent quarante mille hommes avec son ancienne population de six millions d'hommes, car la Pologne n'y fournit encore rien. Le voisinage de la Toscane n'est pas assez inquiétant pour en distraire la moindre partie.

Du côté de l'Autriche, l'Italie est défendue par le Pô et par les cinq lignes de rivières qui descendent des Alpes dans ce fleuve. Toutes ces barrières naturelles ne sont rien aujourd'hui entre les mains de petits princes sans établissement militaire et sans aucun moyen de gouvernement. Cette partie de la sûreté de l'Italie est tout aussi mal tenue que tout ce qui existe dans ce beau pays absolument ouvert et dépourvu de toute apparence de police intérieure et extérieure. Mais que dans cette masse, inerte par une subdivision qui l'énerve, on infuse une âme, qui n'est autre chose qu'un grand gouvernement, et vous verrez quel changement s'y opérera, comme la foiblesse se changera en force, comme les liens se resser-

reront entre les parties de ce corps renouvelé ; vous le verrez trouver des ressources là où l'on n'apercevoit que stérilité et que foiblesse. L'empereur possédoit le Milanez comme une grande ferme qu'il ne considéroit que sous le rapport du produit net. Il étoit couvert par le Piémont contre la France. Quelques puissances d'Italie lui tenoient par des liens de famille, d'autres par des alliances. Le reste, comme le Pape, Gênes et Venise, ne lui donnoit aucun ombrage. La réunion du Milanez avec l'Etat de Modène, celle de la Toscane et du duché de Massa, attribuoient par le fait une grande partie de l'Italie à l'Autriche ; elle n'avoit donc aucun intérêt à fortifier ce pays, qui paroissoit à l'abri de toute attaque. Aussi, dans quel état les Français l'ont-ils trouvé lors de leur invasion ? Ce dénuement cessera avec l'établissement d'un grand gouvernement, qui, ayant des voisins puissants à craindre, a aussi un intérêt pressant à se prémunir contre eux.

2° Le nouvel Etat assure l'indépendance de l'Italie. Ce pays, morcelé comme il l'est aujourd'hui, ne peut se défendre lui-même. Naples, qui est la seule grande puissance de cette contrée, est aussi celle qui pourroit le plus contribuer à sa défense ; mais son extrême éloignement des frontières occidentales de l'Italie l'empêchera toujours de le faire promptement, suffisamment, et l'habitude d'engourdissement où vit ce gouvernement paralyse les facultés dont le ciel s'est plu à le combler.

La réunion des princes d'Italie seroit sûrement leur meilleure défense et leur vraie garde. Peuplée de douze millions d'hommes, ses côtes occidentales presque toujours inabordables, n'ayant à défendre que les passages des Alpes, tant du côté du Piémont que de celui de l'Allemagne, l'Italie seroit, après l'Angleterre, le pays de l'Europe d'un plus difficile accès, s'il étoit uni ; mais comment attendre cette union entre des princes dont la jouissance et la méfiance forment le fonds habituel de la politique, et qui tendent toujours à rabaisser leur conduite au niveau de leur petitesse naturelle ?

Aussi, dans toutes les guerres contre la France et l'Allemagne, appellent-ils d'abord les Allemands ou les Français. Les uns doivent les défendre contre les autres, au risque d'être écrasés par tous les deux ; ils commencent par leur fournir le champ de bataille et finissent par leur servir de proie.

Un Pape, grand homme d'Etat, Jules second, vouloit chasser de l'Italie tout ce qu'il appeloit les barbares, Allemands et Français. Il n'entendoit pas qu'un pareil pays ne pût pas se suffire à lui-même, et, certes, il avoit bien raison. Eh bien ! c'est ce système vraiment patriotique et lumineux qu'il s'agit de reprendre et qui revit dans notre plan.

L'ancien étoit défectueux, principalement du côté de l'Autriche ; car, outre les inconvénients (1) attachés à toute protection mendiée chez l'étranger, il y en a encore de propres à celle de l'Autriche. En effet, quelle que soit sa puissance en territoire et en population, cependant le nombre de ses voisins ne lui permet pas de se dégarnir assez pour porter de très-grandes forces sur un point quelconque ; aussi l'Italie a-t-elle toujours été aussi mal défendue par elle que tous les pays dont elle a pris la défense. Dans les trois premières années de la guerre, elle n'y a tenu qu'un fantôme d'armée, et pendant la grande invasion de Buonaparte, elle n'a jamais pu ou su y envoyer plus de cinquante mille hommes à la fois.

Dans la guerre de la succession, l'Autriche employa des années à expulser les Français ; il en fut de même dans celle de 1740. A la vérité, la France avoit plus de moyens que l'Autriche pour dominer en Italie ; mais aussi l'entrée des Fran-

(1) Première édition : *aux* inconvénients.

çais devenoit le signal du désordre. Elle payoit
cher l'expulsion des Allemands. Dans tous les
cas, le vainqueur restoit le maître du pays et en
devenoit le tyran. Il faut une bonne fois mettre
fin à ce désordre.

Que chacun se garde chez soi et y reste le maître ; que toutes ces protections étrangères fassent
place à la seule que la nature indique et avoue,
celle des habitants du pays ; que l'Italie soit défendue par les Italiens, comme la France l'est par
les Français, l'Allemagne par les Allemands :
elle en a les moyens autant que ces Etats ; et,
pour sortir de cette humiliante tutelle, qu'elle
distribue ses forces sur un plan propre à l'élever
d'un état de dépendance et de subordination
à la dignité de l'indépendance et de l'affranchissement.

Sûrement, s'il eût été exécuté plus tôt, le bouleversement de l'Italie n'auroit pas été si facile.
Par exemple, qu'au lieu d'une population de
trois millions d'âmes avec un revenu très-borné,
telle que le roi de Sardaigne l'avoit avant la guerre,
on suppose ce prince fort d'une population
égale à celle de la Prusse à la fin du règne de
Frédéric, jouissant d'un revenu de près de cent
millions, avec un territoire très-fertile et abon-
dant en ressources, croit-on qu'il eût fait cette

mauvaise guerre et la plus mauvaise paix qui l'a
couronnée? Le roi de Sardaigne a fait la guerre avec
un mince subside anglais, avec un détachement
de l'armée autrichienne (1); il craignoit les Autrichiens (2) presque autant que les Français. Subordonné aux plans et aux vues de l'Autriche, qui
l'inquiétoit, il ne pouvoit être qu'un mauvais allié; aussi, dès qu'il l'a pu, a-t-il rejeté cette alliance comme un fardeau. Trop foible pour lutter
seul contre la France, il devoit être écrasé dès
que les Autrichiens refuseroient de l'appuyer,
comme il est arrivé (3). L'armée autrichienne
une fois séparée de celle de Sardaigne, celle-ci

(1) « Le roi de Sardaigne recevoit annuellement 200,000 livres
sterling de l'Angleterre. »

(Mémoires de J. de Maistre.)

(2) Première édition : il craignoit ceux-ci.

(3) J. de Maistre ayant besoin même du concours de l'Autriche
pour assurer l'exécution du plan qu'il propose, garde envers elle
certains ménagements ; mais il est facile cependant de deviner, à
travers ses paroles, le patriote qui voua depuis une haine si profonde à la politique autrichienne.

« Cette maison d'Autriche est une grande ennemie du genre
humain, » avait-il écrit déjà en 1791.

(Lettres et Opuscules, t. I, p. 7.)

« Tant qu'il me restera de la respiration, écrivait-il plus tard de
Saint-Pétersbourg le 3 (15) septembre 1804, je répéterai que l'Au-
triche est l'ennemie naturelle et éternelle du roi, tandis que la
France ne l'est pas. Que désire le roi? L'établissement de sa puis-

ne put se soutenir, et le roi s'estima trop heureux d'acheter la paix à tout prix. Rien de tout
cela ne fût arrivé si le roi de Sardaigne avoit eu
une masse de puissance assez compacte pour se
défendre seul contre la France et pour se passer
du secours toujours précaire et toujours inquiétant de l'Autriche.

Dans ce plan, le commerce de l'Italie acquiert,
comme celui de la Hollande, un développement
entier, retenu jusqu'ici par les mille barrières
qui couvroient cette multitude d'Etats. La Sardaigne, sans devenir une puissance maritime,
peut cependant avoir à Gênes une marine assez

sance dans l'Italie septentrionale. Que craint l'Autriche? Ce même
établissement. Donc, etc. »

(*Mémoires et Correspondance* de J. de Maistre, p. 51.)

« L'Autriche nous a pardonné encore moins notre opposition à
ses vues ambitieuses sur le Piémont, *et comme la maison de Savoie avoit une tendance naturelle, avouée par la saine politique,
à s'agrandir dans le nord de l'Italie*, il n'en falloit pas plus pour
mériter à Votre Majesté *la haine implacable de cette implacable
maison.* »

Saint-Pétersbourg, 29 septembre (11 novembre) 1803.

(Lettre de J. de Maistre au roi de Sardaigne.)

On sait comment l'Autriche, après les victoires de Souwaroff
en Italie, s'opposa de tout son pouvoir à la reconstitution du Piémont. La haine de Joseph de Maistre contre cette puissance était
donc suffisamment motivée.

bien montée, qui, réunie à celle de Naples, couvrira les côtes de l'Italie.

Le but de ce plan étant de réunir autant que possible ce qui a été divisé jusqu'ici, et de le porter au plus haut degré de force dont il est susceptible, il étoit naturel de réunir aux territoires principaux certaines enclaves qui y sont contenues. Cette espèce de propriété est une source intarissable de discordes et n'ajoute rien à la puissance réelle. Ainsi Naples et Rome sont continuellement sur le *qui-vive* pour le duché de Bénévent. Qu'ajoutent à la puissance de Naples Orbitello et Piombino ? Toutes ces pierres d'achoppement doivent être écartées de la route tracée dans notre plan ; leur éloignement ramène la paix entre ces Etats discordants, et la paix vaut mieux que quelques arpents de terre ou quelques carrés de jardin.

L'empereur acquiert Mantoue et la ligne du Mincio : cela est raisonnable et juste. Il faut qu'il ait à la fois une garantie suffisante pour le nouvel Etat de Piémont et pour sa nouvelle acquisition de Venise. Comme dans tout ceci il ne s'agit ni d'agrandissement ni de dépouilles, mais d'intérêt général, il faut adopter tous les arrangements qui y sont compatibles. Or, le nouveau plan renferme éminemment toutes ces qua-

lités ; car Mantoue et la ligne du Mincio forment
une frontière contre le Piémont, surtout lorsqu'elle est soutenue par la seconde ligne de l'A-
dige. Celle-ci, avec les places de Palma-Nova,
Osopo et autres, encadre très-bien le territoire
vénitien et y affermit la domination impériale.

Il en est de même de Corfou et des autres îles
occupées par les Français ; elles sont la clef de la
mer Adriatique, nécessaires pour en assurer la
navigation, et par conséquent appartenant de
droit au maître de Venise et de son golfe, dont
la possession incontestable complète pour l'empereur la superbe acquisition de Venise (1).

La translation du duc de Parme au royaume
de Sardaigne flatte la cour d'Espagne, comme

(1) Sur ce point, M. de Maistre voyait également très-juste.
Maîtresse de Trieste et de Venise, l'Autriche fait à peu près tout
le commerce de l'Adriatique, où son pavillon flotte pour ainsi dire
seul. Mais cette situation florissante est à la merci de la Grande-
Bretagne, qui, établie d'une manière formidable à Corfou, commande l'entrée de l'Adriatique, et peut, à sa volonté, déclarer
cette mer en état de blocus.

On ne s'explique pas que l'Autriche n'ait pas compris en 1815
que les îles Ioniennes étaient le boulevard de Venise, de Trieste
et de tout le littoral depuis les bouches du Pô jusqu'à celles du
Cattaro. Si jamais elle se trouve en guerre avec l'Angleterre, elle
sentira quelle faute énorme elle a commise en aidant celle-ci à
s'établir dans cette position si importante au triple point de vue
politique, stratégique et commercial.   P. B.

l'agrandissement de la maison d'Orange flatte
celle de Prusse. La position de l'infant de Parme
auprès du Milanez et de la Toscane étoit embar-
rassante et précaire. En le transférant en Sardaigne, on l'éloigne de tout danger, et on le rapproche des secours de l'Espagne, qui ne pouvoient
lui parvenir en Italie.

Les deux îles de Sardaigne et de Corse, qui
n'ont jamais été bonnes à personne, surtout la
dernière, peuvent devenir très-florissantes sous
un gouvernement présent sur les lieux, à portée
de les connoître et de les soigner ; alors pourra
se réaliser pour la Corse la prophétie de Rous-
seau, qui lui promettoit de si brillantes destinées.
Ces deux îles réunies seront l'Angleterre et l'Irlande de la Méditerranée. Leur prospérité, au lieu
de blesser leurs voisins, tournera au contraire à
leur profit ; car elles auront plus à leur demander en raison de leur accroissement de richesse
et de population.

Les peuples industrieux n'ont besoin que de
peuples heureux dans leur voisinage et ne doivent faire que des vœux pour leur prospérité ; ils
doivent être bien sûrs de la partager bientôt.
L'Angleterre, qui s'enrichit de tout le monde,
n'enrichit-elle pas les autres à son tour ?

Enfin, et cette considération égale au moins

en importance toutes celles qui l'ont précédée, la transformation de plusieurs petits Etats d'Italie en un seul régulièrement organisé sera une époque de régénération pour ce pays, non pas à la manière des Français, par l'introduction de leur anarchie religieuse, sociale et politique, mais au contraire par la création d'un esprit public, tel qu'il existe dans les grands Etats et qu'il n'existe que là ; esprit qui, en s'étendant à toutes les parties de l'organisation sociale, leur donne de l'élévation, de l'éclat et de la force, et qui attache l'homme à son pays en proportion de sa splendeur et de sa puissance, avec lesquelles il aime à s'identifier, et dont la présence flatte deux intérêts bien chers au cœur humain, celui de l'amour-propre et celui de la sûreté.

Cet esprit public ne peut se rencontrer que dans de grands Etats. Dans les très-petits il s'évapore par la ténuité des objets. Ce n'est que dans les grands qu'il trouve un aliment et des moyens d'action proportionnés à la force de son ressort. On n'aime à paraître, à se dire citoyen que des Etats qui occupent une place sur la scène du monde ou dans la mémoire des hommes. Même dans les subdivisions de nation, on fait abstraction de la partie pour ne s'avouer membre

que du tout; ainsi (1) tel homme qui se glorifie
d'être Allemand ose à peine avouer qu'il est citoyen de Fulde ou de Kempten. Qui, en Italie,
s'est jamais vanté d'appartenir à l'Etat de Gênes
ou de Milan? C'est qu'il n'y a aucune gloire à
appartenir à des Etats sans force et sans éclat, et
l'homme cherche toujours à se placer dans le
point qui rayonne.

L'Italie étoit particulièrement affectée de ce
vice radical, l'absence de tout principe de patriotisme. Ce pays morcelé ne peut avoir ni armée, ni marine, ni colonies, ni aucun des grands
objets de politique et de commerce qui appartiennent à d'autres contrées. A quoi ses talents
auroient-ils été employés? vers quel but se seroient-ils reportés (2)? La subdivision de tant d'E-
tats les étouffe au berceau. Aussi étoit-ce du
côté des arts agréables que les Italiens ont tourné
l'emploi de leurs facultés et qu'ils y cherchent
un dédommagement pour l'inutilité dont ils sont
pour tout le reste.

Mais qu'un grand Etat s'élève sur l'emplace-
ment de ces extraits de souverainetés; que, si-
tué de manière à avoir besoin de cultiver toutes

(1) Première édition : *aussi* tel homme.
(2) Première édition : se seroient-ils *rapportés?*

les ressources pour rivaliser avec des voisins
puissants et industrieux, il soit obligé de s'occuper sans cesse de ce soin, comme il arrive entre
des Etats rivaux, et vous verrez l'esprit public
naître et s'accroître avec ces (1) moyens de puissance ; vous le verrez s'exercer sur toutes les parties de l'administration, les vivifier et créer une
nouvelle âme dans un nouveau corps.

Il seroit trop injuste de refuser aux Italiens les
facultés qui constituent cet attribut des grands
Etats ; elles existent chez eux autant et peut-être
plus que partout ailleurs. L'Italie sera toujours
la patrie des arts et des talents, la mère des gé-
nies et des héros : *Magna virûm heroumque*. L'esprit est bon à tout, et il y en a beaucoup en
Italie. La longue éclipse qu'elle a soufferte ne
provient pas de la stérilité du sol, mais de la
défectuosité invétérée de ses gouvernements.
Peut-on disputer à l'Italie la faculté de produire
des généraux, lorsqu'elle a vu naître Montécu-
culli, Buonaparte et une partie des chefs de l'armée française ? Si elle a créé ses propres conquérants, elle pourra aussi enfanter ses défenseurs.
Combien d'officiers italiens ensevelissent dans
les derniers rangs de l'armée autrichienne le se-

_____

(1) Première édition : *les moyens de puissance.*

cret de leurs talents! combien sont éloignés du
commandement par leur seule qualité d'étrangers! Rendez-les à leur patrie, qu'ils y trouvent
honneur et avancement en raison de leurs talents, donnez-leur des matériaux pour les exercer, et l'Italie, élevée à la dignité des grands
Etats, participera aux talents que l'indépendance
et la civilisation (1) y font éclore. Le nouvel Etat de
Piémont, qui sera la Prusse de l'Italie, y fera,
pour l'avancement de l'esprit public, la même
révolution que la Prusse a faite dans le nord de
l'Allemagne, en réunissant, en civilisant, en faisant paroître avec honneur sur la scène du monde
des peuplades séparées et presque inconnues.
La Prusse a enrichi l'Allemagne et l'Europe d'un
peuple nouveau, et cette création est due à sa
formation en corps de puissance d'un ordre su-
périeur. Qu'étoient en effet, avant son apparition, des Brandebourgeois, des Poméraniens,
des Prussiens à demi barbares, s'ignorant entre
eux, ignorés du reste du monde, et sans aucun
motif d'avancer leur civilisation? Ils seroient
encore au même point sans leur réunion. Fondus
en un seul corps, ils se sont communiqué
leur force et leurs moyens respectifs; ils ont

(1) Première édition : *l'occupation.*

été obligés, pour leur sûreté, d'imiter leurs voisins, et, montés sur un plus grand théâtre, d'é-
lever leurs actions à la hauteur de leur nouveau
rôle. Il en sera de même en Italie. Des matériaux semblables et peut-être meilleurs encore
s'y trouvent; il ne s'agit que de les réunir et
de les ordonner.

Mais pour exécuter ce plan, pour introduire
ce grand changement, combien n'en coûteroit-il
pas d'efforts en tout genre ? Après tout ce que l'Europe a déjà tenté contre la France aux jours de
son intégrité et de son opulence, où prendra-t-elle,
dans son état actuel de détresse, les moyens d'attaquer ce colosse et de lui enlever sa proie ?
Si la France poursuit avec tant d'acharnement
la nouvelle acquisition de la rive gauche du
Rhin, se laissera-t-elle arracher les anciennes,
défendues d'ailleurs par ses principes constitutionnels ? Ils les lient à la France, de manière à
ne pouvoir en être séparées qu'avec la vie même
de la république, qui est sa constitution (1)...

Quelle lutte n'entraîneroit pas une pareille entreprise ! et ce beau projet ne rejette-t-il pas l'Europe dans la guerre, la guerre dont elle a tant

(1) En décrétant l'unité et l'indivisibilité du territoire de la république française, la Convention déclarait implicitement qu'elle
ne souffrirait jamais qu'il y fût porté aucune atteinte.

souffert, la guerre qu'elle veut écarter à tout prix, la guerre enfin qui acheveroit de la perdre ?

Voilà, dans toute son étendue, l'objection qui attend tout plan viril à l'égard de la France. Elle est trop simple pour n'être pas prévue, et nous sommes loin de nous être flattés d'y échapper. Examinons-la donc en détail, et commencons par montrer que la guerre ne résulte pas de ce plan, mais de l'état de guerre habituelle où l'on est, *au moment où on se dit*, où on se croit en paix.

CHAPITRE VI.

DE LA PAIX ET DE LA GUERRE.

Qu'est-ce que la guerre? qu'est-ce que la paix?
La guerre est l'application de la force d'un
Etat, l'emploi de ses moyens offensifs et défensifs à se préserver d'un dommage, ou à poursuivre la réparation d'un tort. Voilà l'origine du
droit de la guerre. La conservation en est le but,
la force en est le moyen. Toute société ayant
droit et devoir de veiller à sa conservation, elle
le fait en prévenant, en repoussant, en vengeant
les injures qui y sont faites. Voilà la justice de la
guerre, qui de sa nature ne peut être que défensive. L'offensive proprement dite est un attentat; elle doit être réprimée; elle donne justement
lieu à la guerre naturelle, qui est la défensive.
L'offensive ordinaire n'est qu'un mode de celle-
ci...

Les Etats ne pouvant, comme les individus, être traduits devant un tribunal et forcés d'exécuter ses arrêts, ils ont recours à un autre juge, qui est la force ; et quoique Pallas soit encore plus aveugle que Thémis, quoique la force ne puisse être la mesure du juste et de l'injuste, c'est pourtant bien à elle qu'il faut en appeler en dernier ressort, car il n'y a pas d'autre juge, et les contestations des Etats, comme celles des particuliers, doivent avoir un terme...

Le ciel se réserve sans doute la punition du coupable ; la force punit le faible ou le maladroit.

La paix est l'abolition des torts qui ont amené la guerre et des actes hostiles qu'elle a fait commettre.

On se donne amnistie pour le passé, on se promet amitié pour l'avenir; il y a oubli des inimitiés et retour de bienveillance. La paix est un état de sécurité et surtout de réciprocité. Celle-ci consiste en ce que la paix étant commune aux deux parties, en tout ce qui concerne leur sûreté, aucune ne peut se permettre d'acte qui la trouble. C'est là l'essence d'une paix *paisible*. Elle est également rompue par des attaques ouvertes ou secrètes.

Comme il ne s'agit point de faire un traité

de droit public, passons à l'application de ces principes et disons :

Existe-t-il en Europe un Etat qui en trouble le repos, qui renverse tous ses rapports religieux, politiques, commerciaux ; qui, après en avoir envahi une partie, tende manifestement à envahir le reste, qui s'augmente d'une manière incompatible avec la sûreté de ses voisins ? Un tel Etat est-il de son côté en état de guerre ? Les autres ont-ils du leur le droit et le devoir de le citer à ce tribunal qu'on appelle la guerre ?

Y a-t-il paix avec un Etat qui ne pose les armes matérielles et visibles que pour en prendre de morales et de cachées, qui fait de la sécurité et des autres attributs de la paix des moyens de conspiration permanente, qui change, qui abroge à son gré les conditions de la paix, qui sème des germes de guerre dans les paroles mêmes de la paix, et qui veut gagner par l'état de paix plus que par la campagne la plus active ? Est-ce là la paix ? Il y a donc interversion (1) dans la question ; au lieu d'une question de droit, il n'y en a qu'une de fait ; car si on éprouve sous le nom de la paix tous les dommages de la guerre, on est en guerre, quoi qu'on en dise, et non pas en paix.

(1) Edition originale : *intervension.*

Toutes les escobarderies, toutes les subtilités finissent là ; elles doivent se décider par l'histoire
du temps et non par les livres de droit. Ici les
gazettes sont des guides plus sûrs que Grotius et
Puffendorf.

Or, qui osera nier que la France ne soit en état
d'hostilité et de conjuration permanente envers
l'Europe entière, et par conséquent en guerre
avec elle sous ce double rapport ? Elle l'étoit en
essence depuis le commencement de la révolution ; elle l'est par le fait et patemment depuis
l'invasion d'Avignon, époque de la première application de ses principes, qui depuis n'ont
pas un seul instant cessé d'opérer suivant leur
nature turbulente. Il y a donc guerre actuelle et
habituelle, et ceux qui s'élèvent contre sa pro-
clamation sont ou veulent se (1) rendre dupes
de leur propre sottise, tant qu'ils ne détruiront
pas ces faits et qu'ils ne prouveront pas (2) l'existence d'une paix réelle par l'absence d'une guerre
habituelle. On est donc en guerre ; et demander
qu'on la déclare n'est pas demander qu'on la
fasse, mais avertir qu'on la fait. Ainsi, le méde-
cin, en déclarant la maladie, ne la fait pas, mais
il l'indique.

(1) *Se*, mot ajouté par l'éditeur.
(2) *Pas*,   id.,   id.

Le droit de faire la guerre est donc démontré, il est acquis, et malheureusement il n'y en a que trop de raisons... Mais la convenance est-elle jointe au droit? Voilà la question véritable, que l'on cache derrière la précédente, comme il arrive trop souvent dans des discussions où ce que l'on dit n'est fait que pour donner le change sur ce qu'on ne veut pas dire. En combien de situations de la vie les aveux mêmes ne couvrent-ils pas des réticences? Or, voilà précisément où nous en sommes dans la question présente. On ne veut pas voir que l'on est en guerre, pour n'avoir point à la déclarer; on croit ou l'on feint de croire à la paix, pour avoir un prétexte d'y rester : espèce de position fausse qui donne les inconvénients des deux états. Ainsi, dans les derniers temps, le Pape et la Suisse se disoient en paix, tandis qu'on travailloit à les détruire. Ainsi, le nord de l'Allemagne se flatte d'être en paix, tandis qu'on le force d'avoir une armée sur pied, qu'on pille ses vaisseaux et qu'on écrase de contributions les villes anséatiques.

N'est-il pas dérisoire de prostituer le nom sacré de la paix à cette succession d'hostilités?... Mais allons plus loin et disons :

Si à la place d'un empire ancien, qui occupoit en Europe un rang élevé, turbulent quelquefois,

mais régulateur à son tour, fort de beaucoup
d'avantages, mais entravé dans leur développement, coexistant à ses voisins par la civilisation,
centre plus qu'arbitre de l'équilibre général, avec
des avantages et des incommodités éprouvées;
si, dis-je, il s'élevoit un Etat qui se plaçât théori-
quement dans le berceau du monde, et qui re-
nonçât à dessein à tous les principes de la civilisation qui l'entoure, qui franchît ses anciennes
limites pour n'en plus reconnoître qu'à sa convenance, qui établît au centre de l'Europe un
colosse de puissance disproportionné avec tout
le reste, quel parti prendrez-vous? Souffrirez-
vous patiemment qu'il se fortifie de tous les
moyens de défense et d'attaque, qu'il détruise tous
ses voisins, tous les corps avancés pour lui donner la liberté d'arriver plus sûrement à vous? Ou
bien, après vous (1) être assurés de sa nature mal-
faisante, de l'atrocité de ses projets, de l'inutilité
des représentations, du vide des espérances pour
un changement, chercherez-vous dans une guerre
conduite avec courage et discernement le redressement des anciens torts et un abri contre les
nouveaux ? N'est-ce pas là une des occasions
dans lesquelles on n'est pas maître du choix? Il
est commandé par la nature des choses : il faut

(1) Première édition : s'être assuré.

agir ou périr. Quand les Romains envahirent le monde, quand les grandes irruptions des peuples du Nord et des Sarrasins menacèrent tous les peuples, y eut-il à délibérer, à temporiser, à pactiser ? L'agression ne discutant, ne temporisant, ne pactisant point, la défense ne doit-elle pas suivre le même cours, d'après la règle éternelle de proportionner les moyens de défense à ceux d'attaque ? Qu'arriva-t-il à ces peuples indolents, à ces gouvernements qui ne surent jamais prendre un parti ? Ils périrent après des siècles de souffrances qu'un siècle (1) de vigueur leur auroit épargnées. Veut-on renouveler l'histoire de leur martyre et de leur mort et la prendre pour son compte ? Or, voilà précisément où en est l'Europe. La révolution française lui rend, après des siècles de repos, toutes les horreurs et tous les dangers des anciennes invasions, mais avec un degré de rapidité et d'étendue que celles-ci n'eurent jamais et ne pouvoient avoir. C'est à elle de voir le parti qu'elle veut prendre : choisir entre Bélisaire expulsant les barbares ou Rufin s'alliant avec eux, entre l'intégrité de son empire ou son invasion successive, à l'exemple de l'empire grec, qui vit froidement les Arabes et les Turcs arriver de conquêtes en conquêtes

(1) *Siècle,* mot ajouté par l'éditeur.

sous les murs de la capitale, et finir par devenir
la déplorable proie de ces barbares qu'on n'avoit
su vaincre ni contenir, et qui, de cessions en
cessions, finirent par tout engloutir. Ici, comme
on voit, la question change encore une fois de
face ; on abandonne les faits ; il n'est plus question de l'état de guerre, mais de sa convenance
sous les rapports de l'opportunité et des moyens.
Hélas ! nous le savons depuis longtemps, et si
nous avons descendu si méthodiquement tous
les degrés de cette question, ce n'est pas par
imprévoyance de cette conclusion forcée, mais
par respect pour cette redoutable question de la
guerre dont on ne doit s'approcher qu'en tremblant.

Sûrement la révolution et ses dangers sont un
grand sujet de méditations et d'embarras pour
les cabinets ; sûrement ils souffrent horriblement
de ces désordres, de la perte de leur ancienne
gloire, de leur ancien repos ; ils souffrent d'un
qui-vive éternel avec un infatigable ennemi ;
tous voient ou entrevoient leur destinée future.
Si quelques uns font la guerre ouvertement, tous
la font sourdement ; s'il y a guerre défensive de
la part de la France, il y a aussi guerre défensive
de la leur ; tout cela n'est pas un mystère, et la
France n'est pas plus dupe qu'eux et que le pu-

blic. Leur immobilité tient donc à des obstacles et à des motifs secrets ; ils se craignent eux-mê-mes, ils espèrent de leurs ennemis. Voilà le vrai... Eh bien ! ce sont ces craintes et ces espérances que nous allons examiner et détruire, en prou-vant qu'il faut espérer où l'on craint et craindre où l'on espère ; démonstration qui résultera de la comparaison des forces des puissances avec celles (1) de la France en hommes et en argent, de leur emploi respectif, et du système de guerre qu'il faudroit embrasser. Nous discuterons en-suite le système défensif, auquel les puissances semblent se borner dans ce moment.

Quant à la question présente, celle de la réali-sation par la guerre du plan proposé, elle ne pré-sente que deux points de vue.

Le premier, si le plan est bon en lui-même, indispensable pour la sûreté de l'Europe.

Le second, si on peut le réaliser autrement que par la guerre.

Dans le premier cas, l'Europe, comme corps politique, a le droit et le devoir de l'établir. Il suit (2) du droit qu'elle a de se conserver, il en fait partie.

Dans le second, elle a droit de le faire par la

(1) *Avec celles,* mots ajoutés par l'éditeur.
(2) Edition originale : *ils suivent.*

guerre, jusqu'à ce qu'on indique un autre moyen
pour l'obtenir, et, à son défaut, de faire la guerre
jusqu'à ce qu'elle l'ait obtenu. Le droit, une fois
constaté, donne la faculté d'en user; il ne s'agit
plus alors que de considérer le pouvoir.

Mais, crie-t-on de toutes parts, il faudroit donc
renverser la constitution et la république une et
indivisible; il faudra rétablir la monarchie. Hommes inquiets, calmez-vous; prenez garde surtout
que votre indiscrète objection ne tourne contre
vous, et que vous ne vous soyez trompés de toute
la différence qu'il y a du remède au mal. Les
lois constitutionnelles de la France, faites par
elle, ne sont faites aussi que pour elle. C'est un
réglement intérieur qui n'existe que pour l'étranger, qui ne l'a ni fait ni accepté. Si ces lois sont
incompatibles avec sa sûreté, alors c'est contre
lui qu'elles sont faites, et, loin d'être un motif
pour les accepter, c'en est un très-pressant pour
les détruire. Par quelle fatalité se fait-il que, dans
des arrangements de convenances réciproques,
on ne consulte que celles d'un parti, et qu'on
néglige totalement celles des autres? S'il a plu à
la France de faire pour elle des lois qui n'existent nulle part, et de s'en servir au détriment
d'autrui, qu'elle change ses lois, ou qu'elle en
souffre les conséquences. Si les autres en établis-

soient de leur côté d'incompatibles avec les institutions de la France, qu'en diroit-elle? que
feroit-elle? N'en demanderoit-elle pas la réforme?
n'en poursuivroit-elle pas le redressement par la
force des armes? Les étrangers ont le même
droit, et comme, en dernière analyse, c'est par
la force que se décident de pareilles questions,
l'état de guerre résulte de ces lois; ce qui, comme
dans toutes les questions relatives à la révolution,
ramène à l'incompatibilité de cette révolution
avec le reste du monde et à l'alternative cruelle
de périr de part ou d'autre. Qu'on soit d'ailleurs
bien tranquille sur le sort de ces lois constitutionnelles : elles ne sont encore gravées ni sur
l'airain ni dans le cœur des Français. La constitution française, comme les tables de la loi, a
déjà été brisée au pied de la montagne. Il y en a
plus d'un exemple : voilà déjà la quatrième constitution depuis six ans. Si les Français sont le
peuple de l'univers qui distribue le plus libéra-
lement cette espèce de production de leur crû,
c'est aussi celui qui y tient le moins. Après tous les
échecs que la constitution actuellement régnante
a déjà reçus, ne doutons pas que les pères de la
patrie ne trouvassent au besoin des interprétations conciliatrices. Quant au rétablissement de
la royauté, nous déclarons que le sentiment na-

turel qui nous y attache, fortifié par la raison
et par l'expérience, nous a rendu palpable cette
grande vérité, que du rétablissement de la royauté
en France dépendoient la paix du monde, la
stabilité des empires, la sûreté des individus et
le maintien de toutes les propriétés ; que jusque
là il n'y aura que troubles et confusion. Il nous
est démontré que tous les trônes sont contenus
dans celui de France, qu'il les affermit tous par
sa présence, qu'il les détruit tous par son absence, et que l'Europe a encore plus besoin de
Louis XVIII que Louis XVIII de l'Europe (1).
Mais, quelque fondamentale que soit cette vérité, avec quelque ardeur que notre cœur en
appelle la réalisation, nous déclarons aussi hautement que, loin de faire entrer le rétablissement
de la royauté dans ce plan comme partie intégrante, il est au contraire dirigé en totalité contre la république; car, s'il est utile et bon sous
la monarchie, il est indispensable sous la république, qui n'a ni les mêmes régulateurs ni les
mêmes freins, et qui par conséquent a besoin
d'être contenue par de plus fortes barrières. La
preuve en est là. Dix siècles de monarchie n'a-
voient pas porté la France au point où la répu-

(1) Les mêmes idées sont développées, à peu près dans les mêmes termes, dans les *Considérations sur la France*.

blique est arrivée et prétend se maintenir au bout de huit ans.

Nous ne peuvons, en terminant cet article, nous refuser à deux réflexions : la première, c'est que, tandis que la France met à toutes ses volontés l'alternative de la soumission ou de la guerre, on n'entende de l'autre côté que des soupirs pour la paix; la seconde, qu'en confrontant les différentes époques du siècle, on le voit s'écouler en guerres continuelles pour les sujets les plus frivoles, et dans ce moment il recule d'horreur à l'idée de la seule guerre dont la nécessité ait été bien démontrée. Celle de la succession d'Espagne, très-juste en elle-même et dans les idées du temps sur l'équilibre de l'Europe, pouvoit être évitée. La haine contre Louis XIV y contribua plus que l'amour de la tranquillité générale. Tout ce que l'on dit de pathétique sur la nécessité de la paix, au milieu d'une crise aussi extraordinaire, rappelle les larmes que Philippicus, général de l'empereur Maurice, versoit au moment d'un combat qu'il perdit et qu'il devoit perdre avec ses pleurs. Il s'attendrissoit sur les suites funestes qu'il auroit pour la vie d'un grand nombre de soldats. Quand Xerxès pleuroit sur la destruction de tant de milliers d'hommes qui composoient son armée,

il devoit pleurer encore plus sur sa propre folie,
qui les y condamnoit dans une expédition sans
objet et sans raison. Rien n'est plus précieux
sans doute que le sang des hommes ; qui pourroit en voir de sang-froid verser une goutte ?
Mais, comme dit Burke, il est des cas dans lesquels l'homme sert de rançon à l'homme, l'individu à la société; alors son sang est légitime-
ment et saintement versé (1). Hors de là, tout est
folie et crime. C'est ainsi qu'en juge Montesquieu, lorsqu'en parlant des larmes de ce lamentable général, il ajoute qu'elles étoient différentes des larmes de ces Arabes qui pleurèrent de
rage en apprenant que leur général venoit de
conclure une trève avec les chrétiens.

(1) C'est la même théorie qui est exposée dans le chapitre III
des *Considérations sur la France*, la théorie de *la réversibilité des
douleurs de l'innocence au profit des coupables*. On la retrouve encore plus développée dans les *Soirées de Saint-Pétersbourg* et dans
l'*Eclaircissement sur les sacrifices*.

CHAPITRE VII.

DE L'ÉTAT POLITIQUE ET MORAL DES PUISSANCES.

La force des Etats est de plusieurs espèces ;
elle se compose d'un grand nombre d'éléments.
C'est le territoire, la population, la richesse qui
en fait le fond ; c'est la bonne disposition des
parties qui en fait la forme et qui en donne la
jouissance et la libre disposition.

L'étendue du territoire, la facilité de le défendre, le nombre des voisins, augmentent ou
diminuent la force disponible d'un Etat.

Ainsi la Russie, avec son climat de glace, ses
mille lieues d'étendue et sa population mélan-
gée, a réellement moins de forces disponibles
qu'un Etat infiniment plus petit, avec une population homogène, un territoire resserré et un
climat qui permet d'agir plus longtemps.

La complication des affaires, les sujets de

crainte ou de jalousie augmentent ou diminuent la disponibilité des forces. La Russie a moins d'accidents dans sa politique par le rétablissement de la paix avec les Turcs, avec les Persans, par l'occupation de la Pologne , qu'elle n'en éprouvoit avant la conclusion de ces affaires, qui occupoient une partie de ses forces et qui l'empêchoient (1) de les porter ailleurs.

Ce n'est pas tout : la différence des temps est encore un grand calcul à faire. Ce qui se peut dans un temps ne se peut pas dans un autre avec la même quotité de forces. De même l'impossibilité qui existoit à une époque cesse dans une autre. Ce qu'on peut exiger ici ne peut être demandé là ; les mécontentements, les nouveautés, les factions entravent le développement des forces, dont il faut tenir une partie en réserve pour ces cas menaçants. Un prince ne peut exiger à son avénement au trône les mêmes sacrifices que lorsqu'il y est affermi, après une guerre pénible comme après des années d'une paix prospère, dans le repos comme dans l'agitation des esprits.

Il faut tenir compte de tout cela, et surtout n'avoir rien à démêler avec l'opinion, cette reine mobile du monde, la seule qui règne sans con-

(1) Edition originale : qui *les empêchoit.*

seil et à laquelle il faut toujours en demander.

D'après ces principes, la position relative des puissances nous paroît meilleure qu'à l'époque de la coalition. Plus cette proposition a l'air d'un paradoxe, moins elle peut se passer de preuves ; la voici :

Quelles sont les puissances appelées à agir dans l'exécution de notre plan ? Ce sont les grands Etats, tels que la Russie, la Prusse, l'Autriche et l'Angleterre. Les puissances secondaires reçoivent d'elles l'impulsion dans ce cas comme dans tous les autres.

Or, on ne peut contester à ces puissances :

1° Un accroissement matériel de forces.

La Russie s'est accrue du tiers de la Pologne ; elle a assuré sa frontière sur la mer Noire ; elle a sagement renoncé à toute extension sur la Perse.

La Prusse a fait la superbe acquisition de Dantzig et de toute la partie de la Pologne qui l'avoisinoit ou qui séparoit ses anciens Etats ; elle a acquis par là une base de population, de territoire et d'ensemble qui la fait passer au rang des puissances du premier ordre.

L'Autriche a gagné les quatre grands palatinats de Pologne et tout l'Etat vénitien, valeurs bien supérieures à celles du Brabant et du Milanez.

L'Angleterre n'a rien perdu ; elle occupe le cap de Bonne-Espérance , quelques établissements hollandais dans l'Inde et les colonies d'Amérique et de presque tout le monde. En dépit de la guerre, elle fait le commerce de l'univers.

Les puissances secondaires n'ont rien perdu. La Suède, le Danemark sont intacts ; les grands Etats d'Allemagne, Saxe, Hanovre, Hesse, Bavière, le sont aussi. La rive gauche ne comptoit aucune principauté importante. D'un côté les choses sont améliorées, de l'autre elles sont entières.

2° Les embarras de ces puissances sont diminués.

La Russie n'a plus affaire aux Persans et aux Turcs. Les inquiétudes du côté de la Pologne et les embarras des arrangements avec ses co-partageants sont terminés ; elle vit amicalement avec la Suède, elle n'a de querelles avec personne ; ses forces sont plus disponibles qu'avant la guerre.

La Prusse est dans la même position, car elle n'a plus sur ses derrières cette turbulente Pologne qui n'a cessé de la tracasser pendant toute la guerre, et qui a fini par lui en faire une très-dangereuse en 1794. Cette puissance vit bien avec la Russie, décemment avec l'Autriche. Aucune affaire ne fait, comme auparavant, distraction à ses forces, qui sont ainsi augmentées par leur disponibilité.

Quant à l'Autriche, cet Etat s'est fortifié en se simplifiant et en se concentrant. Elle n'a plus d'inquiétude sur les troubles de la Pologne, sur l'agrandissement de la Russie, sur les empiétements de la Prusse ; tout cela est fini, et l'Autriche, comme les autres puissances, n'a plus réellement qu'une affaire, qui est celle de la France.

En perdant les Pays-Bas, l'Autriche a réellement gagné en tranquillité, en diminution d'ennemis, en uniformité de sujets. L'éloignement, les épines de cette possession avoient rebuté l'Autriche, et peut-être faut-il attribuer une partie de la mauvaise guerre au dégoût qu'elle lui avoit inspiré.

Mais, dira-t-on, on a perdu des pays entiers, et des puissances amies sont aujourd'hui neutres ou ennemies.

On a perdu, il est vrai, des éléments de puissance, mais non pas des puissances, des puissances passives et non pas actives, des embarras et non des forces. Ces mauvaises machines ne valent pas l'honneur d'être comptées.

Ainsi le prince de Liége, le duc des Deux-Ponts, la Hollande, la Sardaigne, tout cela étoit-ce des alliés ou des charges, des chiffres ou des quantités mortes? Si elles ont aidé de quelque manière, n'a-t-il pas fallu les aider plus souvent et plus efficacement, et la nécessité de ce secours n'a-t-elle pas souvent détourné de l'objet principal ?

Mais les Français exploitent et ces contrées et ces alliés, et se fortifient d'autant. Oui, si on leur donne le temps de les tailler à leur mesure, ils augmenteront beaucoup la puissance française ; mais, dans l'état actuel, ils lui feroient, en cas d'attaque, plus embarras qu'appui. Il est évident que si l'on donne aux Français le temps de couvrir la rive gauche du Rhin (1) de forteresses, comme elle l'est déjà en Alsace, cette prolongation de ligne défensive les rendra inattaquables ; mais qu'on les y attaque auparavant, et l'on verra quelle différence il y a entre cette frontière encore précaire et l'ancienne frontière de France. La même réponse s'applique à la possession du Brabant et de la Hollande. Si on laisse les Français s'y établir, ces pays continueront d'être des mines d'or pour eux ; mais qu'on les attaque dans ce moment, et ces mêmes pays, soulevés contre eux, seront leurs plus cruels ennemis (2).

Il en est de même de l'alliance de l'Espagne et de la neutralité de la Sardaigne : c'est la peur qui les enchaîne. Rompez le charme de la puissance

(1) *Du Rhin*, mots ajoutés par l'éditeur.

(2) Première édition : *et ce même pays, soulevé contre eux, sera leur plus cruel ennemi.*

de la France, et vous verrez quel est le lien qui les unit.

Il seroit trop injuste de prêter d'autres motifs à ces puissances ; ne sont-elles pas assez malheureuses dans leur état actuel?

L'Espagne a fait une pitoyable guerre et une paix plus déplorable. Son alliance avec la France est un monstre en politique comme en morale ; elle a été dupe de misérables calculs sur la possibilité d'obtenir un trône que d'habiles factieux lui faisoient entrevoir ; elle a espéré, comme tant d'autres, diriger la révolution en s'y associant, et pouvoir faire remonter le torrent en s'embarquant dessus. Sûrement telles ont été les vues de l'Espagne.

Mais aujourd'hui que ce trône, comme tant d'illusions, s'est évanoui, aujourd'hui qu'elle se trouve entre une guerre sans terme et un peuple affamé, entre un allié dévorant et la nécessité de se prêter à toutes ses fantaisies, forcée de contribuer à renverser des trônes et à créer des républiques, croit-on de bonne foi que l'Espagne soit un allié bien chaud et bien volontaire? Aussi de quel secours a-t-elle déjà été à la France? Il est facile de juger que, si elle prend part à l'expédition d'Angleterre, ce sera elle qui la fera manquer. Si les puissances attaquoient la France avec assez de forces pour rassurer l'Espagne contre la crainte de ses vengeances, peut-être lui feroit-elle éprouver tout le poids d'un mécontentement longtemps concentré et d'un dépit qui suit toujours les espérances frustrées.

L'augmentation de la puissance matérielle n'est pas la seule acquisition que les puissances aient faite ; elles ont encore gagné sous plusieurs rapports personnels, tels que la connoissance de la révolution et l'étouffement des sujets de contrariétés extérieures et intérieures.

En effet, la révolution, qui dans son origine pouvoit présenter plusieurs rapports et plusieurs aspects sur sa nature, sur son étendue et sur sa durée, s'est tellement simplifiée par l'expérience qu'elle n'est plus susceptible d'être considérée que sous un seul point de vue, celui des dangers et de la nécessité de s'en préserver. On peut citer en preuves le dernier ouvrage de mylord Aukland sur la paix, comparé avec celui du même auteur publié dans la dernière semaine d'octobre 1795, et le changement de langage des deux oppositions d'Angleterre et d'Irlande. Combien de conversions en ce genre ont été faites à Rastadt !

Dans les temps dont nous parlons, on pouvoit calculer sur mille chances, dont aucune n'a plus l'ombre de possibilité; toute illusion, toute fausse lueur est dissipée.

Cet avantage en lui-même est immense; il équivaut, pour les puissances qui ont survécu à la révolution, à toutes les pertes qu'elles y ont faites.

Bien connoître son ennemi, ses forces, est la base de tout bon plan de conduite. Avec de pareilles données et de la droiture d'esprit et de cœur, toute erreur devient impossible; on peut mettre en action le temps, qu'autrement on mettrait en enquêtes; et n'est-ce pas un avantage incalculable que d'avoir devant soi une route tellement tracée, qu'on saisisse du même coup d'œil le point de départ et d'arrivée, le principe et la conséquence, le but et les moyens?

Les puissances, fortes de nouvelles lumières sur la révolution, sont encore fortifiées par l'amortissement de certaines animosités qui les dominoient au commencement de la guerre, et qui, sans être dissipées autant qu'il seroit désirable, sont cependant affoiblies au point de n'être pas, comme auparavant, inconciliables avec l'intérêt général. Ainsi, il existoit entre l'Autriche et la Prusse une antipathie qui excluoit toute espèce de coopération sincère; il lui falloit un aliment qu'elle a trouvé dans cette guerre. Les deux nations s'y sont mesurées encore plus qu'avec leur ennemi; elles jouissoient de leurs désastres réciproques plus que de ses défaites; en un mot, elles s'y sont fait une guerre sourde, mais plus active qu'à leurs ennemis mêmes. La raison en est simple.

Aucun événement nouveau n'étant venu les distraire de leurs anciennes haines, elles se trouvoient avec les mêmes griefs qui les avoient armées tant de fois. Elles étoient, à proprement parler, plus en présence qu'en alliance. C'étoient les mêmes hommes qui, dans la guerre, dans le cabinet, s'étoient combattus tant de fois; ils poursuivoient sur la Moselle et sur le Rhin la vengeance des torts qu'ils s'étoient faits sur la Vistule et sur l'Oder.

Attendre une réunion sincère entre de pareils éléments de discorde, n'étoit-ce par mentir au cœur humain? Aussi le succès de cette coalition antipathique a-t-il pleinement justifié l'horoscope qu'on en avoit tiré.

Aujourd'hui, peut-être qu'on en tireroit un tout contraire avec la même assurance; car il est indubitable que si tout n'est pas fait à cet égard, au moins il y a, par la force des choses, une amélioration très-compatible avec la possibilité d'une réunion.

Les mêmes dissensions existoient encore entre l'Autriche et la Sardaigne, Venise, les Pays-Bas et la France.

La Sardaigne et Venise craignoient les Autrichiens presque autant que les Français, et leurs alliés à l'égal de leurs ennemis. Venise ne fait plus embarras ni ombrage ; elle est passée du passif à l'actif.

La Sardaigne n'a plus rien à craindre de l'empereur, ou certainement bien moins que des Français. Aussi n'est-il pas douteux que, dans le cas d'une grande guerre contre la France, la Sardaigne ne devint un allié très-fidèle pour les Autrichiens, surtout dans le plan proposé, qui la place entre un parti qui lui offre grandeur et sûreté, et celui qui la tient continuellement sur les bords de l'abîme. Il en seroit de même de toutes les puissances de l'Italie... Des intérêts plus pressants que leurs anciennes jalousies les retiendroient dans une alliance où elles croiroient trouver une protection contre la révolution qui les presse de toute part.

L'Autriche étoit encore dans une plus mauvaise posture à l'égard de la France et du Brabant. Quant à celui-ci, flottante entre deux partis, elle ne savoit trop à quoi s'en tenir. Le garder étoit bien incommode ; l'abandonner étoit au-dessus des idées du temps. L'Autriche y tenoit de plus comme à un équivalent possible pour des objets de convenance ; c'étoit un *en-cas*.

Actuellement toute incertitude est terminée ; les équivalents sont saisis ; ils tiennent en repos l'Autriche et ses voisins.

Par le Brabant, l'Autriche étoit toujours sur le *qui-vive* avec la Hollande et l'Angleterre, l'une comme voisine, l'autre comme principale puissance maritime. Elles ont eu mille querelles pour Ostende et pour l'Escaut ; les voilà terminées par l'éloignement de l'Autriche.

Celle-ci n'aura vraisemblablement plus envie d'empiéter sur la France, comme elle l'a tenté si malencontreusement dans cette guerre : tous ses malheurs datent de là. En cas de renouvellement de guerre, la même erreur ne présidera plus à ses conseils, et, dans le plan proposé, ces querelles en sont entièrement bannies (1)...

Il y a donc amélioration de toutes manières dans l'état des puissances ; reste à examiner si leurs sujets y participent par leurs dispositions à l'égard de la révolution.

(1) Première édition : *elles* en sont entièrement bannies.

CHAPITRE VIII.

DES DISPOSITIONS DES PEUPLES ET DES ARMÉES
A L'ÉGARD DE LA RÉVOLUTION.

—

La révolution avoit ébranlé, il faut en convenir, les facultés morales des hommes autant que les bases des gouvernements. Tout ce qui peut séduire la multitude, troubler les esprits, embraser les cœurs, toutes ces dangereuses amorces se trouvoient réunies dans la révolution. C'est le plus vaste plan de séduction qui ait été conçu, et le plus large filet qui ait jamais été jeté sur l'espèce humaine. Il n'y a, pour s'en convaincre, qu'à se rappeler de quelle distance elle avoit été amenée, de combien de vapeurs elle s'étoit grossie, quels mobiles avoient été mis en jeu, quels agents en activité, vers quel noble but elle sembloit dirigée. C'étoit tout simplement la réhabilitation de l'espèce humaine et l'organisation du monde sur un plan régulier.

L'étendue de cette idée n'étoit pas le moindre de ses dangers, car elle flattoit à la fois l'amour-propre et le courage bien ou mal entendu ; elle préparoit de loin des excuses à la maladresse des ouvriers, en leur ménageant de commodes ajournements dans l'avenir.

Aussi le délire fut-il général, et s'il a été moins éclatant au-dehors qu'au-dedans de la France, c'est que son essor fut comprimé par l'action des gouvernements ; elle réduisit les novateurs à des vœux secrets et à une attention toujours tendue vers le grand spectacle qu'offroit la France. Pour peu qu'on ait donné quelque attention aux affaires du temps, on aura remarqué que ce *bruit sourd* de l'Europe dont parloit M. Necker devint en un moment une explosion générale, et que chaque pays eût imité la France, si chaque souverain eût imité Louis XVI.

Mais, semblable aux maladies qui affligent quelquefois l'humanité, l'épidémie révolutionnaire a subi des variations ; elle s'est ralentie à diverses époques ; elle tend visiblement à un relâchement total, de manière cependant à offrir le singulier spectacle de son plus grand développement au moment de sa plus grande foiblesse, car l'Europe est moins révolutionnaire au moment où elle est le plus révolutionnée.

Le contraste provient du changement des époques. Dans la première, c'étoit la révolution qui agissoit, qui poussoit ; dans la seconde, c'est elle que l'on pousse. Alors elle étoit véhicule, maintenant elle en a besoin ; les gouvernements lui en servent aujourd'hui, alors ils la combattoient. Les gens de lettres, trompettes d'opinion en tout pays, professeurs nés de toute nouveauté, déserteurs des arts libéraux pour la politique, une partie des classes les plus élevées de la société, le commerce et la banque, en un mot les classes les plus actives et les plus influentes de la société, s'enrôlent sous les premiers drapeaux de la révolution.

La bourgeoisie fut appelée au partage des honneurs de la noblesse, le peuple à celui de ses biens, tous à l'affranchissement de quelque fardeau; en un mot, le commencement de la révolution fut *une vraie Cocagne*, à laquelle on ne mit pas d'autre prix que celui de la servir. Comme rien n'étoit moins cher, elle le fut et longtemps et très-bien, tant qu'il ne fallut que jouir et partager des dépouilles.

La désertion commença avec leur fin ; elle n'a pas discontinué.

La masse du peuple, inhabile par son nombre à participer à des largesses de longue durée, s'est

détachée la première de la révolution. Une continuité de mouvement est impossible de sa part.
Ainsi les fleuves rentrent dans leur lit après un
débordement passager. D'acteur qu'il avoit été
dans la révolution, le peuple est redevenu,
comme à l'ordinaire, non pas même spectateur,
mais instrument et machine. Il entre comme
matière première dans tous les actes de la révolution, mais, en sa qualité de matière, il ne contribue en rien au dessin (1) et à la forme; il la
reçoit et la garde. Or, le peuple est le même en
tout pays. Celui de France, après quelques sa-
turnales, s'est désisté d'une participation active
à une révolution qui lui avoit trop promis et qui
ensuite lui coûtoit trop.

Celui d'Allemagne et des autres pays n'a pas
bougé; il reste sans murmures sous les mêmes
charges qu'il a vu abolir avec tant de solennité
en France. Si en quelques pays on demande des
réformes dans le gouvernement, est-ce le peuple
où quelques factieux, soutenus par les Français,
organes trompeurs d'un peuple qui ne les connoît pas et qui ne les a chargés de rien?

Voyez ce qui s'est passé en Suisse, à Rome, à
Coblentz. Comme les innovations, qui font triom-

---

(1) Edition originale : *destin*.

pher quelques factieux, ont été froidement accueillies par le peuple ! Celui-ci, occupé du soin de sa subsistance, avec le nombre d'idées bornées qui y suffisent, se tient à ses habitudes et ne connoît son gouvernement que par les actes, et jamais par le principe, qui est hors de sa portée. Aussi le peuple en masse ne se plaint-il jamais du mode de gouvernement, mais de ses effets ; sa colère se décharge sur les magasins du prince plus que sur sa chancellerie, et en tout pays, un jour d'émeute, la constitution est moins exposée que le grenier à sel ou le bureau de douane.

La bourgeoisie a manifesté, dans la révolution, des dispositions moins paisibles que celles du peuple et moins généreuses que celles de la noblesse : les petites passions sont dans sa sphère. Mais après avoir bien savouré toutes les nouveautés françaises, elle est retombée dans l'orbite ordinaire de ses affaires, et s'est désenivrée par la peur. Cette classe étant presque mercantile et possessionnée en mobilier, craint la révolution à cause de ses pillages, de sa fausse monnoie et de ses extorsions. Ce n'est pas qu'il n'y ait dans toutes les villes une certaine quantité d'hommes de la bourgeoisie (1) pour lesquels la révolution

(1) Edition originale : *une certaine quantité bourgeoisie.*

est toujours (1) l'alchimie, et qui seroient peut-
être disposés à lui faire encore l'offrande d'une
partie de leur fortune; il y a des hommes incor-
rigibles partout, mais c'est le petit nombre, et
sûrement la bourgeoisie est moins inquiète et
moins révolutionnaire qu'elle le fut dans le commencement de la révolution.

Le négociant est dans le même cas; il a été
trop et trop souvent trompé. Le papier-monnoie,
le *maximum* et les banqueroutes républicaines
ont tempéré son ardeur, et, tout en continuant
d'admirer quelques principes de la révolution,
il en redoute les conséquences; ce qui revient,
pour les gouvernements, au même point que s'il
ne les admiroit pas; car, par là, crédit est mort
pour la révolution, et cette mort-là en annule le
danger. Parmi tous ces amants jaloux de la révolution, combien lui trouveroit-on de fournisseurs à crédit?

Quant aux hautes classes de la société, elles
sont entièrement guéries. Trop d'exemples, trop
d'intérêts leur parlent à la fois, et s'il est malheureusement trop vrai qu'elles manquent partout
de qualités viriles, il est au moins certain que la
presque totalité est parfaitement saine et dégagée
de toute erreur.

(1) Première édition : est *encore* l'alchimie.

Si quelques membres de ces classes relevées ont pu manquer au devoir de leur naissance et aux liens du sang, s'ils ont pu mentir aux principes de leur éducation et se renier eux-mêmes en s'enfonçant dans le bourbier de la démocratie, le nombre en est infiniment petit, et l'honneur universel préserve de la contagion.

Les Justiniani à Rome, les Serbelloni et les Visconti à Milan, ne forment pas plus la noblesse italienne que les Abéma ne forment le commerce d'Amsterdam, comme les académies d'Italie ne sont pas plus le peuple que l'Institut de France n'est le peuple français.

Il n'y a pas jusqu'aux gens de lettres qui n'aient aussi changé de langage ; une partie a été glacée d'horreur par les crimes de la révolution ; beaucoup ont vu outrepasser leur but ; d'autres pleurent sur la religion qu'ils ne vouloient que réformer ; en un mot, s'il reste beaucoup de gens de lettres au service de la révolution, le nombre n'en est plus comparable avec ce qu'il fut d'abord, car alors c'étoit la république des lettres tout entière. On citeroit des conversions éclatantes dans ce genre, et on mettroit avec raison à côté de celle de La Harpe le renvoi que fit Klopstock à la Convention de ses lettres de citoyen français.

Parmi les publicistes et journalistes allemands,
gens très-influents dans cette nation, plusieurs
ont changé leurs apologies en censures et sub-
stitué des provocations guerrières à des baisers
de fraternité.

Cette amélioration générale du moral des peuples au profit des gouvernements est soutenue
par de puissants auxiliaires.

Le premier est la haine hautement déclarée des
peuples contre les Français ;

Le deuxième, l'habitude des moyens révolutionnaires, inconnus auparavant.

Quant au premier, les faits sont tellement ac-
cumulés qu'ils dispensent de tout raisonnement.
Il suffit de parcourir l'histoire du temps pour se
convaincre que nulle part les peuples n'ont appelé la révolution ; que les mouvements ont été
l'ouvrage de factieux, agents ou complices de la
France ; que les peuples se sont mille fois insurgés contre les Français, qu'ils se sont montrés
prêts à se lever contre eux, et que, loin d'avoir eu
besoin d'excitation de la part de leurs gouvernements, ils ont au contraire été toujours retenus
par eux ; que l'invasion des pays révolutionnés
est due à la mollesse ou à la maladresse des gouvernements , et qu'enfin les armées, loin d'avoir
pris part à la révolution, l'ont combattue comme

de ci-devant ennemis ordinaires, sans aucune trace de complicité ou de ménagements, et que, dans l'état actuel, elles sont plus ennemies de la révolution qu'elles le furent jamais.

Comme cette assertion est sûrement une de celles qui s'éloignent le plus des opinions courantes, comme c'est une des plus propres à éclairer les gouvernements sur la partie la plus délicate de leur situation, nous l'appuierons d'une suite de faits propres à former un corps de preuves invincibles; nous remonterons à la France même. Eh bien! cette France n'a jamais été révolutionnaire en masse. Maintenant elle est le foyer et l'instrument de la révolution sans le vouloir, comme elle en fut le berceau sans le savoir. Mais, il faut le dire, c'est le roi qui a préparé la révolution par la guerre d'Amérique, par le dérangement des finances, par le relâchement de l'administration, de l'autorité et de la dignité, par l'appel des notables et par ses querelles avec les parlements et ses pays d'Etats. Celles-ci jetèrent toutes les hautes classes dans l'opposition contre la cour, qui, pour s'en venger, médita une révolution contre elles. Le cardinal de Loménie la dirigeoit; il y périt, et laissa en fuyant la cour prise dans ses propres filets. Pour se tirer d'embarras, elle appela M. Necker, et la révolution du ministre

succéda sur-le-champ à celle du roi. Le ministre
conduisoit le peuple contre la cour autant que
contre les premiers ordres. Le roi au contraire,
en procédant également par le peuple, vouloit
en rester maître et ne le diriger que contre eux.
Il y avoit donc conflit entre le roi et son ministre, et dès lors la révolution fut double, mais
toujours étrangère à la masse de la nation, qui
ne vouloit que des améliorations et qui les auroit
reçues avec bénédiction de la main de son roi.
Qu'on se rappelle les cahiers qui, à l'exception
d'un petit nombre frappés de démocratie par le
ministre lui-même et par quelques personnages
marquants dans la révolution, en étoient à mille
lieues. Souvenons-nous que M. Necker, malgré
son *bruit sourd de l'Europe* et ses paraphrases
comminatoires, n'hésita pas de dire, à l'ouverture des Etats-généraux, et qu'il a imprimé depuis, qu'il n'avoit tenu qu'à lui de les éviter, tant
la nation étoit peu révolutionnaire. Jusqu'au
14 juillet, Necker resta maître de la marche de la
révolution, époque à laquelle La Fayette la lui
enleva. Depuis ce temps, le roi, loin de la diriger ou de la contrarier, n'a fait que la promou-
voir. Il n'y a pas d'exemple d'une obéissance
aussi passive.

Le 5 octobre, il pouvoit châtier Paris, chasser

l'assemblée en prenant sur le fait le duc d'Orléans et son parti (1); il se jeta dans leurs bras.
La France témoigna plus d'horreur que lui contre cet attentat. Est-ce la nation ou Necker qui lui
demanda le serment du 4 février? Quels touchants
hommages ne reçut-il pas de la nation lors de la
première fédération? Est-ce elle qui l'arrêta à Varennes, qui l'entoura d'un ministère jacobin et
qui lui fit déclarer la guerre? Est-ce elle qui pro-
fana son front du signe hideux de la démagogie?
Quelle honte et quelle douleur se manifestèrent
partout à la nouvelle de cette infamie! Qui fit le
10 août, le 21 janvier? Dans tout cela je n'aperçois point la nation, mais un roi poursuivi par
un mauvais génie, qui le rend l'instrument de
toutes les factions, depuis celle qui lui fait descendre le premier degré de son trône jusqu'à
celle qui le fait monter sur l'échafaud. Je vois, je
suis la marche des factions, mais je n'aperçois
nulle part l'œuvre de la nation. Si je la retrouve,
c'est dans la guerre de la Vendée, des chouans,
de Lyon; dans cette opposition continuelle à la-

(1) Joseph de Maistre ne doutait pas que le duc d'Orléans n'eût
conspiré contre Louis XVI. Il y a plus : ses soupçons avaient passé
du père aux enfants, comme on peut s'en assurer en ouvrant les
Considérations sur la France, édition in-8°, Londres, 1797, p. 114.
Ce curieux passage a été retranché dans les éditions postérieures.

quelle les cinq premières assemblées ont été sans cesse occupées de parer. Voilà où je retrouve la nation, ainsi que dans ses assemblées, où elle n'usa de sa liberté que pour envoyer des députés ennemis de la révolution.

La nation n'a pas fait la république, elle l'a soufferte. Il n'y avoit en France que cinq républicains, disoit Péthion en 1792 ; tout le reste étoit royaliste. On peut croire un pareil témoignage. Le règne de Robespierre fut une époque d'ilotisme pour cette nation, qui a fait depuis l'effort de le laisser changer en une servitude moins sanguinaire, qui est son état actuel à l'époque où nous écrivons.

Le Brabant et la Hollande n'ont pas été plus révolutionnaires et le sont encore moins aujourd'hui. Nombre d'habitants, composés des anciens ennemis de Joseph et du stathouder, ont, dans les deux pays, appelé et secondé les Français ; mais le peuple en masse n'y a pas coopéré. Là, comme partout, la peur a donné à l'entrée des Français l'air d'une fête triomphale. Le lendemain a vu naître les exactions, et avec elles le refroidissement, la douleur et la haine.

Croit-on, par exemple, que les Hollandais soient bien charmés du morcellement de leur territoire, de la perte de leurs colonies, de la solitude de leurs ports et de l'émigration de leur or ? Cinq ans de révolutions n'ont pas encore arraché un acte de violence aux Hollandais, et cette modération au milieu d'une atmosphère de crimes est le plus beau trait de leur histoire.

De leur côté, les Pays-Bas tendoient les bras aux Autrichiens, quand ils ont deux fois reparu sur le Rhin. La consternation a suivi la publication du traité de Campo-Formio, et la majorité de cette nation ne peut renoncer à l'idée de redevenir autrichienne.

Les bords du Rhin ont offert, à l'apparition des Cisrhénans, le tableau de l'opposition la plus ardente aux innovations, et de l'attachement le plus vif à leurs princes particuliers et à l'Empire en général.

Qu'il est touchant le renouvellement du serment de fidélité des peuples de l'électorat de Cologne !

La levée en masse de la Franconie contre le général Jourdan, l'armement de ces peuples l'année dernière, celui de la Souabe montagneuse, suffisent pour apprécier les dispositions des peuples d'Allemagne ; elles sont telles que les gouvernements pourroient les avoir dictées. Les petits mouvements du Brisgaw ne prouvent rien contre, car ils sont évidemment l'ouvrage des Français. Ils ont été réprimés en un instant, et par une poignée d'hommes. Les peuples d'Autriche et de Hongrie sont sûrement hors de tout soupçon. En 1797, à l'approche des Français, tout s'arme, tout marche à l'ennemi; en 1793, l'apparition du drapeau tricolore soulève la capitale, et le souverain en personne est obligé de s'interposer entre l'ambassadeur français et son peuple.

Venise a payé de la destruction de son gouvernement une insurrection formelle contre les Français. Il y a eu mille soulèvements contre eux dans la Cisalpine. A chaque apparence de retour de la part des Autrichiens, c'étoit à qui les menaceroit. Plusieurs villes attestent sur leurs murs incendiés les efforts qu'elles firent pour s'en délivrer. Les Français, à peine entrés à Rome, y éprouvent une insurrection terrible. Que signifient toutes ces proclamations, toutes ces mesures de sûreté qui changent l'Italie en un vaste champ-clos? Vit-on donc avec tant de frayeur au milieu de peuples satisfaits? Tant de crainte sied mal à l'amour mutuel. Les fiefs impériaux ont fait une guerre opiniâtre aux Français; un petit nombre de Barbets n'ont cessé de les tuer en détail. Enfin les Piémontais ont dû, en pleine paix, être contenus par le roi de Sardaigne. En Espagne, l'horreur des Français étoit au comble; li-

sez ce qu'en dit l'ambassadeur Bourgoing, témoin irrécusable s'il en fut jamais. La haine
s'éleva jusqu'à la générosité, et, changée en pluie
d'or, elle atteignit à la somme de 73 millions de
contributions volontaires, don vraiment patriotique, largesse inconnue dans l'histoire. L'Angleterre, bien autrement riche que l'Espagne,
n'a pu arriver encore qu'à 41 millions. C'étoit
la nation espagnole qui faisoit la guerre à la
France, et c'est son gouvernement qui la fait à
l'Angleterre : différence essentielle à remarquer !
Nous dirons la même chose de l'Angleterre et
même de l'Irlande, quoiqu'il y ait dans ce dernier pays une grande masse de mécontements et un
parti très-actif, ce qu'il faut encore distinguer.

La majorité, le fond de la nation anglaise est
sain et intact ; il est dévoué au gouvernement.
Burke l'a bien démontré par ses calculs ; ceux
qu'il fait sur la partie gâtée ont été améliorés par
divers incidents : la réunion de l'opposition à la
cause commune et des avantages importants dans
le cours de la campagne les affoibliroient au point
de les rendre presque nuls. Si la descente échoue,
comme tout le présage, le peuple anglais, au lieu
de donner de l'inquiétude, doit au contraire être
regardé comme une des fortes barrières contre
la révolution.

12

L'Irlande est moins consolante, et son sort dépend de celui de la descente. Si elle réussit complètement, la masse des mécontents est assez grande pour opérer la scission avec l'Angleterre, ce qui est le vrai but de la descente. Mais si elle échoue, il en sera de ce pays comme de la Vendée et de tout pays insurgé, qui, comprimés et séparés des chefs qui fuient ou qu'on pend, rentrent peu à peu dans le devoir.

Nous ne finirons pas ce tableau sans faire remarquer que la Suisse n'a pris qu'une part d'opposition à la révolution ; que, loin d'appeler les Français, elle ne les y a laissés entrer que sur dix mille cadavres de ses plus braves défenseurs ; qu'elle est conquise et non révolutionnée ; que son nouveau gouvernement est tout d'importation française ; qu'elle réclame dans les seuls cantons qui étoient restés libres, et qu'enfin la perte de ce pays appartient tout entière aux gouvernants et non aux gouvernés, qui, là comme partout, plus prévoyants, plus patriotes que leurs chefs, ne vouloient entendre à aucun des lâches ménagements qui les ont tous perdus. Il résulte de tous ces faits que partout les peuples en masse sont hors de la ligne de la révolution : proposition que nous bornerons là pour ne tomber dans aucun extrême, toujours incompatible avec la

vérité. Nous savons, comme tout le monde, qu'il
existe partout des partisans de la révolution ; que
des symptômes révolutionnaires se font apercevoir tantôt dans un lieu, tantôt dans un autre ;
que les Français ont partout des amis, des correspondants et des espions. Ces faits sont palpables. Aussi ce n'est pas ce dont il s'agit, mais de
savoir si le nombre de ces mécontents est actif
contre le gouvernement, s'il est dominé par une
immense majorité ; si celle-ci est dans la main du
gouvernement, de manière à seconder son action
contre les factieux du dedans et contre les ennemis du dehors. Si ces mécontents ne sont que
cela, ils ne sont plus qu'un objet de surveillance
et ne font point obstacle à la marche des gouvernements et au développement de leurs forces, ce
qui est la seule chose qu'ils aient à craindre et
dont nous ayons à nous occuper.

Il y a plus, la prolongation de la révolution et
l'assoupissement qui l'a suivie ont pu même servir
utilement les princes en leur donnant les moyens
de classer leurs sujets. La révolution a mis les
noms sur les visages ; le peuple étant rentré dans
le calme, les révolutionnaires ont surnagé ; ils
bouillonnent à la surface d'un vase dont le fond
est tranquille. Rien n'est plus aisé que de les y
apercevoir et de les y prendre.

Si tant de peuples sont tombés dans l'abîme de la révolution, il faut expliquer leur chute par les fautes de leur gouvernement. L'on peut suivre le fil non interrompu de cette suite de malheurs depuis le premier anneau de cette déplorable chaîne, qui est Louis XVI, jusqu'au dernier, qui est l'abbé de Saint-Gall. Tous ont péri de même...

Le gouvernement des Pays-Bas réunit à la fois, dans le cours de la révolution, tous les éléments de sa perte.

La Hollande est entraînée par lui, et, comme si les vainqueurs eussent manqué de troupes, le gouvernement, au lieu de retirer son armée derrière l'Yssel, de faire des trois provinces le foyer d'une grosse guerre, ouvre les portes aux Français; il les attend dans ses chaises curules, leur livre la clef du trésor, celles des places et l'armée, tandis que le stathouder leur laissoit sa maison toute tendue. On appeloit cela un gouvernement.

Celui de Venise n'a su ni prévoir, ni combattre, ni détourner l'orage. Il fournit le champ de bataille pendant un an; il attend la victoire pour se décider, au lieu de la fixer en se décidant; il ne fait aucun préparatif de défense qu'après la prise de Mantoue, qui lui en interdisoit tout espoir. Il éclate sans concert avec l'Autriche, de manière à tomber plutôt en conjuré qu'en souverain; au moment du danger, il ne sait qu'abdiquer : digne solution de tant de pauvretés. C'étoit un des gouvernements les plus renommés de l'Europe (1).

Même scène à Gênes et à Rome ; là, comme dit l'Arioste, on marchoit encore et l'on étoit déjà mort. Les Français n'y ont pas été trompés. Semblables à ces squelettes d'Herculanum qui tomboient en poussière au premier contact de l'air, ces misérables gouvernements n'ont pu soutenir la seule approche des Français.

(1) La même indifférence de J. de Maistre pour le lamentable sort de Venise livrée si odieusement à l'Autriche par le général Bonaparte se retrouve dans plusieurs passages de sa correspondance. En les rapprochant du texte de l'*Antidote,* il est impossible de ne pas être frappé de la parfaite identité des idées. Au surplus, le sentiment de l'indépendance nationale passait aux yeux de M. de Maistre bien avant une question de forme gouvernementale.

« Ne croyez pas, dit-il, qu'on les arrête (les Français) avec une feuille de papier; *il faut d'autres remparts et d'autres mesures. Pour se borner à l'Italie, tant qu'on n'aura pas établi une puissance respectable dans le nord de ce beau pays, on n'aura rien fait.* Je vous parle comme Européen et point du tout comme sujet du roi de Sardaigne. Il faut, d'ailleurs, que Votre Excellence se pénètre d'une vérité incontestable : *c'est qu'une république détruite ne peut jamais se relever.* Il n'en est pas de même de la monarchie, parce que c'est une chose simple; mais la république est

Ah ! sans doute, il faut pleurer et pleurer en
larmes de sang sur la dévastation de ces belles
contrées. Sans doute, il n'est ni deuil ni larmes
qui soient de mesure avec les outrages faits à la
religion dans son temple le plus saint, au centre
de sa puissance ; car, avec les Français, quelque
chose de pis que Mahomet est entré dans Rome.
Il faut déplorer le sort de tant de peuples arrachés au gouvernement et à la religion de leurs
pères et voués peut-être à des siècles de déchire-
ments et d'horreurs. Mais ce sont eux, et eux
seuls, qui sont à plaindre ; car, dans tous leurs
malheurs, ils ne sont que victimes : leurs gou-

une machine très-compliquée : une fois détruite, c'est pour toujours. C'est comme si vous mettiez le pied sur une montre, jamais
vous ne la remettriez en état. *Si vous rendiez Venise et Gênes à
elles-mêmes,* elles tomberoient en pièces sans que personne s'en
mêlât. Que voulez-vous faire de ces républiques faites ou refaites
par la France? Elles n'ont qu'une fausse vie ; elles ne vivent que
par l'esprit de la France qui les anime. Laisserez-vous subsister
cet esprit? La France alors demeure maîtresse. *C'est à présent
qu'il faut les détruire et s'en servir pour redonner une assiette à
l'Italie et à l'Europe.* Et peut-être que l'orgueil de Bonaparte ré-
sisteroit bien moins qu'on ne croit. Les hommes sont conduits par
les mots. Laissons subsister les républiques, mais donnons-leur un
chef héréditaire. *Pourquoi le roi de Sardaigne ne pourroit-il pas
être aussi doge de Gênes?* »

(Mémoires et Correspondance de J. de Maistre,
p. 107 et 108.)

vernements seuls sont coupables. Seuls ils ont
comblé la mesure de l'imprévoyance et de la lâcheté ; ils ont prodigué à leurs bourreaux les
trésors qu'ils avoient refusés à leur propre défense ; avec une population de plus de douze
millions d'hommes, ils n'ont pas su garder deux
ou trois passages des Alpes, ni trouver quatre
bataillons pour se défendre sur le même terrain
où les nouvelles républiques ont déjà trouvé des
armées (1).

Mais c'est surtout en Suisse que ce mauvais
esprit du gouvernement s'est manifesté dans toute
son étendue ; sa conduite a été un prodige.

Sans remonter au 10 août et aux six années
qui l'ont suivi, bornons-nous à l'analyse de la
dernière scène.

Les Français menaçoient les cantons depuis
longtemps. Plusieurs points à leur convenance
étoient envahis ou convoités ouvertement. L'occupation du Frikthal, d'après le traité de Campo-
Formio, indiquoit un grand plan de la part des
Français ; la réunion de Genève étoit annoncée,

---

(1) Le lecteur comprendra facilement que J. de Maistre, devenu
ministre plénipotentiaire du roi de Sardaigne en Russie, n'ait pas
cru devoir revendiquer la paternité de l'*Antidote*. Les véhémentes
apostrophes qu'il y adresse si fréquemment aux souverains lui de-
vaient faire une rigoureuse loi du silence.

ainsi que d'autres arrangements. C'étoit le secret de l'Europe, et la Suisse étoit à l'ordre du
jour pendant le repos des négociations et de
l'hiver.

Qu'ont fait les cantons ? Foiblement défendus
par le lien fédératif, toujours foible de sa nature,
au lieu de le resserrer par les correctifs connus
pour cette espèce de gouvernement, ils imagi-
nent de le détendre encore en appelant dans
leurs assemblées tout ce qui en avoit été exclu
jusqu'alors : premier piége tendu par les Français, qui savoient très-bien que c'étoit le plus sûr
moyen de les diviser, et qu'ils se donnoient autant d'amis avec ces intrus ; c'étoit le doublement du tiers en France, et ce seroit la réforme
parlementaire en Angleterre. Bâle se sépare de
l'union, Mengaud accable les cantons de ses in-
solences, la révolution est proclamée, le pays de
Vaud est armé, le Directoire offre, comme à
l'ordinaire, la constitution ou la mort ; à cela
qu'oppose-t-on? Des Etats-généraux à Arau. Une
émeute d'un instant les dissipe ; chaque canton
rentre dans ses villages, ne songe plus qu'à soi,
et croit bonnement détourner l'orage en faisant
lui-même la révolution, comme à Venise et à Gênes. Insensés, qui ne voyoient pas que cette première révolution, insuffisante pour les Français,

mais trop forte pour eux, rendoit la seconde
indispensable ! Le contre-sens de ces pauvres
Suisses ne fait que rendre les Français plus exi-
geants ; leur insolence s'accroît, leurs armées
s'avancent, et, tandis que la peur et le trouble
glace ou aveugle les sénats, la rage enflamme le
peuple, de manière qu'au grand scandale de la
raison, on vit les gouvernants lâches, stupides
ou traîtres, et les gouvernés bouillant d'ardeur
et concevant à merveille une question à laquelle
leurs chefs n'entendoient rien. Il y a plus, il
s'établit entre eux une lutte pour leur faire garder le pouvoir. Les gouvernants le jettent à la
tête des peuples, qui le leur renvoient, qui les
conjurent de le garder, d'en user, de l'employer
avec leurs bras à se défendre. Ils n'ont pu l'obtenir... Tout le monde sait le reste... Que fût-il
arrivé de pis si les avis vigoureux de Steiger et
des autres Suisses dignes de ce nom eussent
prévalu ? On auroit été au-devant de l'ennemi ;
on eût dissipé à main armée les premiers ras-
semblements du pays de Vaud ainsi que la tête
des deux armées françaises ; on eût repris les
passages du Jura ; la guerre se fût engagée d'une
manière régulière ; elle auroit pu donner à l'Allemagne le temps de s'éclairer sur la nécessité de
préserver la Suisse ; enfin, on auroit mis sous les

yeux de l'univers la pièce essentielle du grand
procès qui s'agite, celle qui y manque encore,
l'exemple d'une défense bien entendue contre la
révolution. Mais le mauvais génie de la Suisse
en a disposé autrement ; il a annulé les excellentes dispositions du plus brave peuple et du plus
éprouvé qui fût jamais contre les séductions de
la révolution.

La preuve que ce sont les gouvernants, et
non le peuple, qui ont perdu la Suisse, c'est que
dans les petits cantons, où le gouvernement est
tout entre les mains du peuple, elle n'a pu pénétrer qu'à l'aide des armées françaises et du
patelinage des anciens cantons, aujourd'hui révolutionnés.

Au reste, quelque déplorable qu'ait été le sort
du gouvernement d'Erlach et des sénateurs op-
posants à la révolution, il n'en est pas moins
vrai qu'ils ont voulu et fait leur destinée. Quoi !
ces hommes enveloppés de trahisons ou de foi-
blesses de la part de leurs collègues, délibérant
sous la dictée de leurs ennemis, ouvertement
complices des Français ; ces hommes soutenus
par tout un peuple, par une armée exaspérée jusqu'à la rage, ne savent pas prendre un parti vigoureux et se débarrasser des trembleurs et des
traîtres ! M. d'Erlach se résout à exécuter les or-

dres contradictoires et évidemment perfides d'un
sénat tremblant ou corrompu ; il ne sait qu'avancer et reculer à leur voix, tandis que cinq cents
de ses braves soldats suffisoient pour expulser ou
pour réduire au silence ce troupeau de pusillanimes, seul parti à prendre dans ces moments
suprêmes. M. d'Erlach, sûr de son armée et de
tout le peuple, n'a pas su faire un 18 fructidor
à Berne, y concentrer le pouvoir (1) dans de plus
dignes mains et marcher ensuite à l'ennemi sans
contradicteurs et sans complices. M. d'Erlach n'a
pas su prendre des crimes de Paris ce qui pouvoit s'appliquer légalement au salut de son pays.
Ah ! ne cherchons pas ailleurs la cause de sa
perte et celle de son pays ; elle est là, et elle y est
tout entière. M. d'Erlach devoit périr, car il n'entendoit rien à la révolution ; il n'y entendoit pas
plus que son gouvernement, et lorsque l'un et
l'autre ont vu les Français semer les 18 fructidor
autour d'eux, et qu'ils n'ont pas su en faire un à
leur tour, dès lors ils n'étoient que des victimes
dévouées et faites pour rendre les autres tels...
Non, ce n'est pas ainsi qu'on gouverne les hommes...

(1) Ces deux mots : *le pouvoir*, ne sont pas dans l'édition originale.

Si la réunion de tous ces faits prouve invinci-
blement que les peuples ne sont pas dans les intérêts de la révolution, une suite de faits également certains prouve de même que les armées ne
lui sont pas plus dévouées ; car d'abord elles sont
peuple et partagent ses affections et ses habitudes.

Les armées étant le pivot des empires, le tribunal en dernier ressort de toutes les contestations politiques, elles ont dû être, elles ont été
en effet le premier et le principal objet des révolutionnaires. C'est là surtout qu'ils ont développé
tout leur art et la subtilité de leurs manœuvres.
En France, ils n'eurent que trop de succès, que
le roi aida encore en ne faisant rien pour retenir
l'armée ou pour la reprendre : il la leur aban-
donna formellement. Elle avoit ébranlé le trône,
il lui permit de le déserter ; et, comme il faut que
les armées appartiennent toujours à quelqu'un,
il leur laissa la liberté de se donner à qui elles
voudroient. Partout ailleurs les armées ont été
fidèles et n'ont point participé à la contagion
française.

Il y a deux manières d'évaluer les dispositions
des troupes : 1° l'exactitude du service ; 2° l'état
de la désertion.

Or, il est prouvé que nulle part le service n'a

subi de relâchement ; que le courant de la désertion a diminué au lieu d'augmenter, et qu'elle
est moindre proportionnellement chez les étrangers qu'on suppose séduits que chez les Français leurs séducteurs.

En 1793, l'armée hollandaise défendoit avec
honneur Maestricht et Williams-Stadt , lorsque
d'indignes commandants rendoient Bréda et
Gertruidenberg. Elle fit pendant toute cette campagne un service très-pénible vis-à-vis de Lille,
poste le plus exposé de la frontière. En 1794,
elle partagea la première gloire et les malheurs de
ses alliés et finit par être livrée aux Français. Si
seize cents officiers hollandais ont quitté le service batave, des milliers de soldats l'ont aussi
abandonné et peuplent les armées allemandes,
sous l'honorable condition de revenir au stathouder...

L'armée anglaise a été très-malheureuse, mais
brave et fidèle comme en tout temps. Elle comprime dans ce moment l'Irlande ; elle couvre les
rivages d'Angleterre et fait l'espérance de sa nation, de son roi. Elle s'est très-bien montrée contre la flotte qu'elle a réduite au devoir. Les gardes anglaises, bien différentes des gardes françaises, quoique entourées sûrement d'autant de
séductions, ont plusieurs fois arrêté les émeutes

de Londres. Partout la troupe agit contre les factieux et marche vers le but qu'on lui montre. Les
embarquements pour les parties les plus reculées
du globe se font comme à l'ordinaire ; on n'a-
perçoit de relâchement ni dans le lien de l'obéissance, ni dans celui de la fidélité.

Les séditions de l'armée du Bengale étoient
des querelles intestines, provenant de la formation de ces corps. L'insurrection de la flotte fut
le produit des manœuvres des Français. Elle a
été calmée et effacée par des victoires ; et des
événements de cette nature ne sont guère propres à se renouveler.

L'armée prussienne n'a pas donné un moment
d'ombrage ; elle n'a pas cessé d'être un modèle
de fidélité comme d'habileté ; elle étoit par sa
composition le point de mire des factieux et l'objet des inquiétudes des esprits timides. Eh bien !
elle a été aussi fidèle au drapeau qu'à la victoire.

Mais c'est surtout à l'armée autrichienne que
l'on doit un éclatant hommage pour sa constance
dans la dure carrière qu'elle a parcourue. Toujours repoussée et jamais dégoûtée, toujours in-
férieure et toujours combattante, cette admirable
armée n'a pas cessé d'obéir avec la même ponc-
tualité à des ordres toujours également malheureux.

Gloire vous soit rendue, braves et constants
Autrichiens ! Vous avez fait quelque chose de
plus que de vaincre vos ennemis, car vous avez
vaincu le malheur même. A défaut de lauriers,
parez-vous des palmes dues à la fidélité et à la
persévérance ; six ans de désastres ont moins
épuisé qu'épuré vos rangs, et vos superbes légions, désormais mieux dirigées, sont encore
l'espoir de l'univers...

Quant à la désertion, loin d'avoir augmente,
elle étoit diminuée dans les circonstances les plus
délicates. Il étoit en effet assez singulier qu'elle
fût moindre dans la retraite de Champagne que
dans celles de Silésie ou de Bohême.

Les Français ont déserté en troupes, à l'étranger et à l'intérieur. Les corps français ont été re-
nouvelés dix fois par les déserteurs qui ont formé
les légions de Choiseul, de Rohan... Des corps
entiers, tels que Saxe, Royal-Allemand et la légion
de Dumouriez, ont passé à l'étranger. Quel membre de la coalition a éprouvé une défection pareille à celle de la flotte de l'amiral Lucas ?

La légion polonaise est engagée de force et
composée de prisonniers enrôlés malgré eux.

Les troupes sont donc, comme les peuples, dans
la main des souverains, entièrement à leur disposition, et cela par inclination et par goût, et

sans aucun des moyens violents employés par les Français.

Quelques exceptions de mécontentement, de trahison, de correspondance avec l'ennemi existent sûrement ; les bureaux surtout en sont coupables ; mais cela n'est rien en comparaison de la masse, qui est le seul objet dont le gouvernement doive s'occuper.

Le plus grand auxiliaire (1) des gouvernements à l'époque actuelle, c'est l'usage et l'habitude contractée des moyens révolutionnaires.

Le nom, l'idée, le joug en eussent-ils, il y a quelques années, paru insupportables, aujourd'hui ils sont vulgaires, installés et dominants partout.

La France en a fait un usage désordonné et cruel... Les puissances pourront en faire un régulier et paternel. Ils ne sont plus d'aucun danger, car ils sont connus ; on est familiarisé avec eux et avec le peuple ; il n'y a que la nouveauté qui effarouche. La douceur habituelle du gouvernement des puissances tempérera ce qu'ils ont de sévère, et changera des moyens révolutionnaires en simple extension des moyens ordinaires, comme on a toujours fait jusqu'ici ; car les puis-

(1) Première édition : *Mais* le plus grand auxiliaire.

sances ont toujours été modérées dans l'usage du droit de la guerre et de ses besoins ; les Français seuls ont été durs et impitoyables. Il faut d'ailleurs tenir compte de la passiveté des peuples et croire qu'ils n'ont jamais rien à refuser à un gouvernement ferme et à un besoin démontré. Voyez ce qui se passe partout : ne voilà-t-il pas les Anglais en réquisition, corps et biens ? ne se disoient-ils pas le peuple le plus libre de l'Europe ? et qu'auroient-ils fait, il y a quelque temps, sur l'annonce d'un pareil joug ? Quel fardeau ne pèse pas sur ces Français si libres aujourd'hui et si mutins contre le roi ? Que n'ont-ils pas exigé à leur tour de ces Brabançons qui se laissent écorcher vifs après avoir passé tout le siècle à faire enrager leurs débonnaires souverains ? C'est qu'avec les peuples il n'y a qu'à vouloir, et que, semblables aux individus, ils se soumettent sous la loi de la nécessité, et y restent courbés tant que le ressort ne se détend pas...

CHAPITRE IX.

MOYENS DE GUERRE EN HOMMES ET EN ARGENT DU CÔTÉ DES PUISSANCES ET DE LA FRANCE (1).

Il y a deux manières d'évaluer les moyens de cette espèce : abstractivement et comparativement.

Dans la première, on ne tient compte que des forces en elles-mêmes; dans la seconde, on les compare à celles des autres.

Dans le cas présent, il faut évaluer en elles-mêmes et comparativement à la France les res-

(1) Outre les renseignements officiels qui lui parvenaient de toutes parts, lors de son séjour à Lausanne, « Joseph de Maistre avait étudié à fond la célèbre Géographie de Pinkerton, sur laquelle se basaient les cabinets pour évaluer les territoires et *les populations*, et en tirait tout le parti possible pour l'indemnité à accorder au roi. »

(*Mémoires et Correspondance* de J. de Maistre, publiés par M. Albert Blanc.)

sources des puissances, et pour cela examiner leur situation sous le double rapport de la population et de la richesse disponibles; enfin, les comparer avec les ressources de même nature que la France peut leur opposer.

La première coalition portoit sur une population d'environ 68 millions d'hommes, ainsi qu'il suit :

L'Autriche	20,000,000
La Prusse.	6,000,000

Elle n'avoit pas encore acquis la Pologne.

L'Espagne et le Portugal	12,000,000
L'Italie.	12,000,000
La Hollande	3,000,000
L'Empire, séparément de l'Autriche et de la Prusse	7,000,000
L'Angleterre	8,000,000

Comme elle n'a fait la guerre que par mer, ou avec un petit nombre de troupes sur le continent, on ne doit tenir compte que de la partie de la population correspondante à cet emploi, qu'on peut porter aux deux tiers de celle des trois royaumes; elle est de 11,000,000, c'est environ 8,000,000 à compter pour la guerre.

Cette masse immense de population, il faut en convenir, ne s'est pas épuisée dans cette

guerre, car elle n'a jamais fourni plus de quatre
cent mille hommes à la fois, et cela pendant une
seule campagne, celle de 1794; c'est-à-dire que
la coalition n'a employé qu'un homme sur cent
quatre-vingts.

La Russie n'a pas encore donné un homme.

La Suède et le Danemark ont versé à la caisse
de l'Empire leurs contingents de co-Etats d'Hol-
stein et de Poméranie; mais elles n'en ont point
eu de militaires, comme Etats particuliers; elles
n'ont pris aucune part à la coalition.

La France comptoit environ vingt-cinq millions d'habitants. Adoptons cette évaluation pour
éviter les contestations et les extrêmes.

Elle s'est vantée d'avoir eu à la fois treize armées de terre et une de mer, c'est une prétention; car une fraction d'armée sur des positions
et sous des dénominations différentes ne suffit
pas pour constituer une armée, autrement la
même armée pourroit les compter par centaines,
autant que des bataillons. Ainsi, tandis que les
Français comptoient trois ou quatre armées de la
Moselle à Dunkerque, les alliés n'en comptoient
qu'une. Ils avoient cependant le même droit
d'enfler leurs listes de dénominations diverses.

La vérité est que la France a tenu à la fois
sur pied huit grandes armées, et une de mer,

qui comprend la flotte et les colonies. En voici l'état :

1° L'armée de l'intérieur, répartie dans tous les départements, principalement sur un rayon de trente lieues autour de Paris ; armée immense de sa nature, telle que la demande la surveillance d'un si grand pays.

2° L'armée des côtes de l'Océan et de Cherbourg.

3° L'armée de la Vendée.

4° L'armée des Pyrénées-Occidentales.

5° L'armée des Pyrénées-Orientales.

6° L'armée d'Italie, dont celle de Savoie étoit la réserve.

7° L'armée d'Alsace, d'Huningue à Metz.

8° La grande armée du Nord, sous Pichegru et Jourdan.

Les Français ont évalué ces huit armées à un million d'hommes, et ils ont tiré vanité de cette multitude de bras armés. C'est une prétention de plus, comme mille faits l'attestent.

Par exemple, la plus grande armée, celle de Pichegru et de Jourdan, ne s'est jamais élevée à cent cinquante mille hommes. La preuve en est qu'en 1794, époque de la plus grande force de cette armée, les mêmes troupes alloient continuellement de l'Escaut à la Sambre et de la Sam-

bre à l'Escaut, et qu'à la grande bataille de Fleu-
rus, toute l'armée qui y étoit réunie ne comptoit
pas soixante-dix mille combattants. Moreau occupoit la West-Flandre avec un corps d'environ
trente mille hommes.

En 1793, on fut obligé de tirer quinze mille
hommes de l'armée d'Alsace pour la bataille de
Maubeuge. Ils arrivèrent et repartirent en poste
le lendemain du combat, tant l'armée du Rhin
étoit foible.

Le camp de César étoit garni de vingt-trois
mille hommes seulement ;

Celui de Famars, de dix-sept mille hommes.

Les Français enflent donc évidemment le calcul de leurs forces, soit jactance de leur part,
soit envie d'intimider leurs ennemis.

Il est très-probable qu'ils ont eu à la fois sept
cent mille hommes sous les armes. Ils en ont
payé infiniment davantage, comme ils nous l'ont
appris cent fois. Dans le temps où l'on pouvoit
encore parler à la tribune, Dupont (de Nemours),
Barbé-Marbois et mille autres ont attesté qu'il
avoit toujours été payé deux cent mille hommes
et vingt-cinq mille chevaux au-dessus du complet. Toutes les parties d'administration des armées françaises ont compté une multitude d'employés inconnue jusqu'à ce jour. C'est peut-être

à cette complication qu'il faut rapporter l'exagération des calculs français, que nous ne pou-
vons admettre en ce point, par la raison bien
simple que des commis ne sont pas des soldats.

Tenons-nous donc à l'évaluation de sept cent
mille hommes, y compris la flotte ; c'est la
trente-troisième partie de la population de la
France.

Cet effort n'a duré qu'un an, comme celui des
alliés ; car les réformes ont commencé avec la
paix de la Prusse et ont continué avec celles qui
l'ont suivie.

Les efforts de la France ont été bien supérieurs à ceux des alliés ; il y a une différence de
trente-trois à cent quatre-vingts, ou de un à cinq
et demi.

Maintenant les affaires ont changé de face. La
France s'est accrue, quelques puissances lui sont
alliées, et la révolution présente audacieusement
à l'Europe un faisceau de quarante-deux millions d'hommes libres, à ce qu'elle dit, soutenus
par dix millions d'Espagnols leurs alliés.

Comme la France ne peut être attaquée par
une seule puissance, et qu'il s'agit d'une coalition, il faut chercher quelle pourra être la population de cette nouvelle alliance.

L'Autriche 20,000,000

La Prusse 6,000,000

On n'y compte pas la Pologne, qui est encore inquiétante.

L'Empire 6,000,000

Naples 6,000,000

L'Angleterre 8,000,000

Total . . . , . . 46,000,000

La balance est pour la coalition et s'y fixe définitivement,

1° Parce que les Espagnols sont à défalquer en entier.

2° Parce que les Bataves, les Romains, les Lyguriens, loin de servir en cas d'attaque, devront au contraire être gardés. Voyez ce qui vient d'arriver à Ostende, ce qui arrive journellement en Suisse et en Italie!

3° Parce que les Français, qui se sont jusqu'ici bornés à leurs propres troupes, ne prendront pas le moment d'une grande guerre pour se servir des étrangers.

4° Parce que ce secours même ne seroit que momentané ; car la délivrance des pays conquis étant le vrai but de notre plan, ils ne seront ennemis qu'au commencement de la guerre. Par exemple, si la Hollande et les Pays-Bas sont arra-

chés à la France, les cinq millions d'habitants
qu'ils comptent, asservis aujourd'hui aux Français, passent dans l'alliance contre elle. Il en
sera de même en Italie. Tel est l'avantage de ce
plan, qu'à la différence de toutes les entreprises
où le fardeau va en croissant, dans celle-ci, au
contraire, il va en diminuant, de manière à faire
trouver dans son propre fonds des indemnités
pour la séparation de quelque membre de l'u-
nion. Ainsi, dans le cas où la Saxe, la Hesse, se
détacheroient, elles y sont remplacées et au-delà
par l'allié reconquis, qui, lui, ne peut jamais se
séparer.

Bornons donc à vingt-cinq millions la population permanente dont la France pourra disposer dans la guerre, contre les quarante-six
millions de la coalition, c'est-à-dire à peu près
un contre deux.

Pour rendre ce calcul *intégral*, il faut encore
évaluer deux choses :

1° La perte respective de l'ancienne coalition
et celle de la France ;

2° Le nombre des troupes qu'elles peuvent
encore s'opposer.

Sur ces vingt-cinq millions d'hommes, la France
doit avoir perdu au moins deux millions (1),

(1) « L'auteur de l'*Antidote*, dit Mallet du Pan, évalue à deux

Elle a éprouvé plusieurs causes de dépopulation dont les alliés ont été exempts.

La raison répugne à admettre que dans cinq campagnes, dont trois seulement ont été fort actives, la guerre seule ait moissonné deux millions d'hommes. Aux causes ordinaires de mortalité et de vide dans les armées, les Français en ont ajouté trois, dont deux sont très-meurtrières et la troisième, au contraire, est propre à conserver les hommes ; ce sont : 1° leur manière de faire la guerre en enlevant tout de vive force ; 2° le mauvais régime des armées, surtout des hôpitaux, porté à un point dont on n'avoit pas d'idée ; 3° la désertion à l'intérieur, qui affoiblit les armées en conservant les hommes. A la fin de chaque campagne les troupes françaises ont présenté l'image des armées turques rentrant en caravanes dans leurs foyers.

La coalition a beaucoup moins perdu que la France.

millions d'hommes les pertes que la France a éprouvées pendant la guerre. Il assure qu'elle n'eut jamais au-delà de 700,000 hommes sous les armes. Des administrateurs dignes de crédit, et entre les mains desquels avaient passé, il y a un an, les relevés des bureaux de la guerre, m'ont certifié que le *maximum* des levées, en 1794 et jusqu'au milieu de 1795, avait atteint 900,000 hommes, dont 650,000 ont péri par les combats, dans les hôpitaux, et par la désertion. »

(*Mercure Britannique*, n° 8, p. 581.)

1° Ses armées étoient beaucoup moins nombreuses.

2° Elles ont été mieux ménagées.

3° Elles ont été recrutées d'un grand nombre de Français, qui composoient presque les avant-postes anglais et autrichiens, comme on voit par le nombre des corps français qui ont fait tous les frais de ce service, le plus dispendieux de tous en hommes.

	hommes.
L'Autriche doit avoir perdu	3oo,ooo
La Prusse	5o,ooo
L'Empire	5o,ooo

L'Espagne et la Hollande ne nous regardent plus.

L'Angleterre a pu perdre cent mille hommes, dont un tiers en matelots. Le continent leur a peu coûté ; les colonies ont fait leur grande perte : tout l'armement envoyé sous le général Abercrombie y a péri.

Pour se convaincre de l'exactitude de ce calcul, qu'on songe que la guerre, qui a duré nominalement pendant six ans, n'a réellement produit que quatre campagnes ; elle commença en août 1792, par la prise de Longwy. On ne fit rien en Flandre avant la bataille de Jemmapes; le reste de la coalition y étoit encore étranger.

En 1797, l'armistice a prévenu la reprise des hostilités. En 1795, les Prussiens ayant fait la paix le 5 avril, la guerre, concentrée entre la France et l'Autriche, ne dura que trois mois, du 6 septembre au 8 décembre. Elle ne présenta d'autre événement que la délivrance de Mayence et la reprise de Manheim. Il n'y eut qu'un combat en Italie. Ces trois campagnes n'en valent pas une bonne. L'Autriche seule a fait les deux dernières. Elle ne perdit que très-peu en 1792.

Les campagnes de 1793, 1794, 1796, ont été bien chères pour l'Autriche ; elles forment le fonds de la perte de trois cent mille hommes que nous lui adjugeons. Il faut cependant remarquer que la perte effective a été diminuée par la quantité de capitulations que les armées autrichiennes ont faites. L'Italie a été pour elles encore plus des fourches caudines qu'un tombeau ; elle y a laissé un nombre inouï de prisonniers, et, quoiqu'il soit fâcheux de ne diminuer sa perte en hommes qu'aux dépens de sa gloire, on ne peut se dispenser, pour l'exactitude des calculs, de tenir compte de cette compensation ; elle a reçu à la paix une immense quantité d'hommes par le retour de ses prisonniers.

La Prusse ne perdit pas vingt mille hommes en Champagne ; en 1793 et 1794, de vingt-cinq à trente mille hommes. La paix (1) l'a mise à même de réparer cette perte insensible.

L'Empire n'a pas plus souffert en 1792 ; il n'étoit pas en guerre. En 1793, il ne la fit qu'en Alsace, avec un petit corps de contingents. En 1794, il ne vit pas le feu. En 1795, il n'eut qu'à prendre part au débloquement de Mayence et au siége de Manheim, opérations plus brillantes que meurtrières. En 1796, il fit presque partout des paix séparées ; ce qu'il en resta avec l'empereur souffrit comme lui, mais, comme ce n'étoit qu'une fraction de l'Empire, la totalité du corps ne s'aperçut pas des pertes d'une partie infiniment petite de ses membres.

La perte totale de la coalition peut donc être évaluée à cinq cent mille hommes ; ce qui, sur soixante millions qui y ont contribué, ne donne pas un sur cent, tandis que la France a perdu deux sur vingt-cinq, ce qui rend sa perte huit fois plus forte que celle de la coalition.

Pour ramener ces calculs à la question particulière qui nous occupe, voyons quelles forces on pourroit opposer dans l'état actuel.

Il est évident, au premier coup d'œil, que quarante-six millions présentent plus de moyens que

---

(1) Première édition : *Sa paix.*

vingt-cinq millions, qu'ils surpassent presque de
moitié. L'étoffe n'est pas égale entre les parties;
aussi n'est-ce pas ce dont il s'agit, mais bien de
connoître quelle est la somme de forces respecti-
vement disponibles, à raison des lois, des habitudes, des besoins et des autres accidents propres à chaque gouvernement.

La France a tenu sur pied sept cent mille
hommes; elle ne pourroit revenir à cet effort, facilité par des circonstances qu'il est impossible
de renouveler, telles que le gouvernement révolutionnaire. Il n'est pas un moyen pour le gouvernement actuel, et l'on peut juger ce qu'il en
pense lui-même par l'acharnement avec lequel il
poursuit les pères du terrorisme, qui enfanta ces
immenses armées.

S'il pouvoit les recréer, il ne le pourroit pour
longtemps; car les Français faisant tout plus chè-
rement que les autres, sacrifiant dix hommes là
où leurs ennemis n'en hasardent que trois, les
Français, pour entretenir de nouveau, pendant
un temps, les sept cent mille hommes qu'ils ont
déjà eus une fois, dépenseroient toute la population virile du royaume et seroient forcés de la
faire passer tout entière par les armes, cas méta-
physique qui d'ailleurs serviroit à merveille les
ennemis du gouvernement, car il seroit sa perte

au moment où il l'essaieroit. Cependant la France
est condamnée à ce rigoureux sacrifice dans le
plan proposé. Si elle a eu besoin de sept cent
mille hommes pour résister à trois cent mille que
la coalition n'a réunis qu'un instant, en 1794,
combien devroit-elle en avoir pour combattre
les cinq cent mille hommes de la nouvelle coalition, ainsi qu'il suit :

L'Autriche a un fonds d'armée au-dessus de
trois cent mille hommes ; on parle encore de
l'augmenter. Elle n'a jamais employé deux cent
mille combattants dans la dernière guerre. La
perte de la Suisse l'obligera d'en fournir au moins
ce nombre, distribué dans l'ordre suivant : cinquante mille hommes en Suisse, soixante-dix
mille en Allemagne et quatre-vingt mille en Italie. Cinquante mille Napolitains pourront s'y
joindre, comme, en Allemagne, les contingents
des cercles de Souabe, de Bavière et de Franconie.
Ces derniers Etats ont agi très-mollement dans
la guerre, dont ils se sont dégoûtés et éloignés
sous différents prétextes. Mais la guerre leur devenant personnelle par l'exigence des Français et
par l'invasion de la Suisse qui les serre de près,
le chef et les membres prépondérants de l'Empire
ne travaillent plus à se les arracher et à les diviser ; ces Etats pourront fournir des contingents

considérables, et c'est ne rien exagérer que d'en porter le nombre à cinquante mille hommes.

La Prusse a une armée d'environ deux cent quarante mille hommes au complet. En supposant qu'elle en réserve cent mille pour la garde du pays et surtout de la Pologne, il lui reste cent quarante mille hommes d'excellentes troupes disponibles.

La Saxe électorale et les autres branches de cette famille peuvent fournir vingt-quatre mille hommes ; Hanovre, vingt mille ; Brunswick, quatre mille ; Hesse-Cassel, douze mille. Total, soixante mille hommes.

Si le Danemark et la Suède, que nous n'avons pas comptés, veulent aussi prendre part à cette entreprise, ils peuvent, sans se gêner, fournir chacun environ vingt mille hommes.

Quant à la Russie, sa mise et sa place sont plus difficiles à assigner. Sûrement la coopération d'une aussi grande puissance seroit bien avantageuse, car elle a d'immenses forces qui n'ont aucune destination prochaine. Mais, outre son grand éloignement et sa pénurie d'argent, l'intervention d'un troisième membre prépondérant dans la ligue est-elle bien propre à lui conserver l'unité et la simplicité de son action ? La Russie semble appelée à un rôle plus utile et plus conforme à sa situation. Qu'au lieu d'agir elle-même activement, la Russie se borne à surveiller les deux autres puissances ; qu'elle en empêche le frottement, qu'elle entretienne entre elles la bonne harmonie, qu'elle dissipe les nuages qui pourroient la troubler ; que la Russie se tienne à ce rôle de conciliation permanente, et elle aura assez fait. Elle doit de plus garantir à la Prusse et à l'Autriche la tranquillité de la Pologne, et porter assez de troupes sur la frontière de ce pays pour y prévenir toute espèce de mouvements ; c'est alors comme si elle donnoit des troupes à la coalition, car tout ce qu'elle rend superflu pour la Pologne devient disponible pour la coalition et passe du passif à l'actif...

En réunissant toutes ces qualités, on trouve que la coalition peut disposer, pour la première année, d'une force de cinq cent mille hommes, sans compter la Suède, le Danemark, la Russie et la Sardaigne.

Quant à l'Angleterre, elle ne peut faire employer aux Français moins de cinquante mille hommes en matelots et en troupes sur les côtes et aux colonies. La seconde campagne verra croître considérablement cette masse de forces par la reprise des Pays-Bas, de la Hollande, de la rive gauche du Rhin et de l'Italie, dont l'ensemble réuni à la coalition, peut l'aider beaucoup, quoique chaque partie soit peu de chose dans le détail. C'est de la même manière que nous avons calculé pour la formation des cinq cent mille hommes. Il ne tenoit qu'à nous de l'élever encore plus haut, comme l'ont fait plusieurs projets assez connus, ce qui est toujours facile dans un pays comme l'Allemagne, qui contient plus de six cent trente mille hommes enrégimentés et toujours prêts à marcher. Mais nous avons préféré de nous borner à des évaluations incontestables dans leurs bases, dans leur exécution et dans leur durée possibles, considération bien essentielle; car cette entreprise étant de nature à demander du temps et à subir des accidents, il faut l'établir sur des données de même nature et ne pas l'exposer à périr faute de nourriture, ce qui arriveroit nécessairement si le fonds d'établissement surpassoit les moyens réels, ou s'il demandoit des mesures rigoureuses, par là même peu concordantes avec les circonstances.

Les Français ont besoin dans l'intérieur de cent mille hommes; c'est mille hommes par département. Il en faut cinquante mille sur les côtes et aux colonies.

L'expédition d'Angleterre ou du Levant en occupe environ cent vingt mille; il faudra en

opposer à la coalition un nombre au moins égal
au sien.

	hommes.
On connoît jusqu'ici en Italie. . . .	5o,ooo
En Suisse.	5o,ooo
Depuis Bâle jusqu'à Nimègue, sous le commandement de Hatry	6o,ooo
Il doit y avoir en Hollande.	25,ooo
Total.	185,ooo

Restent trois cent quinze mille hommes à trouver encore pour égaler seulement la coalition
dans sa première campagne, ce qui se fera diffi-
cilement si on en juge par le passé ; car les trois
armées de Buonaparte, de Moreau et de Jourdan,
héritières des armées gigantesques de la Convention, ne se sont jamais élevées à trois cent mille
hommes ; ils n'ont jamais eu chacun plus de huit
divisions très-incomplètes...

CHAPITRE X.

DES DÉPENSES DE LA GUERRE.

Les dépenses de la guerre sont de deux espèces : ordinaires et extraordinaires. La première comprend la solde, la nourriture, l'équipement des troupes ; la seconde se rapporte à l'état de guerre, tel que les mouvements de troupes, l'achat des munitions, les hôpitaux, et généralement toutes les fournitures nécessaires aux armées, qu'elles consomment en état de guerre dans des proportions bien supérieures à celles de l'état de paix. Ainsi les chevaux, les armes, les vêtements périssent et se détériorent plus promptement en guerre qu'en paix, ce qui élève proportionnellement cette dépense, qui, d'ordinaire qu'elle étoit pour ces objets, devient alors extraordinaire.

Une certaine partie des dépenses militaires ne peut, en paix comme en guerre, être faite qu'avec de l'argent. Ainsi la solde, qui fournit aux besoins journaliers du militaire et qui ne correspond qu'à de petites sommes pour chacun, ne peut se faire qu'en argent dans tous les grades inférieurs. On conçoit que les supérieurs, dans lesquels se trouvent des richesses distinctes (1) des appointements, peuvent supporter la perte ou le retard du paiement en valeurs autres que de l'argent. Les Français seuls ont enfreint ces règles et ont donné à l'univers le spectacle inouï d'armées immenses soldées avec un papier de nulle valeur, sans que la bonté du service ait été altérée par ce paiement dérisoire.

Ce phénomène étoit réservé à la révolution et digne d'elle en tous sens.

Il y a sûremeut de l'économie à payer les fournitures au comptant; mais elles peuvent aussi se faire en papier, en valeurs de toute nature, en un mot par tous les moyens d'arrangement, de crédit et même de force dont un gouvernement dispose toujours en cas de besoin... sans parler de ce qui s'est pratiqué en ce genre dans tout temps et en tout pays. Remarquons que, depuis que la France est revenue à l'usage de l'argent et que le papier n'est plus forcé, elle a adopté ce mode de paiement pour toutes ses dépenses.

(1) Première édition : *distinctives*.

Ainsi l'armée, qui, d'après les messages du Directoire, compte environ 13o millions de solde, la reçoit en numéraire, tandis que les autres fournitures relatives à son entretien sont payées par arrangement avec les fournisseurs, en délégations de toute nature sur la trésorerie ou sur les domaines nationaux.

Les puissances auront donc, comme les Français, deux manières de pourvoir à leurs dépenses.

La première, par les fonds affectés à leur état militaire ordinaire ; la seconde, par les moyens et les ressources extraordinaires qu'elles sauront se procurer.

Mais, comme le plus ou le moins d'abondance de ces ressources dépend des circonstances personnelles à chacune, il faut examiner :

1° Les ressources de chacune en particulier ;

2° Les ressources générales qui peuvent convenir à toutes en commun...

L'Autriche n'est rien moins que pécunieuse (1), mais elle a de l'ordre dans ses affaires ; elle paie exactement l'intérêt de sa dette ; elle peut trouver de l'argent dans ses nouveaux Etats d'Italie

---

(1) Il est peu probable que l'abbé de Pradt, qui visait sans cesse au style académique, se fût servi de cette expression familière et fort peu usitée. Sous la plume de Joseph de Maistre, elle n'a rien qui doive surprendre.

autant au moins qu'en Brabant. Elle vient de prendre le parti très-sage de mettre en vente des parties de domaines territoriaux ; cet exemple devroit être suivi partout. L'Autriche a besoin chaque année de cent cinquante millions d'extraordinaire pour l'entretien de deux cent mille hommes. Ses ressources personnelles peuvent être des dons patriot.ques de particuliers ou des pays d'Etats en argent ou en nature, tels que ceux de la Hongrie ; des emprunts pour son compte ou pour celui des pays d'Etats, comme ceux de l'Autriche, de la Bohême l'ont pratiqué dans cette guerre ; enfin, après les moyens de crédit, ceux de souveraineté, tels que la création ou l'extension des impôts qui en sont susceptibles, ou l'établissement des fournitures en nature par voie de réquisition. Les ressources extraordinaires, communes à l'Autriche et aux autres puissances, trouveront place ailleurs...

La Prusse n'a peut-être plus de trésor, mais aussi elle n'a pas de dette. Son régime financier est très-exact pour payer, très-actif aussi pour acquérir. Cette puissance a des moyens de crédit encore tout neufs ; c'est un sol vierge, très-propre à supporter l'établissement d'un vaste crédit. L'entretien de cent quarante mille hommes sur le pied de guerre lui coûtera par an cent millions

d'extraordinaire; elle peut les trouver par les
mêmes moyens que l'Autriche, mais plus facilement qu'elle du côté du crédit. Supposons que
la guerre dure trois ans et que la Prusse em-
prunte cent millions par an à cinq pour cent,
elle sera grevée, à la fin de la guerre, de quinze
millions d'intérêts annuels ; mais l'amélioration
des revenus ou l'extension des impôts peut, dans
le même espace de temps, s'élever à cette somme,
qui, répartie chaque année par tiers sur un aussi
vaste pays, ne fera nulle part une charge sensible.
La Prusse peut donc faire pendant trois ans la
guerre, et la guerre la plus utile pour elle, sans
rien changer à sa situation présente.

La Saxe a des finances dans le meilleur état,
Brunswick de même. Les deux sages princes
qui gouvernent ces pays ont réparé tous les
malheurs passés et préparé tous les biens à
venir.

La Hesse est dans le même état.

Les autres Etats d'Allemagne nous sont inconnus et sont d'ailleurs peu importants.

Le Danemark a des finances bien ordonnées et
le meilleur crédit public de l'Europe...

La Suède est au courant de ses affaires, mais
elle n'est que là, et pour porter des troupes au
dehors, elle ne pourroit se passer d'un subside

anglais, tel que celui que le roi de Sardaigne recevoit.

La Russie manque d'argent; réduite à ses moyens personnels, elle ne pourroit former qu'un petit corps auxiliaire. Pour se montrer en grand, il lui faudroit un très-gros subside que l'Angleterre seule est en état de lui donner, mesure dangereuse sous plus d'un rapport...

L'Angleterre est, après la France, le pays de l'Europe le plus obéré en finance. Mais cela ne fait rien à la question, car les Anglais étant décidés à tout sacrifier, ou, ce qui est la même chose, à se laisser tout prendre par le gouvernement, dès lors il n'y a plus d'embarras de finances; ils ont cessé le jour où la finance est devenue révolutionnaire du consentement de la nation. Elle s'est mise au régime du papier, à celui des impôts, des contributions volontaires, en un mot de toute la pretintaille (1) révolutionnaire; elle s'est arrangée dans la banqueroute même de sa banque, dans la perte de son papier; les emprunts se succèdent et se remplissent; les Anglais sont contents de cet état; il n'y avoit de difficulté que

(1) L'édition originale porte : *pertentaille*. Ces locutions familières feraient seules reconnaître le style de Joseph de Maistre entre mille.

pour les y mettre ; ils y sont sans se plaindre ; il
n'y a pas de raison pour en finir... Thomas Payne
ne savoit donc ce qu'il disoit avec ses prédictions sur l'Angleterre et ses calculs sur une nation
qui n'en fait plus ; car les Anglais s'étant laissés
mettre en réquisition, où cela finit-il dans un
pays aussi riche, avec un peuple aussi opulent ?
Mais il y a cette différence entre la réquisition
anglaise et française, que la première est volontaire, régulière et commerçante, au lieu que celle
de France est forcée, déréglée et tendante à l'é-
puisement. Il y a plus : la durée de la nouvelle
guerre pouvant être évaluée à trois ans, l'Angleterre a ses fonds presque faits pour ce laps de
temps ; ils existent dans le doublement des taxes
accordées pour trois ans, dans le rachat proposé
de la taxe foncière, objet immense, capable de
fournir aux frais de deux campagnes. Ces ressources principales, soutenues de quelques accessoires, délivrent l'Angleterre de toute inquiétude financière pour l'espace de temps qui paroît nécessaire à l'exécution du plan proposé. Si
l'Angleterre éprouve des difficultés, ce ne sera
que pour le paiement au dehors de quelque gros
subside qui feroit sortir le numéraire, mesure
moins en faveur que jamais auprès de cette nation dont l'œil suit partout son or.

D'ailleurs, ce système de subsides est mauvais en lui-même et ne peut être employé avec succès qu'envers des puissances très-inférieures; car, avec les grandes, l'argent donné ou promis devient bientôt un sujet de querelles ou de plaintes (1). Le donateur fait sentir le joug, le receveur sent le poids de la chaîne, quoique dorée, sa dignité s'en offense; on se sépare mécontents. C'est l'histoire de tous les traités de subsides, et particulièrement de celui de l'Angleterre et de la Prusse en 1794. En supposant que les frais de la guerre forcent l'Angleterre à porter trop haut la masse de son papier, elle lui trouvera toujours un débouché facile par la vente, soit d'une partie de ses forêts, de quelques portions des biens de son clergé, qui est très-riche, d'une partie de ses immenses communes, soit

(1) « L'auteur, dit Mallet du Pan, rejette le système des subsides par des motifs qu'appuie l'expérience, car on ne citerait pas une guerre où celui qui les donne et celui qui les reçoit n'aient pas fini par se brouiller; mais la distribution des pouvoirs militaires et pécuniaires en Europe les a rendus aujourd'hui tellement distincts, que ce pis-aller est devenu un mal nécessaire. Telle cour aurait eu assez de soldats pour entreprendre trois campagnes, sans être en état de les solder par les voies extraordinaires que propose l'auteur. Il faut des secours plus prompts et moins exposés aux contrariétés. »

(*Mercure Britannique*, n° 8, p. 580.)

enfin en lui affectant des terrains dans ses vastes colonies.

L'Amérique en a donné l'exemple.

Le 18 fructidor de la France en a annoncé le projet pour toute la partie de sa dette qui ne seroit pas absorbée par la vente des domaines nationaux.

Pour terminer cet article de la finance anglaise, nous observerons que la campagne de cette année sera la plus dispendieuse, à cause de la descente, de manière que les suivantes iront en diminuant; car une partie des préparatifs de cette année resteront, tels que les vaisseaux, les fortifications. Une autre partie ne se renouvellera pas, car on ne fera pas une descente chaque année, et, dans le plan proposé, les Français auroient bien autre chose à faire.

Les moyens extraordinaires, communs à toutes les puissances, consistent : 1° dans la vente d'une partie des domaines du prince, comme on fait en Autriche; 2° dans celle des biens publics les moins importants à l'utilité générale; 3° dans la vente d'une partie des biens du clergé de chaque pays; 4° dans les confiscations par représailles contre les révolutionnaires.

La vente des domaines du prince est par tout pays une excellente opération, un retour aux

principes les plus sains de toute bonne économie politique, qui ordonne que le prince ne se
réserve que la portion des propriétés qui est indispensable pour son usage ou pour son agrément. Le reste ne peut être considéré comme
objet de revenu ou d'utilité, car la perte de
l'impôt et les frais de régie les rendent aussi
onéreux qu'inutiles (1).

Dans le cas présent, aucun sacrifice ne doit
coûter aux princes, car c'est ici une guerre de
conservation personnelle pour eux, et ils doivent
bien se pénétrer de toute l'urgence de ce mot : il
ne s'agit pas pour eux de garder leurs domaines,
mais leurs couronnes; de rester propriétaires,
mais de rester princes. Qu'ils soient bien convaincus que c'est parce qu'ils sont princes qu'ils
ont ces domaines, et que les domaines ne
leur manqueront jamais tant qu'ils sauront être
princes.

Les domaines publics doivent aussi entrer dans
les ressources de la guerre, mais avec tous les
ménagements qu'exigent l'utilité publique et la
difficulté des temps.

Restent enfin les biens du clergé...

La révolution est venue achever cette pro-

_____

(1) Edition originale : *utiles.*

priété, déjà ébranlée par la philosophie et par les
murmures des gens du monde. Maintenant la
route est tracée ; en quelque lieu que la révolution pénètre, les biens consacrés aux autels sont
envahis, et la religion reste sans patrimoine là
même où l'on ne lui dispute pas encore ses temples. Cette invasion est tellement inhérente à la
révolution, qu'à Rome même elle s'est emparée
des propriétés de l'Eglise en même temps qu'elle
envahissoit le patrimoine de saint Pierre. Le
clergé d'Italie est aujourd'hui aussi nu, aussi dépouillé que celui de France. La contagion de
l'exemple a gagné jusqu'aux princes de l'Italie,
dont quelques uns, tels que le roi de Sardai-
gue (1), se sont jetés sur les biens de leur clergé.
L'ordre de Malte n'a pas été épargné, et le pays
le plus catholique du monde n'a pas poussé un
cri sur la dévastation de ses temples, dont la
richesse et la solennité faisoient naguères son
orgueil.

Il s'est fait sur cet article une révolution su-
bite et complète.

_____

(1) On comprendra facilement que le comte de **Maistre**, essentiellement catholique avant d'être royaliste, n'ait pas craint de
s'exprimer avec cette rude franchise sur un tel abus d'autorité.
Toujours, même en écrivant à Victor-Emmanuel, il eut son franc
parler savoisien.

Ainsi les Brabançons, révoltés par quelques
entreprises de Joseph sur le culte, se soulevèrent
contre ce prince. Ils viennent de voir, sans émo-
tion, effacer toutes ses traces et chasser ce clergé
qui, par une possession immémoriale, le gou-
vernoit encore hier. C'est que ces spoliations
répétées ne frappent plus des esprits familiarisés
avec cette pratique, et que d'un bout de l'Europe à l'autre on regarde froidement immoler le
clergé, dont les souffrances n'armeroient pas un
bras et ne feroient verser une larme à personne.

C'est de cette disposition générale des esprits
que les gouvernements doivent profiter pour tirer
le (1) bien du mal même ; sûrs que cette mesure
ne peut plus exciter de mouvements, ils doivent
demander au clergé, et cela au nom de la religion même, tous les sacrifices compatibles avec
son bien propre et ses besoins essentiels. Le clergé
doit rester juge de l'étendue du sacrifice et diriger son accomplissement. La révolution faisant
partout de ces biens du clergé des armes contre
la religion, qu'ils deviennent à leur tour des armes pour elle dans la main des princes.

Il ne s'agit ici de spoliations ni générales ni
individuelles, ni de ces consolations dérisoires

(1) Première édition : *du* bien.

que les Français ont prodiguées à leurs victimes.
Loin de nous de pareilles infamies ; mais il faut
sauver la religion et la société. A ces titres, le
clergé a une double dette à payer : il a sous les
yeux l'exemple terrible de la perte de celui qui
n'a pas su s'y décider. L'Europe étoit sauvée si
le clergé des Pays-Bas eût su mettre de bon gré
aux pieds de la coalition le quart des richesses
que la révolution lui a arrachées de force.

L'Italie seroit encore florissante et vierge de
la révolution, si son clergé avoit consacré à sa
défense la dixième partie de ce qu'il a perdu.
Celui d'Allemagne ne verroit pas ballotter son
sort à Rastadt, s'il eût pris pour son compte l'accomplissement du vœu si touchant du coadjuteur
de Mayence, demandant à la Diète de faire servir
tout, corps et biens, à la défense de l'Empire.

Le clergé de France a seul donné l'exemple
d'une offre digne de sa cause et de lui, celle de
quatre cents millions qui auroient plus profité à
l'Etat que ne l'a fait sa spoliation. Mais ce n'étoit
pas sa toison qu'on vouloit, c'étoit sa *mort* (1).

On doit encore mettre au nombre des ressources pécuniaires disponibles pour les puissances

(1) Les ouvrages de Joseph de Maistre fourmillent de ces
phrases originales, inusitées dans les ouvrages de l'abbé de Pradt.

l'établissement uniforme de quelques impôts communs à tous les pays engagés dans cette guerre. Il ne faut pour cela que consulter la nature de l'impôt et le moment de le proposer.

Le premier doit être le moins incommode possible à la masse des sujets, et par conséquent le plus volontaire comme le plus direct aux classes opulentes.

Le second doit être fait dans ces moments où les gouvernements frappent les peuples de l'idée de leur puissance, idée qui résulte des actions d'éclat.

Que, dans une guerre destinée à assurer l'existence de l'Allemagne, l'Empire en corps établisse sur lui-même une taxe générale sur des objets presque étrangers au peuple, tels que les papiers de commerce et les autres actes auxquels le peuple en général prend peu de part. Cet impôt, établi sur un motif palpable par l'autorité centrale de toute l'Allemagne, ne peut trouver d'opposition de la part du peuple qu'elle n'atteint pas, et l'autorité collective dont il émane met chaque prince en particulier à l'abri de l'odieux inhérent par sa nature à la création de tout impôt.

Le moment de l'établir ne peut être celui de l'ouverture de la guerre. Ce seroit un présage sinistre qu'il faut savoir éviter.

15

La politique ordonne de le réserver pour le temps où le succès donne aux princes le droit d'exiger et commande aux sujets d'accorder par amour ou par crainte de la puissance. Voyez l'Autriche et l'Angleterre : ont-elles eu quelque chose à refuser à l'époque des victoires de l'archiduc et des trois amiraux anglais ? En politique, comme en tout le reste, l'*Art de vérifier les dates* est très-bon à consulter (1).

Les Français ayant familiarisé les peuples avec le nom et la pratique des réquisitions, ce moyen peut et doit être employé en cas de besoin.

Toute contestation avec la révolution aboutissant à cette question : Sera-t-on mis (2) en réquisition pour ou contre elle ? il n'y a qu'à la faire bien entendre aux peuples, comme on l'a fait entendre aux Anglais, et savoir demander pour conserver ce que les Français demandent pour détruire.

(1) Voici une pensée identique, et qui n'est évidemment qu'une réminiscence de la précédente :

« Au fond, dit M. de Maistre, je crois que *le livre le plus utile à consulter*, avant de mettre la main à l'œuvre, *c'est l'almanach*; si l'on oubliait un moment que nous sommes en 1804, l'ouvrage serait manqué. »

(*Mémoires et Correspondance* de J. de Maistre, publiés par M. Albert Blanc, p. 129.)

(2) Première édition : *unis* en réquisition.

D'ailleurs, en cela comme en tout le reste, la puissance-fait tout.

Pourquoi abandonne-t-on aux Français la jouissance de réquisitions interminables et d'un poids écrasant? N'est-ce pas parce qu'ils sont forts? Il n'y a donc qu'à être fort comme eux pour ne pas éprouver plus de résistance.

Enfin, on trouvera encore quelques ressources d'argent, mais surtout d'opinion, dans les confiscations révolutionnaires; oui, dans les confiscations... La révolution s'alimente de confiscations, elle en vit depuis six ans. Elle a fait la guerre avec des confiscations; elle a bouleversé le monde avec des confiscations; partout où elle aborde, la propriété fait place à la confiscation. Elle a massacré pour confisquer, et elle confisque pour massacrer. Eh bien! il faut l'imiter, opposer des confiscations à des confiscations; mais les confiscations de la justice à celles de l'iniquité; mais les confiscations réparatrices de la propriété aux confiscations subversives de la propriété et de la société; mais des confiscations profitables à l'Etat à celles qui n'ont profité qu'à des sangsues publiques et à des vautours tricolores.

Il y a en tout pays une certaine quantité d'hommes qui ont servi la révolution d'une manière

atroce, qui ont ouvert leur patrie à l'ennemi, et
qui ont envahi avec impudeur les propriétés publiques et le patrimoine de leurs concitoyens ;
c'est sur ces hommes que la peine salutaire de
la confiscation doit tomber. Jamais la loi du ta-
lion n'aura reçu une application plus équitable.

L'intérêt de l'argent entre bien moins dans
cette mesure que celui de la morale. Le premier
ne sera pas bien grand, on le sait, mais le second
sera immense ; car, il faut le dire, à force d'im-
punité, le métier de jacobin est aussi devenu
trop bon. S'ils ne s'étoient pas punis entre eux,
il n'y en auroit pas un seul puni dans toute
l'Europe. Ils ont pu tout oser, tout faire ; ils ne
se sont rien refusé. On leur a tout alloué, et l'autorité publique ne s'est pas élevée une seule fois
contre eux.

Il est bien temps de mettre un terme à cette
longue tolérance. Les révolutionnaires doivent
apprendre à leurs dépens que tout a son terme
et qu'il existe un droit de représailles.

En comparant ces ressources à celles de la
France, on peut se convaincre qu'elle n'a rien
de pareil à opposer.

Il ne peut entrer dans notre objet de faire
l'histoire des finances de la France. Des hommes
très-éclairés, et particulièrement M. d'Ivernois,

ont rempli cette tâche de manière à ne laisser rien à désirer. Il suffit de dire que les finances de ce pays ne ressemblent à celles d'aucun autre; que les impôts n'y sont pas payés, par la raison qu'ils n'y sont pas même établis; que toutes les rentrées sont dévorées par une nuée d'administrateurs, et que le gouffre de la finance est tel depuis la révolution, qu'au lieu de se remplir à force d'y jeter des victimes, il ne fait que s'élargir.

La finance française étant toute d'agiotage, de marchés frauduleux, de ventes d'objets volés, elle doit s'affaisser avec la puissance qui crée toutes ces bases d'escroquerie; il ne s'agit donc que d'attaquer la puissance, la finance s'écroulera avec elle. Par exemple, les domaines nationaux de la France étant à peu près mangés, comme le Directoire nous l'apprend, ceux des pays conquis étant sa seule ressource, que deviendroit ce gouvernement si ces pays venoient à lui être enlevés par une attaque bien dirigée? Comment fourniroit-il à l'augmentation de sa dépense avec la diminution de ses ressources? Les puissances n'ont rien de pareil à craindre : leurs revenus sont réels, leurs dépenses fixes et acquittées, leurs ressources encore intactes, nullement contredites C'est de ce côté que la supé-

riorité des puissances sur la France est la plus
marquée. Il y a toute la différence de l'ordre au
désordre, du certain à l'incertain, du commencement à la fin.

Qu'ils cessent donc de semer partout le décou-
ragement, ces Jérémies politiques qui s'en vont
peignant l'Europe comme une contrée désolée
par le fer et par le feu, comme les déserts de
l'Arabie, et qui, n'apercevant plus de ressources
pour l'Europe que dans la bassesse de la servitude, osent la lui proposer comme un moyen de
salut, et frappent son sol de la stérilité de leur
propre cerveau. Qu'ils apprennent qu'il n'y manque ni un homme ni un épi de blé, et que, dans
la seule Allemagne, la guerre avec tous ses fléaux
a fait verser encore plus d'or que de sang depuis
Bâle jusqu'à Hambourg ; car le séjour des armées
est toujours une source de richesses encore plus
que de désastres, comme les Pays-Bas, théâtre
éternel de la guerre depuis trois cents ans, l'attestent à tous les yeux.

Tous les éléments de réparation et de force
existent en Europe, ils n'attendent que la main
de l'ouvrier.

CHAPITRE XI.

DU PLAN DE LA GUERRE ET DES OPÉRATIONS MILITAIRES (1).

Montesquieu a dit que bien des princes qui ont su gagner des batailles ont péri pour n'avoir pas su faire un plan de guerre : mot qui renferme un sens profond ; il nous guidera dans le cours de ce chapitre.

Il y a en effet deux grandes parties à la guerre qu'il faut soigneusement distinguer, l'une morale et l'autre matérielle. La première consiste

---

(1) « Insensiblement, dit Joseph de Maistre en parlant de M. de Meerfeld, nous nous sommes rapprochés ; les conversations se sont liées, et *jamais je ne lui ai parlé qu'art militaire*. Outre la partie historique, qui appartient à tout le monde, il y a dans ce grand art un côté philosophique *sur lequel j'ai beaucoup médité*, de manière que j'avois de l'étoffe pour l'entretenir. *Enfin il m'a cru militaire, et il l'a cru pendant quatre ou cinq mois.* »

(Lettre de J. de Maistre. Saint-Pétersbourg, 24 septembre (6 octobre) 1806.)

dans la bonne disposition de toutes les parties qui doivent concourir à la guerre, la seconde dans la mise en œuvre de ces parties. En un mot, l'une est la tête et l'autre est le bras.

Les qualités, pour les bien régler, sont très-différentes, et l'expérience semble s'être plu à les séparer, de manière à montrer presque toujours le talent d'exécution incompatible avec celui de disposition ; tellement qu'en France le militaire de terre et de mer n'a jamais pu former un bon ministre de la marine et de la guerre, et que le talent nécessaire pour les bien diriger a paru réservé à des professions tout à fait étrangères à ces deux états. Ainsi Colbert, Louvois et d'Argenson ont créé ou gouverné avec gloire ces départements, qui dépérissoient dans les mains des gens du métier. Est-ce variété ou parcimonie dans les dons de la nature ? est-ce incompatibilité entre l'homme de l'art et celui du métier ? Malheureusement ceux-ci veulent trop souvent primer ceux-là, et surtout les militaires, qui ont pour habitude de concentrer chacun dans leur grade toute l'importance de la guerre, et qui ne peuvent pas se faire à reconnoître l'intelligence et le tact militaires à tout ce qui n'a pas blanchi sous le harnois à côté d'eux.

Il est cependant vrai que la partie dispositive

de la guerre commande tellement la partie exé-
cutive, que, quelque étendue de mérite qu'ait cette
dernière , elle n'aura cependant d'autres succès
que ceux que lui aura préparés la première.

Ainsi l'intelligence des chefs, la bravoure des
soldats, la précision des manœuvres, tous ces
brillants attributs des armées vont se briser contre l'impéritie ou la mauvaise volonté qui leur
ont tracé une mauvaise ligne d'opérations. Quel
exemple n'en fournit pas la guerre qui finit! Ce
ne sont pas les armées qui ont été battues, mais
bien les cabinets, qui leur ont donné une besogne infaisable, et qui ont amorti tout l'effet de la
subordination, de la bonne volonté et du courage par leurs mauvaises dispositions. Entre mille
causes qu'on peut en rapporter, il suffit de citer
l'opposition constante dans laquelle les cabinets
se sont tenus avec les circonstances, de manière
que, n'appliquant jamais leurs efforts à des temps
ou à des lieux opportuns, les plus belles armées,
les mieux dirigées, se sont évanouies en fumée
et devoient finir ainsi.

Il faut bien se garder de retomber dans cette
erreur, elle seroit plus funeste que la première,
elle seroit irrémédiable. Si l'on fait encore la
guerre à la France, qu'on la fasse bien, elle sera
un remède. Si on la fait mal, elle sera un poison

mortel. Il n'y a pas de milieu, il vaut mieux mille fois ne pas la faire que de la recommencer telle qu'elle a déjà eu lieu ; car il ne faut pas se le dissimuler, et tout écrivain qui a étudié le génie de la révolution seroit criminel de le taire, la première grande guerre qu'on fera à la France sera aussi la dernière.

Du caractère irascible dont on connoît son gouvernement, fier, impétueux, gâté par le succès, la guerre changera de nature sur-le-champ, et, d'ordinaire qu'elle sera en commençant, elle deviendra bientôt guerre de révolution. Un des deux partis doit y périr.

La France étant trop forte contre chaque puissance en particulier, la guerre doit être la guerre de plusieurs contre un, et par conséquent une guerre d'alliance, mais d'alliance véritable, où les cœurs sont en commun ainsi que les bras et les principes.

La guerre étant faite au compte de puissances très-différentes par les localités, il faut un centre commun de délibérations, à portée du théâtre principal de la guerre. L'ennemi est un, toutes les autorités sont concentrées dans un même lieu, il correspond partout avec ses télégraphes ; il faut se rapprocher autant qu'on peut de ces avantages.

La dispersion des conseils est une des choses qui a porté le plus de langueur dans la guerre de la coalition...

La guerre ayant pour but d'assurer l'ordre public de l'Europe, mais succédant malheureusement à une guerre où les intérêts particuliers ont joué un très-grand rôle, la déclaration la plus solennelle des intentions invariables des puissances doit précéder toute action de leur part.

La guerre étant faite contre l'ennemi le plus astucieux, le plus subtil et à la fois le plus indiscret qui fût jamais, un centre d'instruction et d'investigations doit être placé auprès du centre de délibérations. En voici les motifs :

1° Dans tout le cours de la révolution, les cabinets ont été mal informés, les généraux encore plus mal. Les hommes d'Etat, condamnés par la multitude des affaires à ne pouvoir lire, entendre et comparer beaucoup, sont forcés par là même de s'en remettre aux rapports de gens accrédités par eux, avec lesquels ils correspondent.

Or, comment étoient-ils bien guidés par des hommes qui souvent partagent les erreurs courantes sur la révolution ou les opinions mêmes de la révolution ? Prenons pour exemple un fait récent, celui de Rome.

La correspondance, à ce sujet, des ambassadeurs, des secrétaires de légation et des autres agents diplomatiques, a été publiée. Eh bien! qu'y trouve-t-on, sinon tout ce que l'ignorance ou la partialité peuvent dicter? Ils donnent tous les torts au Pape, tout le droit aux Français. Un de ces honnêtes correspondants, embouchant la trompette de Babeuf, va plus loin que le Directoire lui-même et traite le Pape avec moins de ménagements. *Ab uno disce omnes...*

De bonne foi, sont-ce là des instructeurs? et que peuvent faire les cours sur de pareils documents?

Il faut finir cela et chercher d'autres oreilles et d'autres yeux.

2° Depuis le commencement de la révolution, les papiers publics, trompettes de cette même révolution, n'ont cessé de lancer à l'avance des annonces sur les événements à venir. C'étoit de la semence qu'ils jetoient dans le public. Ils ont dit tout et tout annoncé de cette manière; cependant personne n'a voulu ni les entendre ni les croire, et l'expérience n'a corrigé ni les rieurs ni les incrédules.

Tout ce qui se passe à Rastadt étoit écrit, il y a un an, dans le *Rédacteur*. Il a détaillé de même, et cela vingt fois, tous les projets sur la Suisse. Le projet d'expédition du Levant existe

depuis six mois dans une des plus dégoûtantes
feuilles de Paris, celle du prince Charles de Hesse;
tout se trouve là pour qui sait l'y chercher.

Le Directoire emploie trois ou quatre plumes
pour présenter sous mille couleurs mensongères
et les crimes commis et les crimes médités. Ces
annonces sont généralement perdues pour tout
le monde, ou peu s'en faut. Ce sont cependant
des signaux dont il seroit heureux d'avoir l'intelligence; ils sont toujours certains, ils seront
toujours reconnus par ceux qui savent lire les
papiers de France, c'est-à-dire y voir ce qui y est
et non ce qui n'y est pas.

Après ces préliminaires indispensables, suivis
de toutes les mesures relatives à l'ordre, à la
discipline et à l'émulation dans toutes les parties
du service, on aura à s'occuper de l'objet essentiel, de la répartition des forces.

Elles s'élèvent à cinq cent mille hommes.

Le but est la délivrance de l'Italie, de la Hollande et des Pays-Bas. Une seule puissance ne
peut vouloir, dans une guerre d'alliance, diriger
tout et sur tous les points. Pareille dictature est
incompatible entre puissances de force, de dignité et d'intérêt presque égaux. Pour s'entendre
il faut n'avoir rien à se disputer, et pour cela
chacun doit agir sur le point qui est plus à sa
portée et à sa convenance.

Ainsi l'empereur agira de l'Italie à la Moselle, la Prusse de la Moselle à l'Océan. Il n'y a là ni point de contact, ni sujet de contestation. Tout est indépendant; chacun a un intérêt égal à bien faire de son côté, sans gêner son allié ou être gêné par lui...

Les troupes seront réparties dans les mêmes proportions.

Celles des Etats compris dans la ligne de démarcation suivront les drapeaux prussiens; en exceptant les contingents ecclésiastiques, tout le reste de l'Allemagne et de l'Italie suivra ceux de l'Autriche. Il en sera de même pour les pays reconquis: la nouvelle Hollande avec la Prusse, l'Italie, la Suisse et la rive gauche avec l'empereur.

Si l'on objecte que cette division donne une espèce de sanction à la scission de l'Empire entre deux chefs et entre deux ligues protestante et catholique, on verra que cet inconvénient naît d'une chose déjà existante, est passager de sa nature, et qu'il peut être tempéré par des arrangements particuliers entre les cours, conservateurs de leurs intérêts et de leurs droits; qu'enfin il doit être subordonné à la nécessité d'un rapprochement et au grand résultat qu'il doit avoir. On ne peut se sauver que par une ligue, et celle-ci n'admet point d'Agamemnon. Ainsi, dans ce plan, la Prusse commencera la guerre avec deux cent mille hommes, dont cent quarante mille de ses troupes et soixante mille de la basse Allemagne. L'Autriche aura deux cent mille de ses troupes, cinquante mille Napolitains et cinquante mille de contingents allemands.

La Russie doit garder la Pologne avec soin, car les papiers de Paris annoncent de grands projets pour ce pays...

Si la Suède et le Danemark entrent dans ce plan, leurs troupes iront avec la Prusse.

De même, la Toscane, la Sardaigne et la Suisse avec celles de l'empereur.

La perfection du plan exige :

1° D'établir, à une distance convenable des armées, des dépôts de recrues qui rentreroient de mois en mois dans les vides des régiments, au lieu de s'attacher à l'ancienne méthode d'envoyer la totalité du recrutement à une époque déterminée, mais unique. Par là les armées seroient toujours au complet, au lieu d'être affoiblies comme elles le sont toujours à la fin des campagnes.

2° D'employer à la garde des magasins et aux escortes un quart seulement de troupes réglées, sous la direction d'un bas officier intelligent et fidèle, comme il y en a tant dans les armées allemandes. Les trois autres quarts sont formés des habitants des lieux où les magasins seront établis et où les prisonniers passeront et resteront. Cela fut pratiqué avec succès en Brabant en 1794 et soulage beaucoup les armées. Les seuls magasins sujets à explosion doivent rester sous la garde exclusive des troupes réglées...

- La campagne prussienne ayant pour objet de dégager la Hollande et les Pays-Bas, nouvel apanage de la maison d'Orange, l'armée prussienne rassemblée en Westphalie, les officiers et militaires hollandais attachés à cette maison seront réunis derrière la première ligne de cette armée ; les partisans de cette maison seront invités à les joindre et à se réunir sous les ordres de ces princes que l'armée hollandaise a vus avec enthousiasme lui retracer pendant la guerre (1) les brillantes qualités des Maurice et des Guillaume.

Les Français, suivant en cela la politique des Romains, n'entrent jamais dans un pays qu'à la suite ou qu'avec l'appui d'un parti. Il faut faire de même et être bien convaincu que cette méthode, appliquée au cas présent, abrégera beaucoup la besogne. Les princes de la maison d'Orange à la tête d'un parti, soutenus au besoin d'un corps d'armée prussienne, feront plus d'im-

(1) *La guerre*, mots ajoutés.

pression que cinquante mille hommes sans eux. Cette mesure aura de plus l'effet de partager les Français entre la garde du pays contre lui-même et contre les étrangers...

Après le passage du Rhin, l'armée prussienne se partagera en trois parties. La gauche, forte de vingt-cinq mille hommes, marchera sur la Moselle et Luxembourg, pour bloquer cette place du côté de l'Allemagne et empêcher les excursions de sa garnison et de celles du voisinage, qui pourroient s'y réunir... Luxembourg ne peut être bloqué du côté de l'Allemagne qu'en occupant Thionville, Longwy et Montmédy. Ces places manquent aux alliés, et ils ne peuvent songer aucunement à bloquer Luxembourg de tous côtés et à le faire tomber, comme les Français l'ont fait en 1796, mais seulement à se prémunir contre la garnison.

Pour cela on établira en avant de cette place un corps de vingt à vingt-cinq mille hommes derrière la Sarre (1), la gauche à la Moselle et la droite revenant en demi-cercle se rattacher à Arlon. Cette position couvre très-bien l'Allemagne ; elle empêche toute incursion de la garnison. Cette précaution est chère sans doute, mais elle est indispensable, tant on a rendu tout difficile à force

_____

(1) Première édition : la *Sure*.

de fautes. Il valoit mieux détruire Luxembourg,
qu'on ne vouloit ni ne pouvoit garder, que de le
livrer aux Français...

La droite de l'armée prussienne, forte aussi
de vingt à vingt-cinq mille hommes, réunie au
corps d'orangistes, se portera directement sur
les trois provinces hollandaises, en deçà de l'Yssel. Là commencera le rétablissement de la maison d'Orange.

Des embarcations seront dirigées des ports du
Zuyderzée sur le Nord-Hollande et sur Amsterdam, pour prendre à revers les inondations que
les révolutionnaires bataves, furieux de voir
écrouler leur domination, ne manqueront pas
de faire jouer. On doit s'attendre à tout de la
part des misérables qui ont appelé l'ennemi dans
leur patrie, et qui n'ont pas craint de lui en livrer les membres pour régner sur son squelette.

La Hollande ne ressemble à aucun pays du
monde, pas plus par sa défensive que par ses
autres attributs. Elle est ouverte du côté de l'Allemagne. Les places de la Flandre hollandaise lui
sont étrangères; celles de la Meuse jusqu'à Venloo sont des avant-postes qui appartiennent autant aux Pays-Bas qu'à la Hollande même. Ainsi
Maëstricht, qui est bon pour les Pays-Bas contre
une armée allemande, ne sert à rien à la Hollande
contre l'Allemagne. Voici pourquoi :

La Hollande, ayant eu ses grandes guerres continentales contre la France, a dû ordonner sa défensive contre elle. Aussi est-elle toute concentrée dans le long et étroit triangle qui s'étend de Berg-op-Zoom, où il a sa pointe. La force de la Hollande est toute entre le Leck et la Meuse.

Cet arrangement pouvoit être bon quand l'Allemagne défendoit la Hollande, mais il ne vaut rien du tout quand c'est la France qui la défend. Alors il y a interversion complète dans le système, et ce qui dans le premier cas faisoit la force de la Hollande, fait sa perte dans le second. La raison est celle-ci :

L'armée allemande, ayant devant elle une armée française, doit s'attacher à la combattre et à la faire reculer jusqu'aux frontières de la France. Alors, se plaçant entre la France et la Hollande, empêchant tout retour de la part des Français, la Hollande, séparée de son alliée, retombe comme une place assiégée. C'est ce qui arriva à Louis XIV. Les alliés venus d'Allemagne se placèrent entre la France et la Hollande, dont les places, privées de secours, tombèrent les unes après les autres.

Dans ce cas, la Hollande entière représente une ville assiégée, et l'armée allemande, l'armée d'observation de siége...

On ne fera pas à des généraux prussiens l'in-

jure de les croire capables de s'amuser à assiéger,
les unes après les autres, toutes les places de la
Hollande, et d'enterrer leur armée dans ses tran-
chées bourbeuses. Ils préféreront sûrement une
méthode plus expéditive, et, le Rhin passé, ils
s'avanceront sans hésiter sur les Pays-Bas, en
chassant devant eux les débris de l'armée française à travers cinquante lieues de pays soulevé
à l'aspect de ses libérateurs. Ils iront s'établir sur
la Sambre, l'Escaut, la Lys et la West-Flandre ;
c'est de là qu'ils prendront toutes les villes de la
Hollande.

Le seul siége à faire, qui ne peut être très-
long, est celui de Venloo, place nécessaire pour
des dépôts et pour ouvrir une communication
suffisante entre la ligne de Maëstricht à Grave,
rendue libre par la prise de Venloo. Ce blocus
de la Hollande est immanquable.

1° Parce que les Anglais étant maîtres de la
mer, aucun secours ne peut arriver par cette voie.

2° Parce que l'armée prussienne sera supérieure à l'armée française. Les Prussiens étant
entrés en campagne avec deux cent mille hommes, il leur en restera plus de cent cinquante
mille pour intercepter toute communication entre la France et la Hollande. Les Français ne
peuvent évidemment avoir ce nombre de trou-

pes ; car ils auront bien une grande armée sans garnisons ou des garnisons sans armée. Dans le premier cas, l'armée battue, les places tombent ; dans le second, l'armée est prise en détail, comme le fut celle de Louis XIV. Il n'y a rien à opposer à ce plan qui, au bout de deux ou trois mois, arrache aux Français leurs conquêtes, et leur donne à leurs portes un ennemi puissant, par l'établissement de la nouvelle Hollande.

Si l'on préfère d'assiéger Maëstricht, cela n'apporte aucun changement au plan principal. L'armée du blocus, renforcée de quelques mille hommes, devient alors l'armée de siége, qui est couverte par l'armée d'observation campée sous Namur, d'où elle la protége aussi bien qu'au plus près de cette place. Ce siége est moins considérable qu'on ne le croit communément : la place est trop grande, très-dominée et bien peu forte du côté de Wick. Avec la nouvelle méthode d'ouvrir la tranchée au plus près et de couvrir une ville de feu, Maëstricht ne tiendroit pas longtemps.

L'Autriche doit agir à la fois en Allemagne, en Suisse (1) et en Italie. Elle a trois campagnes à

(1) « Dans son plan d'opérations militaires, dit Mallet du Pan, l'auteur oublie la Suisse, contiguë à la seule frontière de France qui soit ouverte. C'est aussi là une limite où l'événement a fait sentir la faiblesse des contrepoids, et qui, plus que jamais, auroit

faire au lieu d'une, comme la Prusse. Elle a aussi cent mille hommes de plus, car ses alliés sont comptés pour cent mille hommes, dont cinquante mille Italiens et cinquante mille Allemands.

Ces troupes doivent être partagées ainsi qu'il suit :

Cent trente mille hommes en Italie, dont quatre-vingt mille Autrichiens ; cinquante mille en Suisse, vingt mille de Manheim à Bâle, et environ dix mille hommes de Manheim à la Moselle.

Ils doivent être employés à reprendre Mayence et à chasser les Français jusqu'à leurs frontières. Ce sera aux généraux de choisir entre le blocus ou le siége de Mayence. L'armée qui s'avancera sur la Sarre et sur Landau formera l'armée d'observation du siége ou du blocus.

Ce mouvement se lie avec tous ceux de l'armée prussienne aux Pays-Bas, comme il arrive dans toutes les guerres d'alliance, où les mouvements doivent être combinés et les succès ressentis par chaque parti.

besoin de recevoir une addition naturelle, par la réunion des enclaves renfermées entre les Alpes et le Jura depuis le Mont-Cenis jusqu'au Rhin. »

(*Mercure Britannique*, n° 8, p. 581, compte-rendu de l'*Antidote*.)

On ne peut indiquer jusqu'à quel point l'armée autrichienne devra pénétrer en France : sûrement le plus loin sera le meilleur et le plus favorable à l'intérêt général ; mais comme ce point n'est qu'un accessoire de la guerre, on ne peut déterminer ses opérations avec la même précision que celles des armées principales, qui ont une destination invariable. Sûrement on s'empressera de réparer la faute immense d'être resté spectateurs oisifs de la révolution de Suisse ; cet événement est un des plus désastreux de la révolution, surtout pour l'Allemagne.

La reprise de ce pays est une partie essentielle du plan de guerre ; il faut éteindre ce nouveau foyer d'incendie allumé à la porte de l'Allemagne et de l'Autriche. Il y a une différence de cent mille hommes à avoir les Suisses pour amis ou pour ennemis.

La guerre d'Italie est toute tracée sur la carte ; on y aperçoit du même coup d'œil le départ et le but.

Les Autrichiens, rassemblés dans le Tyrol et sur l'Adige, doivent s'avancer sur le Milanez par le Brescian et Mantoue. Cette ville sera bloquée comme elle l'a été par les Français ; il n'y a qu'à reprendre leurs postes.

Peschiera doit l'être aussi. L'armée s'avance ensuite sur Milan et marche droit au siége du

gouvernement cisalpin, dont l'expulsion sera infailliblement le signal d'une insurrection générale. Modène et les autres places occupées par les
Français seront bloquées par les troupes réglées,
réunies aux habitants, comme on l'a indiqué
pour la Hollande ; car il ne s'agit pas plus en
Italie qu'en Hollande de faire des siéges, mais de
reconduire les Français à leurs frontières, de séparer les places de tout moyen de secours et
d'empêcher les Français de leur en porter, ce qui
est encore plus aisé qu'en Hollande ; car la frontière des Pays-Bas est ouverte de tous les côtés,
au lieu que celle d'Italie est fermée par les montagnes et ne présente qu'un petit nombre de passages faciles à garder.

Les alliés d'Italie ne doivent s'arrêter qu'au
Var et à Nice, qu'il faut reprendre et fortifier de
manière à en faire un avant-posté très-solide pour
la frontière d'Italie.

Les Français ne pourront, pas plus en Italie
qu'en Hollande, garder à la fois les places et tenir la campagne. Là aussi, il y aura une armée
sans garnisons ou des garnisons sans armée. Pour
faire les deux ensemble, il faudroit deux cent
mille hommes, car il y a une étendue immense
de Nice à Rome.

Cette étendue de conquêtes devient nuisible

aux Français en cela qu'ils (1) partagent leurs forces entre une multitude de places, la garde du
pays et l'opposition à l'ennemi, qui n'a pas le
même embarras.

Les Français ne redeviennent vraiment forts
qu'en touchant leurs frontières... Mais, dit-on,
quel compte tient-on dans ce plan de la prépondérance des armées françaises et de la force des
frontières de cet empire, au pied desquelles
la coalition est venue se briser ?

Les Français ont mis l'Europe au régime de la
terreur de leurs armées ; elle s'y est façonnée ;
elle ne conteste plus rien à cet égard. Le Directoire commande au nom de ses redoutables armées ; il parle en les montrant, et tous les fronts
s'abaissent devant cette menace. Tel est l'état actuel. Il est dû à la succession rapide de deux sentiments que l'on trouve trop souvent rapprochés,
la présomption et l'abattement. On a commencé
par trop mépriser les Français ; on finit par les
trop craindre. De la risée à la terreur il n'y a eu
qu'un passage imperceptible ; tel gouvernement
qui en rioit en mai 1792 en frémissoit déjà en
septembre de la même année. Tel est l'effet naturel des jugements inconsidérés ; ils ne mènent
qu'à des extrêmes.

(1) Première édition : qu'*elles* partagent.

Sûrement les armées françaises sont très-bonnes, et nous ne partagerons jamais les sentiments haineux qui condamnent la France, comme république, à n'en avoir que de mauvaises. La haine est un prisme trompeur qui ternit les objets en les décomposant. Loin de nous ces aveugles préjugés (1)! Mais les succès des Français ne nous font pas davantage illusion sur le mérite intrinsèque de ces armées : on ne sait pas encore ce dont elles sont capables, car elles n'ont pas été mises à l'épreuve. On s'est battu pendant cinq ans, mais on n'a pas fait la guerre aux Français pendant cinq mois... Trois semaines en Champagne, quatre semaines en mars 1793, trois ou quatre semaines au printemps de 1794, et quelques semaines en septembre 1796, voilà tout... Le reste a été une guerre de retraites et de combinaisons impossibles à qualifier. Les armées ont été, comme les soldats, réduites au rôle de machines; les cabinets ont tout dirigé, et ce sont bien eux qui ont été battus.

Deux armées principales ont eu affaire aux Français, celles de l'Autriche et de la Prusse. Sur treize combats, celle-ci les a battus onze fois.

(1) Ces paroles seules suffiraient pour désigner J. de Maistre comme l'auteur de l'*Antidote*.

Les Autrichiens les ont pareillement battus
toutes les fois qu'ils les ont sérieusement attaqués. Sans parler du début de la guerre, le général Mack les chasse de la Roër à l'Escaut en
mars 1793. En 1794, il les culbute sur leurs
propres forteresses. En 1795, Mayence est déblo-
qué, Manheim repris, et les Français chassés partout dans un tour de main. En 1796, l'archiduc
les ramène, battant, du Danube au Rhin ; le général Wurmser fait lever le premier siége de
Mantoue, qui n'eût jamais succombé sans les
fautes que ce général, ses successeurs (1) et leur
cabinet entassèrent à l'envi.

Si les retraites sont la pierre de touche des
armées, que penser des armées françaises après le
hideux spectacle qu'offrirent les deux retraites
de Jourdan, celle de Dumouriez et l'abandon des
lignes de Weissembourg?... Sûrement les Français sont encore ce qu'ils furent de tout temps,
d'un caractère hasardeux, et par là même très-
propres au périlleux métier des armes ; ce peuple a, plus que les autres, l'esprit soldat ; il est
gaîment brave, comme d'autres le sont triste-
ment ; il va aux coups de fusil comme les autres

(1) Le mot *successeurs* se trouve répété deux fois de suite dans
l'édition originale.

s'y laissent conduire ; il supporte la fatigue et l'intempérie des saisons avec facilité, parce qu'habitant sous un ciel tempéré, il participe à tous les climats et n'a pas une seule combinaison d'existence, comme les peuples qui vivent sous des climats extrêmes... Mais avec tous ces avantages les Français ont mille défauts à la guerre, dont le principal est de ne pas résister à de longs revers.

S'ils avoient eu à lutter contre la persévérance du malheur qui a poursuivi l'armée autrichienne, peut-être n'auroient-ils pas gardé quatre bataillons ensemble. Disons-le hautement, les armées françaises ont été moins victorieuses que leurs gouvernements, qui ont tout fait pour les faire vaincre. Les armées étrangères ont été moins battues que leurs gouvernements, qui n'ont rien fait pour les empêcher de l'être... La preuve que ce sont les gouvernements qui ont fait les succès et les défaites, c'est que les Français ont été également vainqueurs sous tous leurs généraux et sur tous les points où ils ont combattu, et que les étrangers, les Prussiens exceptés, ont été également malheureux sous les mêmes rapports. Cette continuité de résultats semblables, à l'épreuve de tous les changements de chefs et de localités, ne prouve-t-elle pas l'action ininterrompue d'une cause permanente, qui ne peut être que le gouvernement?... De manière qu'il est très-probable que si le comité de salut public eût été à Vienne et Vienne à Paris, Pichegru ou Buonaparte en Brabant et les généraux alliés en France, il est très-probable que la révolution n'existeroit plus.

Il faut d'ailleurs se calmer sur ces merveilleux succès des Français et savoir les apprécier. On leur a tout abandonné. Lisez l'histoire de cette guerre, que présente-t-elle?

De mauvais calculs et des intrigues livrent les Pays-Bas; ils entraînent la Hollande abandonnée sans secours.

L'Italie s'endort sur sa propre défense et n'est que médiocrement défendue par l'Autriche.

L'Allemagne se divise et désarme à la troisième campagne.

L'Espagne ne sait ce qu'elle fait.

La Sardaigne encore moins.

De bonne foi, est-ce là faire la guerre? A l'exception de trois ou quatre villes, y en a-t-il eu une défendue ou simplement disputée?

Luxembourg n'a pas paru valoir (1) un coup de fusil. On n'a pas su détruire ce qu'on ne pouvoit garder. Valenciennes et Condé sont ren-

(1) Edition originale : *vouloir*.

dus d'un trait de plume. Ici il y avoit des soldats
sans provisions, là des provisions sans soldats.
Les places de Hollande et de Piémont, les plus
fortes de l'Europe, ont été ouvertes par ordre du
gouvernement. On a vu le commandant de Bois-
le-Duc faire courir après l'ennemi en retraite
pour lui livrer, avec deux canons de campagne,
une place devant laquelle Louis XIV perdit en
vain quatorze mille hommes. Les Mémoires de
Pichegru attestent ce fait inouï. L'ambassadeur
français à Madrid, .Bourgoing, a considéré (1) la
reddition de Figuières, le Luxembourg de l'Espagne, comme un prodige d'infamie. Voilà la clef
des succès incontestés des Français...

En y joignant la prodigalité en hommes, en
argent, les moyens d'intrigues, de corruption et
d'intelligence qu'ils ont su se ménager partout,
il y a bien lieu de s'étonner, mais c'est de les
trouver encore en Italie et en Hollande, et non
pas sur la Vistule ou la mer Noire.

La France avoit le meilleur système et le plus
complet de défensive qu'il y eût en Europe,
sans avoir les meilleures places. Sûrement les
frontières seront impénétrables toutes les fois
que l'on voudra les prendre les unes après les

(1) Première édition : a *consacré* la reddition de Figuières, le
Luxembourg *et* l'Espagne.

autres. Mais quel insensé conçut jamais une pareille idée ?

Ce ne sont pas les villes qu'il faut attaquer, mais l'armée qui les couvre ; celle-ci battue, poursuivie, que deviennent les places ? Ainsi ont fait Pichegru et Buonaparte. Ont-ils été arrêtés par les forteresses de la Hollande et du Piémont ?

Il disoit donc une chose vide de sens, celui qui représentoit le génie de Louis XIV et de Vauban veillant aux frontières de la France. Non, ce n'étoit pas leur génie qui la défendoit, mais le mauvais génie de la coalition qui la précipitoit dans l'entreprise de Dunkerque et faisoit séparer l'armée au moment où elle avoit à choisir entre la prise de Cambrai, de Landrecies, de Maubeuge, ou le chemin de Paris. Voilà ce qui a tout perdu... La Hollande a-t-elle été défendue par le génie de Maurice et de Cohorn , le Piémont par celui des deux Victor-Amédée ? Toutes ces frontières, bien plus fortes que celles de France, n'ont-elles pas été franchies à la suite des armées qu'on avoit forcées à la retraite ?

Dans le fait, la frontière de France est très-foible de la Haute-Meuse à l'Escaut, et tout général qui s'y jettera avec une audace réfléchie n'y sera pas longtemps arrêté.

L'armée française ne tirera sûrement pas va-

nité de ses succès à Rome et en Suisse ; ils sont
plus utiles à la révolution que glorieux pour elle...
Cette conquête ajoute à ses domaines et non pas
à ses lauriers. Voilà-t-il pas en effet de beaux
faits d'armes que l'expulsion de quelques soldats
du Pape ou la défaite de quelques milliers de
paysans trahis par leur propre gouvernement et
trompés par le sentiment de leur valeur héréditaire !

La force de l'armée française ne peut donc
être évaluée en elle-même, car elle n'est pas connue ; celle que l'on connoît appartient autant à
ses ennemis qu'à elle-même, elle est en partie le
produit de leur foiblesse.

Qu'on remette donc à nous éblouir du prestige
de l'*invincibilité* des armées françaises au temps
où elles auront été mises à une épreuve véritable.
Jusques là il faut suspendre son jugement et con-
vertir en sages et vigoureuses mesures les craintes que l'on a conçues prématurément ; il sera
toujours temps de s'avouer vaincu et de dire aux
Français :

Tu regere imperio populos, Romane, memento (1).

(1) Il n'est point inutile de rappeler au lecteur que le comte de
Maistre avait un goût très-marqué pour les citations de vers latins
et français.

En admettant même cette supériorité momentanée des armées françaises, loin d'être un motif d'abattement, elle doit servir d'aiguillon pour travailler à la reprendre et à rétablir l'équilibre au moins dans cette partie. Les nations ne peuvent exister avec sécurité dans un état d'abaissement comparatif, surtout du côté militaire ; il est pour elles des propriétés d'opinion aussi importantes que celles de territoire et de commerce : leur perte est incompatible avec la sûreté ; celle-ci leur commande de tout tenter pour les reconquérir (1).

L'Allemagne se trouve particulièrement dans ce cas. Sa considération reposoit principalement sur son état (2) militaire, qui tenoit le premier rang en Europe depuis le grand Frédéric. La guerre actuelle vient de l'en faire descendre. Cette chute blesse sa sûreté et sa considération politique ; elle a trop d'intérêt à les reprendre pour ne pas y employer tous ses moyens.

(1) Première édition : pour les *conquérir*.
(2) *Etat*, mot ajouté.

CHAPITRE XII.

DES COLONIES (1).

———

L'Europe doit aux colonies l'opulence et les agréments de sa vie moderne. Elles l'ont bien payée de ses avances et de ses soins. L'acquisition des colonies fut pour l'Europe une révolution de richesses et de prospérité; la perte des colonies sera pour l'Europe une révolution d'appauvrissement et de ruine.

Cependant, au train dont vont les choses, à

(1) « Les notions de l'auteur sur l'Angleterre, dit Mallet du Pan, participent des erreurs trop répandues sur le continent; il a été trompé sur des points essentiels, et surtout dans son chapitre sur les colonies. »

(Mercure Britannique, n° 8, p. 580.)

Lorsque Mallet du Pan écrivait ces lignes, il avait parfaitement raison au point de vue des idées économiques; mais il était bien loin de se douter que plusieurs prédictions de ce chapitre se réaliseraient un jour.

l'oubli total dans lequel les puissances coloniales
paroissent laisser ces belles contrées, aux progrès,
à l'affermissement de la révolution, il est aisé de
juger que ces possessions, sources de tant de richesses, sont à la veille d'échapper à leurs insensibles propriétaires, et que toute l'Europe perdra
à la fois ses colonies. Le plan de destruction de
ces riches contrées n'est encore qu'ébauché : la
révolution a été trop occupée en Europe pour
avoir eu le temps de les *travailler;* mais donnez-
lui le temps de s'affermir, et vous la verrez porter sur les colonies l'activité meurtrière qu'elle a
développée dans l'exécution de tous ses projets.
D'un autre côté, les anciens liens d'habitude, d'attachement et de subordination qui attachoient
les colonies à la métropole s'affoiblissant graduellement, la révolution générale s'y prépare avec
une évidence qui saute aux yeux. Ce sujet se lie
essentiellement avec celui de cet ouvrage, et c'est
pour le présenter dans l'ordre et avec la clarté
qu'il exige, que nous le classerons sous les trois
titres suivants :

De l'état colonial en général ;

De l'état actuel des colonies ;

Du sort futur des colonies (1).

(1) C'est cette division qui a fourni à l'abbé de Pradt le titre

1° Les colonies sont des enfants portés, par mille causes inutiles à détailler, hors de la maison paternelle. Leur enfance, comme celle des individus, a besoin des soins et de la vigilance maternelle. Comme eux, dans la virilité, elles cherchent à suivre la pente commune à toute la nature, celle d'exister pour son compte et de vivre à son gré. En un mot, l'état colonial est la foiblesse pendant l'enfance et le désir de l'indépendance pendant la virilité. Les colonies, trop foibles ou trop petites, sont condamnées à une éternelle dépendance, comme les enfants disgraciés de la nature le sont à une tutelle de toute la vie. Les grandes colonies inquiètent la métropole, la rivalisent ou s'en séparent, dès qu'elles ont atteint un certain degré d'accroissement ou de force. C'est la marche générale de la nature.

Les colonies sont très-éloignées ou voisines de la métropole, faciles ou difficiles à garder,

de son livre intitulé : *les Trois Ages des Colonies*; mais il n'y a rien de commun que cela entre l'ouvrage de l'archevêque de Malines et le chapitre de Joseph de Maistre. Autant l'un est précis, clair, serré, autant l'autre est diffus, obscur, délayé et paradoxal. Joseph de Maistre déplore l'émancipation brutale et trop prompte des colonies; il voit dans cette mesure le signe manifeste de leur ruine, tandis que l'abbé de Pradt y voit au contraire le point de départ de leur prospérité. *Les Trois Ages des Colonies* n'eurent aucun succès. C'est une indigeste reproduction des idées de l'abbé Raynal.

peuplées de races homogènes, mélangées ou tout
à fait différentes.

Dans les unes, les colons sont, à proprement
parler, des conquérants qui règnent sur une population indigène, infiniment plus nombreuse
que celle de leurs maîtres, comme les Anglais au
Bengale, les Espagnols en Amérique, les Turcs
même en Europe...

Dans les autres, la race des colons conquérants
fait le fonds de la population, comme les Anglais
aux Etats-Unis, ou les Portugais au Brésil.

Toutes ces variétés apportent des modifications
dans le régime : on ne peut pas traiter un petit
peuple comme un grand, un grand comme un
petit, une colonie robuste et vaste comme un
enfant au berceau.

La métropole considérant ordinairement les
colonies sous le rapport du produit net, (1) les

(1) J. de Maistre ne paraît pas avoir suffisamment compris l'u-
tilité des colonies au point de vue politique. Il ne les a envisagées
uniquement qu'au point de vue de l'échange et de la balance du
commerce, tandis que les puissances maritimes les considèrent
surtout au point de vue de leur intérêt stratégique, comme la raison première du développement de leur marine. Ces opinions
étaient du reste universellement adoptées au moment où il écrivait. Ce sont les Anglais principalement qui ont amené un changement complet dans cette nouvelle manière de comprendre la
question des colonies.   P. B.

frais de garde et de défense doivent entrer pour beaucoup dans le choix à faire et dans le prix à mettre à ces possessions. Ainsi celles qui, comme Antigoa, la Martinique, la Grenade, peuvent être gardées par l'occupation d'un seul point, sont d'une tout autre considération que celles qui, privées de ces avantages locaux, exigent une plus grande dépense en hommes et en argent.

L'autorité de la métropole éprouve le même déclin que celle des parents par la croissance des enfants. Ceux-ci, en grandissant, tendent à s'en affranchir et à devenir à leur tour chefs de familles séparées, destinées à se perpétuer de la même manière. Les colonies ont la même allure : dès qu'elles sont grandes, elles visent à l'indépendance, comme les Américains. Cette tendance est modifiée à son tour par des circonstances locales. Ainsi il étoit visible que l'Amérique septentrionale se sépareroit de l'Angleterre avant que la méridionale songeât à se séparer de l'Espagne.

La cause étoit moins dans le génie et dans le culte des deux nations que dans l'espèce de population des deux Amériques. Celle du nord, composée entièrement d'Anglais, n'avoit pas besoin de s'appuyer sur l'Angleterre pour sa défense contre une population indigène qui n'existoit pas. Celle du midi, au contraire, étant infi-

niment moins nombreuse que les indigènes, a
ou croit avoir besoin contre eux (1) de l'appui
continuel de l'Espagne : il y a donc entre elle et
la métropole un lien très-fort qui n'existoit pas
entre les Etats-Unis et l'Angleterre.

Les Anglais au Bengale, les Hollandais à Ba-
tavia sont, par la même raison, dans la dépendance de l'Angleterre et de la Hollande.

Quand les colonies, indépendantes de la métropole pour leur sûreté, deviennent encore
fortes en population et en richesse, la sagesse
ordonne à celle-ci de cesser de les traiter en enfants, pour ne plus voir en eux que des amis ;
elle lui ordonne de substituer à un joug intolé-
rable (2) les relations de l'amitié, de la convenance
mutuelle, cimentées par tous les droits de la
consanguinité. L'art de la métropole consiste
alors à saisir le passage de l'enfance à l'âge viril,
pour régler ses démarches sur le changement qui
résulte de cette transition. Ainsi les Anglais ont
perdu l'Amérique pour avoir manqué à cette
observation, au lieu qu'en profitant des premiers frémissements de la liberté qui éclatèrent
parmi ce peuple, pour renoncer prudemment à

(1) Première édition : contre *elle*.
(2) Id. id. : *irréparable*.

une autorité dissoute par la nature des choses, ils auroient établi, sans obstacle de la part de l'Amérique, un prince de la maison d'Angleterre, et fondé la royauté aux mêmes lieux d'où la démocratie s'est élancée sur l'univers. Le même cas se représentera avec le temps pour le Canada. Les colonies étendues et riches, comme les Etats-Unis, ne doivent, au bout de quelque temps, être pour les métropoles que des débouchés et des marchés. Celles-ci doivent y renoncer à la propriété foncière pour le commerce. Que les colonies s'enrichissent, nouvel avantage pour elles ; car elles vendront (1) toujours beaucoup à qui pourra beaucoup acheter, et celui-là peut acheter qui peut prospérer.

Ainsi l'Angleterre, en perdant la souveraineté de l'Amérique, n'a rien perdu, au contraire, elle a vu son commerce s'accroître et suivre les degrés de la prospérité de ce pays : l'Amérique est aujourd'hui le principal débouché de l'Angleterre.

Ainsi sont tombées les prophéties menaçantes de lord Chatam sur la liberté de l'Amérique, et l'expérience, plus forte que ce grand homme, a prouvé que des Etats commerçants, au lieu de

---

(1) Première édition : nouvel avantage pour *elle* ; car *elle vendra.*

chercher à maîtriser et à appauvrir leurs voisins, devoient au contraire s'applaudir de les voir s'enrichir, bien sûrs d'être appelés par le luxe au partage de leurs richesses. Toutes les maximes exclusives et jalouses de l'ancien commerce sont démenties par le seul fait de l'indépendance (1) de l'Amérique ; et dans la réalité, à qui peut vendre beaucoup, il ne faut que des acheteurs, et il est fou de commencer par les appauvrir.

L'Espagne est, par rapport à l'Amérique, dans une position tout à fait différente de celle de l'Angleterre ; car, n'étant pas aussi commerçante, elle a besoin de retenir sa propriété foncière et de réparer par ses produits le déficit du commerce. Elle doit chercher à l'étendre avec ses colonies et à en éloigner les étrangers. Voilà toute la politique à l'égard de ses immenses colonies.

De l'état actuel des colonies.

2° La révolution d'Amérique avoit moins influé sur les Antilles que sur l'Europe. Les brandons qui ont consumé ce malheureux pays y furent lancés de France, et la révolution a été

(1) *De l'indépendance,* mots ajoutés.

importée d'Europe. A la vérité, depuis l'édit du
30 août 1794, le commerce américain y primoit
à quelques égards celui des Européens ; mais
cette perte étoit balancée par d'autres améliorations, dont quelques unes provenoient du bé-
néfice même du commerce avec l'Amérique. Ces
petites oscillations n'empéchoient pas la France
de retirer de ses colonies d'Amérique la somme
énorme de 160 millions, dont Saint-Domingue
fournissoit seul 110 millions. A cette époque, toutes
ces possessions étoient parfaitement tranquilles ;
les liens entre la métropole et les colons se res-
serroient chaque jour par une fréquentation plus
habituelle ; la suprématie, l'autorité de la mère-
patrie n'étoient nullement contestées ; la subordination la plus exacte régnoit dans toute la hié-
rarchie des couleurs qui habitoient ou qui fécon-
doient ces belles contrées ; enfin elles marchoient
avec rapidité vers un accroissement de prospérité dont il étoit impossible d'assigner le terme,
quand la révolution est venue détruire ce chef-
d'œuvre de l'industrie humaine.

  Cet affreux changement avoit été préparé par
les déclamations de l'abbé Raynal (1), précurseur

___

(1) Dans la préface de son livre sur *les Colonies et la révolution
actuelle de l'Amérique,* l'abbé de Pradt a écrit un pompeux éloge
de l'abbé Raynal, auquel il fait du reste de nombreux emprunts.

de tous les sycophantes qui, sous le nom d'amis
des noirs, inondèrent les deux mondes de leurs
diatribes philanthropiques sur la traite des noirs,
sur l'horreur de leur sort aux colonies, et finirent par massacrer les blancs, incendier les ha-
bitations et armer les nègres déchaînés. Tous
les gouvernements qui se sont succédé en France
depuis la révolution ont merveilleusement secondé ce début. L'affranchissement subit de tous
les nègres, l'expulsion des blancs, l'envoi de
commissaires tels que Victor Hugues et Son-
thonax, les Robespierres des colonies, enfin l'apparition d'un nouveau fléau

> Digne d'enrichir en un jour l'Achéron (1),

la fièvre jaune mettant le comble à l'insalubrité
des climats, tout a contribué à la ruine des colonies. Dans quelques années la stérilité et la
mort auront remplacé la culture et l'abondance.

Tous les actes du gouvernement français sur ce
pays sont frappés de signes certains d'insanité et
de barbarie. On ne conçoit pas même par quelle
fantaisie il a mis du prix à l'acquisition de la partie espagnole de Saint-Domingue, pourquoi il
tient encore à la restitution de ses propres colo-

---

(1) Cette citation du vers de La Fontaine n'est pas exacte : il
faut *capable* au lieu de *digne*.

nies lorsqu'il s'interdit par tous ses actes les moyens de les posséder utilement.

C'est là une de ces contradictions qu'on rencontre fréquemment dans la révolution et qu'on ne peut expliquer que par des intérêts privés ou par la vanité des chefs.

Comment, dans le fait, concilier le désir de conserver des colonies avec l'acharnement que l'on met à poursuivre les dernières traces de l'esclavage, sans lequel il est impossible d'avoir des colonies ? Comment concilier la culture avec l'armement continuel des nègres et l'introduction dans ces îles infortunées de tous les brigands du monde ? Elles sont devenues l'égout de l'univers.

Quand le gouvernement français parle de bonne foi, il semble avoir fait son deuil de ses colonies et ne plus les considérer que comme un brûlot destiné à incendier celles de ses voisins. Le gouvernement se tourmente à chercher des remplacements pour cette perte immense, et, fidèle au génie de la révolution, qui est de placer toujours le ridicule à côté de l'atroce, il s'est arrêté à un expédient qui seroit le plus bizarre de tous, s'il n'en étoit pas le plus barbare : celui de faire des colonies dans les climats empestés avec de vieux prêtres et des hommes de tout état et condition, arrachés à une vie entièrement étrangère à leur nouvelle destination. Si c'est un essai, c'est trop bête ; si c'est cruauté, c'est trop fort...

Les colonies françaises étoient aux colonies européennes ce que la France est à l'Europe. Saint-Domingue étoit le Paris des Antilles.

D'après les calculs faits sur les lieux en 1787 par M. Bryan Edwards, auteur de l'*Histoire civile et commerciale des colonies anglaises en Amérique*, Saint-Domingue comptoit dans cette année une population de cinq cent trente mille hommes, dont trente-un mille blancs, vingt-quatre mille mulâtres et quatre cent quatre-vingt mille nègres. Les plantations de toute nature montoient à huit mille cinq cent trente-six ; l'exportation de l'année, sur les quatre cent sept bâtiments, s'élève à cent dix-huit millions.

Quel spectacle de richesse et d'opulence !...

Indè iræ... Les Anglais suivoient de l'œil les progrès de la culture de Saint-Domingue et des autres colonies françaises. Considérant que le sol de leurs colonies, trop tôt vieillies, alloit en dépérissant, tandis que celui des îles françaises sembloit s'améliorer sous la main du cultivateur, ils virent aisément les suites de cette proportion inverse, et conçurent fort bien qu'ils ne pourroient soutenir longtemps la concurrence de la

France. On est parti de là pour les accuser d'a-
voir fomenté les troubles des colonies à dessein
d'y frapper au cœur leurs rivaux. Les soupçons
ont été fortifiés par la conduite du ministre que
l'on a vu et entendu poursuivre l'abolition de la
traite avec le zèle et le langage de Brissot.

En joignant à ces inductions tout ce qui se dit
et s'imprime sur la nécessité de tourner les efforts de l'Angleterre vers le Bengale, où elle règne
sans compétiteurs sur des millions d'esclaves la-
borieux et dociles, on peut croire tenir le fil de
la conduite de l'Angleterre à l'égard des colonies.
Elle s'est d'ailleurs ressentie de la mobilité des
circonstances ; elle a été incertaine et foible
comme sont tous les essais. Ainsi elle a dévié du
système d'abandon en dirigeant sur les Antilles
le grand armement du général Abercrombie. Mais
le défaut de succès, mais l'impossibilité de renouveler ainsi que d'ajouter la garde de ces grandes
colonies à celle d'autres possessions déjà trop
étendues, mais l'aggravation de la mortalité fo-
mentée par le mauvais régime et par la médecine
encore plus mauvaise des Anglais, tous ces inconvénients réunis semblent les avoir dégoûtés et
fixé leurs vues sur le Bengale (1).

(1) Les Anglais ont été si peu dégoûtés de leurs possessions américaines, qu'ils se sont incorporé définitivement les possessions fran-

Si les Français n'achèvent pas par la force la conquête de Saint-Domingue, ils l'auront par l'évacuation que les Anglais seront forcés d'en faire... Ceux-ci ont renouvelé aux Antilles toutes les fautes que la coalition faisoit en Europe. Ils vouloient envahir les colonies françaises, et ils avoient à peine de quoi garder les leurs. Le grand armement du général Abercrombie a péri sans avoir le plaisir de tirer un coup de fusil. Les Anglais, occupés en Irlande et dans leur île, n'ont aucun moyen de le renouveler. Ces grands armements manquent presque toujours, parce qu'il est impossible qu'ils n'éprouvent pas mille accidents de retard ou d'autres causes qui en affoiblissent infailliblement l'effet.

L'invasion des colonies fut une grande faute de politique de la part des Anglais. Elle effraya les puissances maritimes et détacha l'Espagne, honteuse de travailler pour son ennemi contre son allié naturel.

D'ailleurs, la possession des colonies françaises, en portant en Angleterre les trésors qu'elles valoient à la France, lui devenoit funeste à quel-

çaises du nord de l'Amérique, le Canada et Terre-Neuve, qu'ils ont gardé toutes leurs possessions des Antilles, et qu'ils sont en compétition avec les Etats-Unis pour le protectorat de l'Amérique centrale.

ques égards ; car l'accroissement du numéraire, élevant d'autant les salaires, rompoit la proportion entre celui de l'ouvrier et du soldat, que le gouvernement, qui vit d'impôts, ne peut pas élever aussi facilement que le fabricant ; alors le plus mauvais métier qu'un homme puisse faire est de servir son pays, et malheur à celui qui en est là...

Il est un point auquel les Etats doivent travailler à borner leur propre richesse : c'est le trop plein des eaux qu'il faut savoir détourner.

Les projets de l'Angleterre sur le Bengale ne paraissent pas plus réfléchis que ceux qu'elle forme sur les Antilles.

Ce pays fournit des sucres égaux en qualité et en valeur à celui de Saint-Domingue. La raison en est que le sucre sert de lest aux vaisseaux de la compagnie des Indes chargés de marchandises précieuses, et que par conséquent il n'entre (1) que pour fort peu de chose dans la cargaison. Mais qu'au lieu de soieries et d'autres marchandises communes et d'un grand encombrement, telles que le sucre, qu'au lieu de soixante à quatre-vingts vaisseaux de la compagnie des Indes, on en emploie des milliers à voiturer du sucre, alors les prix se ressentiront tout de suite de ce

(1) Première édition : *ils n'entrent.*

changement et s'élèveront à la hauteur des nouvelles circonstances. En vain dira-t-on que les
Anglais, maîtres de la denrée, le seront aussi du
prix. Cela est bon pour les denrées de première
nécessité, mais ne s'applique pas à celles d'agrément ou de fantaisie, dont l'usage se règle sur les
facultés du consommateur... Ce système du Bengale est donc absolument faux en lui-même. Il
seroit encore ruineux pour l'Europe, qui, ne
vendant presque rien aux Indiens, seroit obligée
de leur acheter leur sucre avec de l'or, comme
elle achète le thé aux Chinois, opération qui lui
fait payer un tribut annuel de plus de quatre-
vingts millions.

Enfin, ce système porte sur un faux supposé,
celui de la continuité de la possession du Bengale
par les Anglais : opinion que nous allons discuter
tout à l'heure.

De l'état à venir des colonies.

3° On a dit que la révolution française feroit
le tour du monde.

Certes, il est peu de pays qui soient autant
sur son chemin que les colonies européennes. Ce
sont des domaines faits tout exprès pour elle.
Les colonies françaises sont totalement subver-

ties. Le gouvernement français, au lieu de s'attacher à y rétablir des liens de subordination et d'ordre, s'attache encore à briser le peu qui en reste. Il ne veut faire de ce triste pays qu'un instrument de destruction : les colonies françaises sont le foyer d'incendie et de corruption des Antilles, comme la France l'est de l'Europe.

Après l'évacuation de Saint-Domingue, les troupes françaises, occupées jusqu'ici dans l'intérieur de l'île, en sortiront pour se porter sur les colonies anglaises, comme les armées françaises sont sorties de la république à la suite des alliés. Les nègres ayant abandonné la culture pour les armes, profession dans laquelle ils excellent, surtout comme chasseurs, vont devenir des flibustiers. Ils seront les Barbaresques de l'Amérique ; leur race se soutiendra comme celle des Marrons à la Jamaïque et des Caraïbes à Saint-Vincent. Les hauteurs de Saint-Domingue sont-elles habitées par d'autres que par des nègres? Le besoin les rendra pirates et fera naître d'autres Tunis et de nouveaux Algers sur le rivage de Saint-Domingue. Les possessions hollandaises, imbues du même venin, atteintes des mêmes fléaux que celles de la France, aideront au développement de la révolution; et par le fait, dans l'ordre de la révolution, l'archipel américain ressemble par-

faitement à l'Europe ; il est à moitié révolutionné
comme elle.

Si la guerre continue, la garde de leurs colonies
coûte aux Anglais plus qu'elles ne (1) leur rendent ;
si l'on fait la paix, l'établissement ordinaire ne
peut plus avoir lieu : il en faut un proportionné
à la nature de cette paix, à la probabilité de sa
durée, à la nécessité d'une surveillance plus active,
et par conséquent il en faut un tout autrement
dispendieux que le premier. En supposant même
l'observation de la paix de la part du gouvernement, on ne peut avoir la simplicité de la supposer de la part de l'esprit révolutionnaire, qu'il
faut bien distinguer du gouvernement ; car celui-ci peut être en paix, et l'autre n'y être pas.
En effet, tandis que les troupes et les escadres de
la France se reposeront, les émissaires, les apôtres
de la révolution se reposeront-ils de leur côté ?
y a-t-il même des trèves possibles avec eux, et y
en auroit-il avec la publicité des principes sub-
versifs du régime colonial ? y en auroit-il avec le
spectacle des effets qu'ils ont produits, avec
l'impression de l'exemple, avec le retour sur soi-
même qu'il fait faire à ceux pour qui ils sont
destinés ? La paix calmera-t-elle les haines que la

(1) *Ne*, mot ajouté.

révolution a fait naître entre les couleurs ? empêchera-t-elle le blanc d'être haï du mulâtre, et le
nègre de haïr l'un et l'autre, de voir son semblable libre, d'aimer une révolution qui brise
les fers et qui rétablit l'homme dans ses droits ?
l'empêchera-t-elle d'apprendre qu'en Angleterre
même, un parti puissant s'est déclaré pour lui,
et qu'il compte pour chef le chef même des conseils du roi ?

Tant d'innovations, de réflexions et d'espérances étrangères à l'ancien état des colonies, ne
le changent-elles pas, indépendamment de la
guerre ou de la paix, et ne rendent-elles pas l'état
de guerre préférable à celui de la paix? Tout cet
imbroglio naît du caractère d'incompatibilité que
nous avons si souvent remarqué dans la révolution, incompatibilité qui s'étend encore plus
loin avec l'état colonial qu'avec les autres établissements des Etats de l'Europe.

Les colonies françaises et hollandaises forment
à peu près la moitié de l'archipel américain ;
elles sont révolutionnées. Les colonies anglaises
forment l'autre moitié: ce sont les seuls points
de résistance ou d'appui ; car celles de l'Espagne,
ressemblantes à tout ce qui appartient à cette
monarchie, ne peuvent être comptées. Celles de
Danemark et de Suède sont des infiniment

petits. Or, les colonies anglaises résisteront-elles long-temps, soit à des attaques bien combinées, soit aux événements fortuits d'une guerre prolongée, soit au succès de la descente en Angleterre? Si quelqu'un de ces événements a lieu, les colonies anglaises sont perdues, et cette perte entraîne sans retour celle de toutes les colonies de l'Europe. Les colonies hollandaises et de l'Asie sont dans le même cas pour l'archipel indien; elles y seront le brûlot des colonies européennes, comme Saint-Domingue est celui des Antilles.

Voilà pour les colonies à sucre d'Amérique.

Quant aux grandes colonies de l'Amérique méridionale et de l'Asie, outre les dangers communs à toutes les colonies, elles en ont encore deux tout particuliers à craindre : 1° l'indépendance ; 2° l'expulsion des Européens.

Ces dangers, attachés de tout temps à la possession de ces contrées, sont infiniment augmentés par la prolongation de la révolution, qui ne peut manquer de les réaliser tous les deux, et cela de deux manières : la première, en les forçant à l'indépendance pour échapper à la révolution, comme les îles de France et (1) Bourbon ;

(1) Première édition : de Bourbon.

la deuxième, en recevant la révolution de la métropole, comme les colonies françaises et hollandaises, ce qui est la même chose que l'indépendance pour ces grandes colonies.

1° Des colonies peuvent être assez sages pour ne pas vouloir s'associer à toutes les folies de leur métropole et aux fléaux qui les suivent. Elles s'en séparent et se (1) régissent elles-mêmes, comme ont fait les îles de France et Bourbon (2).

2° Des colonies révolutionnées par la métropole sont plus portées à l'indépendance qu'elles ne (3) l'étoient dans l'ancien régime ; car celui-ci portoit sur des idées d'ordre et de subordination : le calme habituel dont il jouissoit lui donnoit le temps de s'en occuper. Au contraire, dans le régime révolutionné, les principes du gouvernement appellent à l'indépendance, le mouvement continuel des esprits entretient la fermentation, et le rapprochement périodique des individus, commandé par la constitution représentative, leur donne les moyens de se connoître, de se compter et de former des liaisons pour la métropole. Celle-ci, occupée de son intérieur toujours troublé par la fermentation révolution-

---

(1) *Se,* mot ajouté.
(2) Première édition : l'île de France et de Bourbon.
(3) *Ne,* mot ajouté.

naire, n'a plus les mêmes moyens de surveiller et de contenir les colonies. Il y a partage dans son attention et dans ses forces. C'est ainsi que les colonies espagnoles de l'Amérique sont mille fois plus exposées à une scission avec la métropole par la révolution qu'elles ne (1) l'étoient auparavant. Dès avant cette époque, le voisinage des Américains étoit inquiétant pour elle. Que doit-ce être maintenant, quand à ce dangereux voisinage celui des îles françaises et hollandaises se trouve joint ? Leur genre de révolution est bien plus ennemi de la dépendance que celui de la révolution américaine. Comment l'Espagne et le Portugal, ces puissances si débiles en Europe, retiendroient-elles en Amérique la possession paisible d'immenses contrées, au milieu des embarras qui les assiégent ? Comment exerceroient-elles la surveillance nécessaire sur les émissaires, sur les mécontents et sur les progrès de la fermentation intérieure (2) ?

Ce sera encore bien pis, si ces pays sont révolutionnés par l'Europe. Alors ce sera elle-même qui portera à l'Amérique le don fatal de la liberté,

(1) *Ne*, mot ajouté.

(2) On sait comment cette prédiction s'est réalisée, à peu d'années de distance, pour la plupart des possessions européennes en Amérique.

et avec la liberté l'indépendance. Que la France retienne, tant bien que mal, quelques îles à demi brûlées, on le conçoit aisément, avec leur foiblesse et avec la force de la France. Mais ici c'est le contraire : c'est l'Amérique qui est forte et l'Espagne qui est foible. La France n'a pu régenter des points imperceptibles, tels que l'île de France et l'île (1) Bourbon, et l'Espagne contiendroit l'immense contrée qui s'étend depuis le détroit de Magellan jusqu'à la Californie ! Non, non, cela est impossible, et si cela a eu lieu dans d'autres temps et avec d'autres hommes, cela seroit impraticable dans celui-ci et avec les hommes d'aujourd'hui (2).

Les colonies anglaises de l'Inde sont dans le même cas.

Si l'Angleterre succombe, elles sont révolutionnées de droit ; ce sera Londres qui révolutionnera Madras.

Si elle triomphe, l'indépendance se fera plus attendre, il est vrai, mais elle n'en arrivera pas

(1) Première édition : *celle de* Bourbon.

(2) Que sont devenues les colonies espagnoles en Amérique ? On ne l'ignore pas : autant de républiques qui, n'étant pas nées viables, se débattent dans les convulsions de l'agonie, et qui tôt ou tard sont condamnées à devenir la proie de la race audacieuse et entreprenante qui les convoite.

moins un peu plus tard ; car l'Angleterre, étant
très-occupée chez elle, n'a plus les mêmes
moyens de surveiller le Bengale, et celui-ci, devenu plus inquiétant, est plus cher à garder, et
par conséquent moins productif.

Si l'Irlande est révolutionnée de cœur et d'intention à quelques lieues de l'Angleterre, si elle
laisse percer ses projets d'indépendance, le Bengale, à 6,000 lieues d'elle, n'en pourra-t-il pas former de semblables ? N'y a-t-il pas, dans tous les
grades des administrations et des armées anglaises
dans l'Inde, une multitude d'individus imbus
des principes qui agitent l'Irlande, et qui fermentent au sein même de l'Angleterre ? Des factieux adroits ne peuvent-ils pas profiter de troubles semblables à ceux qui éclatèrent (1) en 1795
et 1796 dans l'armée de l'Inde ? Des mécontentements particuliers ne les mèneroient-ils pas à en
chercher le redressement dans un meilleur ordre
de choses, comme l'a fait l'armée française ?

Les embarras de l'Angleterre, son éloignement,
l'exemple de l'Amérique, tout concourt à changer
ces conjectures en certitude, et le conseil de Madras paroît destiné à devenir la doublure du
congrès de l'Amérique. Croyons qu'il ne manque

(1) Première édition : qui durèrent.

nulle part des Washington (1) et des Franklin, ou
des gens qui, sans avoir leurs talents, en n'ont
pas moins leur ambition. Les Indiens n'ont-ils
pas parmi les Anglais leurs amis, comme les
noirs les avoient parmi les Français ? Quand on
voit ce qui se passe partout et quels noms se
rencontrent dans la révolution, on ne peut plus
douter de rien. L'indépendance des colonies
d'Amérique et d'Asie sera donc la première révolution que l'Europe éprouvera dans ses colonies.
Elle ne serait pas plus sensible pour son existence
en général que ne l'a été celle d'Amérique, qui
a tourné à son avantage par l'accroissement du
commerce remplaçant la propriété. Il en seroit
encore de même avec les colonies de l'Asie et de
l'Amérique méridionale (2) ; il y auroit peut-être
déplacement de richesses par le transport du
commerce d'un pays à l'autre. Ainsi le nord de
l'Europe, supplantant l'Espagne dans le commerce
de l'Amérique méridionale, la supplanteroit aussi

---

(1) Première édition : Wrsinsghton.

(2) Première édition : d'Asie et d'Amérique méridionale.

Les nombreuses incorrections de style que renferme l'*Antidote*
sont de même nature que celles dont fourmillent les premières
éditions des *Considérations sur la France*. L'auteur, dans ces premiers ouvrages, était loin d'avoir atteint la pureté de style des *Soirées de Saint-Pétersbourg*.

dans les produits qu'elle en tire ; mais il n'y auroit aucune perte réelle pour l'Europe en masse,
car la richesse ne feroit que passer du midi au
nord. Il est même probable que ce changement
seroit aussi avantageux à l'Europe qu'à l'Amérique : celle-ci seroit mieux approvisionnée, et l'Europe, commerçant directement avec l'Amérique
méridionale, le feroit avec la supériorité qu'elle a
sur l'Espagne.

La seconde révolution que l'Europe éprouvera
de la part des colonies par la durée de la révolution française vient de la différence de population. Les colonies américaines, formées de sang
européen, n'ont fait, en se séparant de la métropole, que se refuser à son obéissance. D'ailleurs
aucune haine, aucune animosité entre la population des deux pays. Elle étoit de même nature,
et la communauté de la souche ne fournissoit
pas de sujets de querelle entre des rejetons absolument pareils. Il n y a eu qu'un partage de
famille... Mais dans les grandes colonies de
l'Asie et de l'Amérique, c'est tout autre chose.
La population européenne n'est pas la dixième,
la vingtième partie de la population indigène. Celle-ci combat, travaille et veille pour
l'autre, qui lui est étrangère, qui l'asservit,
qui la comprime, après lui avoir fait éprou-

ver tout ce que se permettent les conquérants.

Il y a là bien d'autres motifs de haine, de
ressentiment et de séparation que dans les colonies du même sang, même à l'époque de leur
divorce avec la métropole. Il y a à venger des
injures cruelles et des précautions sévères à
prendre pour éviter un nouveau joug. Ainsi les
Européens furent, pour n'y plus rentrer, expulsés
de la Chine et du Japon ; heureux si l'extinction
de leur race dans ces contrées ne signale pas les
premiers éclats du ressentiment et de l'affranchissement de tant de peuples ! heureux si cet
affreux sacrifice ne leur paroît pas le gage de
leur sûreté ! Ce qu'il y a de certain, c'est que
les Européens établis aux Indes et dans le midi
de l'Amérique sont évidemment menacés de ce
sort ; c'est que l'Europe, après y avoir dominé,
est manifestement entraînée vers un état pire,
peut-être que celui où elle est à l'égard de la
Chine et du Japon. Cela lui arrivera, soit qu'elle
soit révolutionnée ou non, soit que les colonies
déclarent l'indépendance ou non. C'est un cercle
vicieux dont on ne peut pas sortir. Ce résultat
arrive sur-le-champ avec l'indépendance, comme
le massacre des blancs a suivi l'affranchissement
des noirs de Saint-Domingue, comme l'extinc-

tion de la noblesse, du clergé et de la royauté a
suivi la réunion des communes (1). La non-in-
dépendance ne fait que retarder un peu le mal
qui arrive alors par l'affoiblissement de la métropole trop occupée chez elle. Tout cela est la
suite nécessaire de la révolution française. Les
annonces n'en sont-elles pas partout? Que veulent dire les insurrections du Pérou, dont l'Espagne ensevelit les rapports avec tant de soin?
Croit-on qu'il y manque des Zamores prêts à massacrer tous les Gusmans? Qui pourroit les (2) en
empêcher? Dans quelles mains sont les armes?
Depuis l'établissement des milices, sous le ministère de Galvez, l'Espagne n'y tient pas vingt
bataillons. Qu'est cette poignée d'hommes com-
parée avec l'étendue et la population de ces climats? L'Amérique possède aujourd'hui des fon-
deries, des chantiers, des arsenaux qui rivalisent
avec (3) ceux de l'Europe.

Les Anglais ne sont pas dans une meilleure
posture en Asie. L'armée est composée d'indigènes. Les officiers sont divisés par la distinction
d'officiers du roi et de la compagnie. La population anglaise de l'Inde n'est rien, elle ne pros-

(1) Première édition : au communes.
(2) Première édition : Qui pourroit en empêcher?
(3) Avec, mot ajouté.

père pas sous ce climat. Le Bengale est une mine
et non pas un lieu de demeure pour un Anglais.
Les ressentiments des Bengaliens sont encore
plus légitimes que ceux des Indiens d'Amérique ;
car lord Clive fut encore plus cruel qu'Almagre
et Pizarre. Les Marattes sont à leurs portes comme
les Américains à celles du Mexique. Ce brillant
empire de l'Angleterre au Bengale est donc bien
fragile et ne peut manquer d'aboutir au même
terme que celui de l'Espagne en Amérique. On
peut le regarder d'avance comme atteint si la
descente réussit ou si la guerre se prolonge longtemps. Nous en avons déjà dit la raison... La
France, de son côté, ne négligera aucun moyen
pour faire perdre ce pays à l'Angleterre : elle
soulèvera Tippoo-Saïb, elle y fera pénétrer ses
émissaires, ses apôtres, ses officiers d'artil-
lerie et de génie. Elle ne verra dans l'Inde
qu'une source de richesse à tarir pour sa rivale.

Ainsi raisonne la haine, et malheureusement
les Européens n'ont jamais eu d'autre guide dans
leurs querelles. Ainsi, sans réfléchir à la métamorphose des peuples des deux Indes, qui ne
sont plus au temps de la conquête, sans tenir
compte des changements survenus chez eux par
la fréquentation avec les Européens et leurs arts,

ceux-ci sont allés(1)les appeler dans leurs querelles
et leur remettre les armes qu'ils devoient se réserver à eux seuls. Tandis que l'on combattoit en
Amérique pour l'arracher à l'Angleterre, on s'al-
lioit encore avec les Indiens contre les Anglais ;
des généraux, des troupes et des instructeurs
français initioient ces peuples dans l'art de la
guerre et dans l'usage d'armes dont ils se servi-
ront un jour pour chasser les uns et les autres,
digne salaire de l'étourderie d'une pareille politique.

Dans ce moment la France et l'Angleterre se
combattent à Saint-Domingue avec des nègres
enrégimentés. Eh bien ! elles n'ont fait qu'organiser les moyens de leur expulsion commune.
Ces régiments les chasseront un jour et resteront
maîtres du champ de bataille.

Tel est le sort inévitable qui attend prochai-
nement la vieille Europe, pour avoir joué avec
la révolution française, pour l'avoir prolongée à
plaisir, pour ne savoir pas prendre un parti
contre elle. Tandis qu'elle regarde d'un œil sec
les préparatifs d'une expédition dont le succès la
perd sans ressource, en joignant pour la révolution l'empire de la mer à celui de la terre (2),

(1) Première édition : *ont été* les appeler.
(2) Comme on peut en juger par ce passage et par plusieurs au-

le mal gagne, le gouffre s'agrandit, et l'Europe, privée de ses colonies, tend visiblement à rester un tronc défiguré par la perte de ces superbes rameaux. Révolution et colonies sont deux mots incompatibles.

Le plan que nous proposons offre au moins une espèce de remède à ces maux ; il enlève les colonies hollandaises à la révolution. Celles-ci, réunies aux colonies anglaises, peuvent former l'équilibre des colonies françaises révolutionnées. Les Antilles seront à moitié sauvées ; les grandes Indes le seront tout à fait... car les Français n'y occupent que des points imperceptibles, tout le reste est entre les mains des Hollandais et des Anglais.

Cette considération est d'une importance majeure. Il en est encore une autre, étrangère à la révolution, qui naît aussi de notre plan.

Dans son ancien état, la Hollande étoit beaucoup trop foible pour la garde intérieure et extérieure de ses colonies ; sa population ne lui permettoit pas d'y entretenir des garnisons en quantité et en qualité convenables. On connoît l'infâme trafic qui les alimentoit. D'un autre côté,

tres de ce même livre, J. de Maistre envisageait avec raison, comme indispensable à l'équilibre de l'Europe, la conservation de la première puissance maritime. P. B.

la mer étant aujourd'hui aussi habitée que la terre, la France et surtout l'Angleterre ayant pris d'immenses accroissements de commerce et de marine, l'ancienne Hollande ne pouvoit lutter contre aucune d'elles, ni défendre ses colonies, qui étoient toujours prises au dépourvu.

C'est encore pis dans l'état actuel de la Hollande, qui n'est plus qu'un fantôme de puissance.

Ces inconvénients sont corrigés dans ce plan, qui assigne à la Hollande des bases de population, de commerce et de territoire proportionnées à ses besoins en tout genre et aux forces de ses voisins.

CHAPITRE XIII.

DU SYSTÈME DÉFENSIF DE LA PART DES PUISSANCES, ET DE CELUI DE MODÉRATION DE LA PART DE LA FRANCE.

—

Dès le commencement de la révolution les gouvernements se partagèrent sur les moyens de s'en préserver. Deux partis se présentoient :

Le premier, de la combattre dans son berceau et de l'y étouffer en prévenant le développement de ses forces et l'accroissement de ses dangers.

Le second, de l'observer, de s'en éloigner, ou tout au plus de s'en garder par des mesures défensives.

Les deux plans n'ont pas cessé d'agir à la fois, de se croiser dans tout le cours de la révolution, et malheureusement on s'est borné à prendre un peu de chacun, sans en embrasser un exclusivement à l'autre. Ce mélange, qui mettoit tout dans une fausse position, a fini par tout perdre, en donnant les inconvénients des deux

systèmes sans les avantages d'aucun, comme il
arrive toujours avec les demi-plans et les demi-
mesures. Il y a plus : souvent les partisans d'un
système ont été choisis pour être les agents de
l'autre ; l'homme du parti pacifique étoit chargé
de la guerre, et réciproquement pour l'autre
système. On a vu comme ils s'en sont acquittés.
Dans le fait, qu'attendre d'une besogne faite à
contre-cœur ? Il faut cependant avouer que le
système défensif l'a toujours emporté de beaucoup sur celui qui dictoit des mesures plus viriles. L'excès de la résolution alloit jusqu'à établir sur les frontières de France un cordon
défensif, derrière lequel on observeroit les mouvements de la révolution et on chercheroit à l'in-
fluencer.

Louis XVI n'en vouloit pas davantage. L'idée
dominante de son temps étoit que la présence
d'une armée sur le Rhin suffisoit pour porter les
révolutionnaires à introduire dans la constitution des modifications convenables. Il bornoit
son ambition à ce moyen, qui l'eût perdu quelques mois plus tôt.

La convention de Pilnitz fut bientôt ramenée
à un sens purement défensif, et Léopold, soit
par inclination personnelle, soit par condescendance pour Louis XVI, passa tout l'hiver de 1792

à écarter la guerre, qui n'eût jamais été déclarée
sans l'agression des jacobins et de leur ministère
du 10 mars 1792.

Aussi, délivrés de toute crainte après le 10 août,
n'ont-ils pas cessé de s'en vanter, et leurs
déclarations ne permettent pas de douter des
intentions qui animoient alors les puissances.
Ce système étoit tellement ancré dans certains
esprits, qu'ils le reproduisoient au sein même
de la guerre, et qu'ils vouloient transformer les
armées en murailles, destinées seulement à en-
ceindre la France et à attendre, les armes au
repos, la fin de ses convulsions et de son agonie.

Les Français ayant, comme on devoit bien s'y
attendre, fait changer promptement de face à
cette guerre spéculative, les puissances ayant re-
connu la foiblesse de ces barricades, la guerre
les ayant fatiguées et dégoûtées, *fracti bello fa-
tisque repulsi...* les puissances sont revenues à
ce même système défensif, mais sur un autre
plan. Ainsi, tandis qu'il s'agissoit en 1792 de
s'unir pour cerner la France et contenir la révolution, il s'agit vraisemblablement en 1798 de
s'unir de nouveau, non pas directement contre
la France, mais indirectement, non pas pour l'attaquer, mais pour s'en défendre à distance, en
s'éloignant d'elle, en interposant des Etats in-

termédiaires entre la France et les grandes puissances, et en lui faisant craindre l'action simul-
tanée d'une grande réunion de forces, qui, at-
tendant sur leur terrain qu'on vienne les chercher, s'y défendroient avec tous les avantages que
la France a trouvés sur le sien... Les traces de ce
système se retrouvent partout.

La ligne de démarcation et le prix qu'on semble y mettre l'indiquent du côté de la Prusse et
du Nord.

L'Autriche ne cherche évidemment qu'à s'éloigner de la France, à se donner de nouvelles frontières et à se fortifier chez elle.

Si les bruits de coalition entre la Russie et la
Prusse ont quelque fondement, sûrement ce
n'est qu'en ce sens purement défensif; de manière qu'ainsi qu'autrefois l'Autriche ne travailloit réellement qu'à modifier la révolution, lorsqu'on la croyoit armée pour la renverser, de
même aujourd'hui elle ne se lie avec ses voisins,
elle ne remue continuellement ses troupes que
pour en imposer à la France et la ramener à des
procédés à peu près tolérables.

Dans ce plan, l'Autriche fait le centre de cette
opposition armée, la Prusse et le Nord en font
la droite, Naples la gauche, la Russie la réserve
et l'Empire les avant-postes.

Ce plan explique tout ce qui se passe, et le traité de Campo-Formio, et le congrès de Rastadt, et la cession non contestée de Mayence et de la rive gauche, et la tolérance accordée aux révolutions de la Suisse et de Rome, et la reprise d'armes qu'ont occasionnée les nouveaux dangers de Naples. Il est clair, pour qui veut examiner ces faits et les lier ensemble, que l'on est convenu au moins tacitement de céder en toute propriété à la révolution une certaine étendue de terrain, à condition qu'elle ne chercheroit ni à en sortir, ni à troubler ses voisins. C'est un traité de partage entre la nouvelle et l'ancienne Europe.

Dans ce plan, l'Autriche acquiert les Grisons à la droite du Rhin et cède Constance à la gauche, de manière que ce fleuve forme, depuis sa source jusqu'à son embouchure, la limite entre la partie révolutionnée et la partie non révolutionnée de l'Allemagne.

La Prusse devra vraisemblablement se retirer derrière le Weser, et, par cette retraite parallèle à celle de l'Autriche, s'éloigner de la France ; combinaison réputée favorable à la tranquillité des deux empires.

Si tous ces faits ne suffisoient pas, il n'y a, pour s'en convaincre, qu'à examiner la composition et la marche des cabinets.

L'envoi d'un ambassadeur à Paris vient de terminer quelques brouilleries entre la France et la Suède.

Le ministère qui fit la paix de Bâle continue d'administrer la Prusse, et ce pays, en changeant de souverain, n'a pas changé de système.

Le ministre qui a signé le traité de Campo-Formio, les influences qui ont amené tout ce qui s'est passé avant et depuis, ont un ascendant décidé dans le cabinet de Vienne ; il s'est établi des relations intimes entre eux et les agents français à Campo-Formio (1).

Le ministre napolitain, qui a joué le rôle ostensible à Campo-Formio, dirige les affaires à Naples, d'où le ministre Acton a été écarté par lui comme le baron de Thugut l'a été par le baron de Cobentzel.

L'Espagne même, l'Espagne cherche à se rattacher à ce système sous un nouveau ministère (2), qu'il ne faut peut-être pas juger sur quelques actes d'une condescendance forcée pour (3) les

_____

(1) On sait, qui plus est, que l'empereur d'Autriche écrivit une longue lettre autographe au général Bonaparte, à l'époque où se débattaient les articles du traité de Campo-Formio.

(2) Première édition : ministre.

(3) Ibid. : par.

Français, devenus d'ailleurs d'usage dans presque tous les gouvernements.

Voilà vraisemblablement le fil de la politique actuelle.

Qu'on l'étende à la nouvelle marche du gouvernement français, aux nouvelles dispositions d'ordre et de compatibilité qu'il vient de manifester à ses voisins (1), à sa douceur envers Naples, à l'appui qu'il prête au roi de Sardaigne contre les insurgés du Piémont, à son silence sur l'affaire de Bernadotte, comparé avec l'éclat qu'il a fait à Rome. Qu'on joigne à ces actes publics les inductions qu'il est naturel de tirer de tout ce que le gouvernement français laisse percer de ses intentions dans ses papiers officiels et dans plusieurs occasions marquantes, telles que les réceptions d'ambassadeurs, toutes signalées par les homélies pacifiques de l'évêque d'Autun, et la correction publique infligée à Poultier pour s'être permis des plaisanteries sur les rois.

Il résulte évidemment de tous ces faits que les puissances et la France sont convenues de se tolérer, et, pour y parvenir plus sûrement, de partager l'Europe, dont l'ouest restera à la révolution et l'est aux anciens gouvernements. On ap-

(1) Première édition : manifester *avec ses soins*

pelle cela faire la part du feu (1); elle est grande,
il faut en convenir.

Du côté des puissances, on a encore calculé
l'amortissement des idées révolutionnaires, et
le peu d'impression qu'elles ont fait en général
sur les peuples et sur les armées. La première
éruption de cette fièvre étoit le moment critique ;
il s'est écoulé sans réaliser les dangers qu'il avoit
fait craindre, il ne menace pas de retour. De
plus, les gouvernements, en se resserrant, en s'en-
tourant de surveillance, en écartant les sujets
les plus palpables de mécontentement, se flat-
tent de balancer les inconvénients de leur nouvelle position ; enfin, avec la paix, ils attendront
au loin et avec des forces fraîches les chances que
la révolution doit faire naître en France, chances
dont ils se regardent comme affranchis en leur
qualité de gouvernements réguliers...

Telle est l'origine et la substance du système
défensif. Examinons-le avec soin...

1° Ce système n'est autre chose qu'un plan de
coalition, mais de coalition inactive. Comme
coalition, il renferme déjà tous les vices de ces
associations ; comme force d'inertie, il renferme
encore tous ceux de l'oisiveté, et l'oisiveté est

(1) Première édition : au feu.

mère de tous les vices, en politique comme dans
tous les autres cas.

Si le mouvement et la chaleur de l'action ont
tant de peine à soutenir les coalitions actives,
comment se soutiendroient-elles dans le repos
des esprits et des corps ?

A quels objets s'étend cette coalition défensive ? où commence-t-elle ? où finit-elle ? Par
exemple, le congrès de Rastadt installe la France
sur toute la rive gauche du Rhin ; il interpose
entre elle et les deux grandes puissances d'Allemagne nombre de petits Etats. Ces derniers font-
ils partie de la coalition en tout et pour tout ?
Les grandes puissances sont-elles tenues d'inter-
venir dans tous les différends qu'ils auront iné-
vitablement avec la France ? Les laissera-t-on
écraser par elle ? Dans le premier cas, que devient le système défensif ? Quel profit de substituer à sa place un voisin dont on a la charge et
dont la foiblesse invite à l'attaquer ? Qu'a-t-on
gagné à se déplacer ? Dans le second, le système
défensif est rompu, et l'on se retrouve à côté du
voisin que l'on avoit voulu fuir...

Dans cette coalition, les intérêts sont-ils également sentis ? Celui qui est en première ligne
voit-il comme celui qui est en seconde, en troisième ? Le foible juge-t-il comme le fort, le riche

comme le pauvre, l'Etat commerçant et naviga-
teur comme celui qui est borné à une puissance
purement continentale ? Le courant des affaires
personnelles à chaque membre de l'association
ne change-t-il pas sa position relative à l'association générale? Par exemple, la Russie, qui, par
sa position, sert de lien commun à l'union de la
Prusse et de l'Autriche, n'a qu'à se brouiller avec
la Turquie, cet incident ne change-t-il pas sa position respective avec chaque membre de l'union,
qui la considère alors sous des rapports personnels? La division de ses forces n'affoiblit-elle pas
le nœud commun ? Les puissances qui forment le
fond de l'association oublieront-elles toujours
en sa faveur ce qu'elles croient leurs intérêts
particuliers et même leurs anciennes querelles ?
Résisteront-elles toujours aux amorces de l'espérance, aux semences de discorde et de jalousie
que la France jettera parmi elles pour diviser
leur faisceau? Certes, il faut renoncer à toutes
les notions acquises sur le cœur humain et sur
la marche des affaires de ce bas monde, pour
adopter une pareille chimère...

2° Ce plan étant purement défensif, il a par là
même tous les désavantages de cet état, qui con-
damne à ne faire que parer des coups qu'il est
difficile de prévoir et qu'on s'est interdit de ren-

dre. Dans ce système, on abandonne toute ini-
tiative, comme l'ont fait les puissances dans tout
le cours de la guerre et de la révolution. Elles se
sont toujours subordonnées aux plans de leur ennemi, sans jamais en former d'indépendants de
ceux de la France, qui forçassent celle-ci à s'occuper des leurs. C'est encore la même chose à
Rastadt, on n'y discute que les plans de la France;
l'Empire ne demande, ne propose rien pour son
compte, il est sur la défensive et dans un état de
capitulation...

Or, il en sera de même dans le système que
nous examinons; car un repos absolu, un calme
plat, tel que celui des anciennes paix, étant une
chimère avec la mobilité qui fait l'essence de la
révolution, il y aura nécessairement action et
réaction entre elle et les puissances : c'est forcé.
Combien de sujets de querelles n'a-t-il pas existé
déjà entre la France et l'Autriche depuis le traité
de Campo-Formio, malgré la première ferveur qui
suit toujours les réconciliations? La Prusse et le
Nord n'ont-ils pas été sur le *qui-vive* pendant tout
l'hiver par les prétentions de la France sur le
Hanovre et Hambourg? Qui leur garantit qu'elles
ne revivront pas? Les puissances se condamnent
donc, par leur système défensif, à tourner autour
de toutes les fantaisies de la France, comme des
satellites autour de leur planète...

3° Ce système est ruineux à la longue et presque aussi cher que l'état de guerre. Cela résulte
de la différence entre une paix paisible et une
paix armée. Or, il est évident que cette coalition
et la paix seront nécessairement armées. La Prusse
et l'Autriche ont-elles pu désarmer depuis leur
paix? Les circonstances qui les forcent aux dépenses de la guerre sans guerre ne se représen-
teront-elles pas sous mille formes? et la base même
du système, qui est l'existence de grandes forces,
n'en demande (1) pas la dépense habituelle, et la
montre très-fréquente. D'ailleurs cet état immi-
nent de guerre sans guerre n'est pas le pire de
tous pour les troupes : l'incertitude de leur sort,
la fatigue des marches et contre-marches ne sont-
elles pas très-propres à les dégoûter, à les indis-
poser, et se concilient-elles bien avec l'esprit d'un
Etat dont la décision fait le fond?

4° Le système défensif partageant l'Europe en
deux zones absolument étrangères l'une à l'autre,
les deux partis ne sont-ils pas continuellement
en présence, et ce qu'il y a de véritablement
hostile dans cette (2) opposition permanente
échappera-t-il à la pénétration des yeux révolu-

(1) Première édition : *demandent*.
(2) *Cette*, mot ajouté.

tionnaires, accoutumés à tout voir, à tout percer? Croit-on leur faire illusion et leur déguiser ce que cet état renferme d'inimitié ou de crainte, de haine ou de dissimulation? Eh bien! les Français l'ont déjà dit en mille occasions, et surtout à celle de la liaison de l'Autriche avec Naples, qui, placés aux deux extrémités de l'Italie, semblent s'être rapprochés pour en former l'équilibre. Ils se sont bien promis de le rompre, et les prétextes ne leur manqueront pas.

5° Un système offensif ou défensif de paix ou de guerre n'est pas au pouvoir de l'Europe; elle s'en flatteroit en vain, elle n'est plus maîtresse du choix... Au point où elle a laissé venir les choses, ce n'est plus elle qui décide de sa destinée, c'est le Directoire, en sa qualité de chef de la révolution française, succédant en cela à tous ceux qui l'ont dirigée. « Nous traiterons de vous chez vous et sans vous, » disoit aux Hollandais le cardinal de Polignac à Gertruidenberg. Le Directoire a généralisé l'audace de ce langage, qu'il tient à tout l'univers. Vous aurez, lui dit-il par toute sa conduite, la paix ou la guerre, suivant notre convenance, suivant que les dispositions intérieures de l'Etat demanderont le calme ou l'agitation, suivant les degrés de l'obéissance de nos troupes et de la sûreté de leur séjour parmi nous, suivant que le vide de notre trésor nous rendra le pillage nécessaire, suivant que nous aurons besoin de distraire un peuple léger et vain et de l'occuper de nos triomphes, dont nous nous servirons également pour l'asservir et pour vous effrayer. Voilà, n'en doutons pas, ce que le Directoire répond, au fond de sa pensée, à ce système défensif dont il connoît les ressorts tout aussi bien que ceux qui les ont faits. Rien ne lui échappe, soyons-en sûrs; il doit retentir longtemps à l'oreille de tout homme sensé ce mot de Barrère : *Il y a de l'écho en Europe.*

6° Comme le système défensif est basé sur la paix, il faudroit que cette paix fût également au pouvoir des deux partis. Or, la possibilité de la paix n'appartient pas au gouvernement français comme aux gouvernements étrangers. Il y a dans le premier une infusion d'esprit révolutionnaire distinct du gouvernement, qui n'existe pas dans les autres : c'est l'esprit de secte et de révolution qui, quoique faisant partie du gouvernement, est quelquefois en opposition avec lui. Ainsi ce gouvernement, composé d'anciens coryphées du jacobinisme élevés par la pratique de ces principes, est aujourd'hui en guerre après avoir été en alliance avec lui au 18 fructidor, au 13 vendémiaire, en un mot dans toutes les grandes occasions de la révolution. Voilà ce qu'il faut bien distinguer. L'esprit révolutionnaire est séparé du gouvernement, il y participe en quelques points, il lui est soumis en quelques autres. On peut être en paix avec le gouvernement, on ne l'est pas avec l'esprit révolutionnaire. Le gouvernement fait sa paix avec l'empereur, voilà son acte ; Bernadotte fait une tentative d'insurrection, voilà l'esprit révolutionnaire : l'empereur étoit en paix avec l'un et ne l'étoit pas avec l'autre. Si le peuple de Vienne eût répondu à l'appel révolutionnaire de l'ambassadeur, le gouvernement français auroit-il été le maître de n'y pas répondre de son côté ? C'est ce qui rend la position des deux partis inégale. Dans un cas pareil, tout le système défensif n'est-il pas renversé ? et qui répond qu'un pareil événement ne sera pas répété ailleurs par quelque ambassadeur qui n'aura pas assez médité le précepte de l'évêque d'Autun, que *fougue n'est pas force ?*

7° Le système défensif, résultant de l'accord de plusieurs, manque de l'unité qui appartient à son adversaire. Celui-ci est *seul :* cet avantage est immense. Les alliés, au contraire, ne sont pas seulement divisés entre eux, mais ils le sont encore en eux-mêmes : il y a deux conseils dans chaque cabinet ; leur choc allanguit toutes les décisions et toutes les actions. Il est connu qu'il y a partout un parti français, comme il est également certain qu'il n'y a au Luxembourg ni parti anglais, ni parti allemand, ni parti russe.

8° Le système défensif ne garantit pas les gouvernements des attaques sourdes, des menées secrètes et des conspirations sans cesse renaissantes. Quels principes défensifs peut-on leur appliquer ? De quelle sécurité laissent-elles jouir ? Les rois de Sardaigne et de Naples, le grand-duc de Toscane, bien en paix avec la France, en ont-ils joui un instant depuis trois ans ? Quel est leur crime ? D'être sur le chemin de la révolution. La Suisse et le Pape ont-ils pu se préserver de cette guerre sourde qui a fini par les perdre ?

N'en sera-t-il pas de même pour les puissances attachées au système défensif, et les princes condamnés à tout craindre, à punir sans cesse, ne seront-ils pas forcés de devenir tyrans par système quand ils seront entourés de factieux par principes ?

Le système défensif est donc vicieux dans son essence et manque de solidité dans ses bases. Voyons s'il est mieux appuyé sur les accessoires que l'on cherche à y rattacher. Ils sont de deux espèces absolument différentes : les premiers sont les chances de l'état révolutionnaire, les seconds sont l'amortissement de ce même état révolu-

tionnaire et le retour à la modération; de manière que l'on fait concourir au même but les
deux contraires.

Les espérances sur l'instabilité de la révolution
et sur sa fin prochaine, amenée soit par ses excès, soit par toute autre cause, ont formé et forment encore le fond des horoscopes que l'on
tire sur les destinées de la France. Une grande
partie des illusions sur lesquelles on établissoit
sa bonne aventure (1) sont déjà évanouies. Ainsi
il n'est plus question de la famine, de l'épuisement intérieur, des assignats et de mille autres
folies semblables; mais, comme le caméléon de
l'espérance, au lieu de mourir, ne fait que changer de couleur, on se console de la perte de ce
terrain indéfendable par l'attente du choc des
factions, de la lassitude de la nation, du déficit
de la finance, que sais-je enfin? par l'attente du
retour d'événements pareils à ceux qui amenèrent
le 18 fructidor, enfin par l'espoir de ceux que
pourroit produire quelque ambition particulière.

Le gouvernement actuel de la France est établi
sur la ruine de ses propres lois constitutives, sur
celle des factions, sur celle de l'esprit public
dans le pays qu'il gouverne.

(1) Première édition : *ses bonnes aventures.*

1° Le gouvernement a déchiré il y a longtemps la constitution au nom de laquelle il règne et à laquelle il adresse des hommages dérisoires. Au 18 fructidor des royalistes a succédé celui des jacobins en 1798 ; la facilité avec laquelle le gouvernement (1) a chassé et cassé des députés reconnus par toute la France et par lui-même ; la facilité encore plus grande avec laquelle il a cassé les nouvelles élections ; ce pouvoir de faire et de défaire les représentants de la nation, de se rendre maître du corps législatif en ouvrant et fermant la porte à des élus de son choix ou hors de son choix ; la latitude de pouvoir excentrique à la constitution qu'il exerce sur les tribunaux, sur les corps civils et militaires, cette réunion de pouvoirs usurpés met le Directoire au-dessus de la constitution, comme les concessions du sénat romain mirent successivement les empereurs au-dessus de lui-même et de tout pouvoir connu. A Paris comme à Rome, l'armée conserve au gouvernement les prérogatives que le corps législatif lui défère, et celui-ci règne alternativement sur le sénat par l'armée et sur l'armée par le sénat. Dans le fait, il n'y a plus de constitution en France, il n'y a qu'un gouvernement...

(1) Première édition : il a chassé.

On a pu former quelques espérances sur les élections de cette année, dans un sens précisément contraire à celui des élections de l'année dernière, mais pareil au fond, quant à la probabilité des secousses intérieures.

Mais le Directoire a prévenu le coup : après avoir fait la faute de laisser arriver les royalistes, il n'a pas fait celle de laisser entrer les jacobins ; il les a arrêtés sur le seuil de la porte du corps législatif. Toutes les élections suspectées ont été annulées.

Les élections étoient à peu près partagées entre les jacobins et les commissaires du Directoire. L'exclusion des premiers fait du nouveau corps législatif une véritable assemblée de commissaires du Directoire. Il y aura probablement un parti d'indépendants formé d'une petite quantité d'hommes à talent ; mais, semblables au parti de l'opposition d'Angleterre, qui compte aussi des talents supérieurs, ils les emploieront en pure perte contre une majorité dévouée, et ils n'ont pas, comme en Angleterre, la ressource des manœuvres contre le gouvernement, qui en France les conduiroient droit à Cayenne. M. Fox est bien heureux d'habiter l'Angleterre, contre le gouvernement de laquelle il crie tant ; car s'il avoit eu affaire à celui de France, qu'il chérit si tendrement, il y a longtemps qu'il seroit déporté.

Le Directoire sait bien que dans tout gouvernement représentatif on ne gouverne pas contre la majorité : toutes ses démarches se rapportent à s'en assurer. Il y a trop réussi. S'il soigne l'entrée des députés, il soigne aussi leur sortie ; les grâces attendent à la porte ceux qui l'ont bien servi, et cette distribution lui garantit la docilité de ceux qui siégent encore.

Le gouvernement anglais ne va pas autrement ; mais aux moyens d'ordre, d'habitude, d'influence ou d'esprit public qui dans ce pays valent régulièrement la majorité au ministère, le Directoire préfère les moyens de corruption et de violence. Le résultat est cependant le même. Comme il n'est pas plus contesté en France qu'en Angleterre, le gouvernement français marche et marchera comme le gouvernement anglais, appuyé sur les mêmes supports...

2° Il n'existe plus en France de partis proprement dits.

Un parti ne consiste pas seulement en individus d'une part, ou bien en plans et en projets de l'autre, mais dans la réunion de tous les deux, comme un édifice ne consiste pas dans un plan de bâtiment ou dans un rassemblement de pierres, mais dans leur ordonnance, dans leur rapprochement sur un plan régulier. Or, il n'y a rien de tout cela en France, et ce pays, après avoir été celui de l'Europe qui a compté le plus de partis, est peut-être celui qui en renferme le moins. Les constitutionnels, les girondins, les jacobins, les montagnards, les cordeliers, les fédéralistes, les royalistes, les Vendéens, les chouans, les thermidoriens, ont tous également passé. On classe maintenant tous les mécontents en deux grandes divisions, savoir : les royalistes et les jacobins. Les uns ni les autres ne sont un parti... Le nombre de ceux que l'on nomme royalistes, regrettant ou désirant un roi, détestant le gouvernement pour l'amour de la royauté ou pour tout autre motif, ce nombre, dis-je, est immense. Mais, à raison même de son immensité, il ne se connoît ni ne s'entend ; il manque de chefs, de plan, de centre et de moyens de direction. Il y a plus : dans tous les conflits du gouvernement avec les jacobins, il sert le gouvernement contre eux (1), comme ceux-ci servent aussi le gouvernement contre les royalistes. Les jacobins, connus maintenant sous le nom d'anarchistes, sont peu nombreux, parce qu'ils sont le reste d'un

(1) On n'ignore pas de quel langage le comte de Maistre se servait à l'égard des royalistes et des émigrés. Voir les *Considérations sur la France*. L'abbé de Pradt, émigré, n'eût certainement pas parlé ainsi.

parti dont un grand nombre de membres ont
péri sans être remplacés ; parti qui d'ailleurs n'a
jamais été bien nombreux, même lorsqu'il gou-
vernoit la France. Mais ce parti, chargé de toute
l'horreur due à ses forfaits, n'a pas de soutien
dans la généralité du peuple ; il est actif, il a des
chefs, des plans, mais il manque de bras, de manière que l'on peut dire que les uns sont des
partisans sans parti, et les autres un parti sans
partisans. Mais, dans cet état, qu'ont les uns et
les autres d'inquiétant pour le gouvernement, qui
les connoît, qui les surveille, qui les domine l'un
par l'autre, qui les châtie tour à tour, et qui, se
croyant assez fort pour s'en passer, menace de
les briser à la fois, comme on fait toujours des
instruments de révolution ?...

3° La dégradation et la nullité du peuple français est le troisième moyen de la puissance du
Directoire. Ce peuple n'est plus qu'un marche-
pied pour ses maîtres. Le gouvernement a tenté
sur lui la plus vaste épreuve que la tyrannie se
soit jamais permise. Les tyrans et les usurpateurs
règnent ordinairement sur le peuple par le peuple lui-même, en flattant ses goûts. Les empereurs le nourrissoient et ne cherchoient qu'à l'a-
muser. Ici c'est tout le contraire : c'est en
torturant tous ses goûts, toutes ses affections,

toutes ses habitudes, en poussant les recherches de la tyrannie jusque dans les détails qu'elle avoit toujours respectés ou ignorés, que le gouvernement régente la nation française et la soumet à un joug tantôt cruel, tantôt bizarre, mais toujours également détesté.

Le gouvernement français met plus d'importance au calendrier républicain qu'à l'existence de Dieu, et à l'observation de la décade qu'à celle des droits de l'homme ; il arrache à trente millions d'hommes leur religion, leurs propriétés, leurs lois, leurs enfants, jusqu'aux formes d'urbanité de leur ancien langage. Il les atteint ainsi dans toutes leurs affections (1), et il n'éprouve aucune commotion ; s'il y a résistance, elle n'est que passive et force d'inertie. Le gouvernement en général est détesté, ses agents sont honnis, ses institutions vilipendées ; on rougiroit presque partout de s'avouer l'ami ou le parent d'un des dominateurs. O prodige ! la soumission et l'obéissance surpassent encore le mépris et la haine. On diroit que les Français sont étrangers à leurs propres souffrances, que ce n'est pas d'eux dont il s'agit dans les actes de leur gouvernement. En un mot, le Directoire a résolu un grand problème, celui de gouverner contre les gouvernés.

(1) Première édition : Il l'atteint ainsi dans toutes ses affections.

On aura la juste mesure de la patience des Français et de leur absence totale de participation aux actes de leur gouvernement, en réfléchissant à la quantité et à la qualité des personnes qui fréquentent les assemblées constitutionnelles et les institutions républicaines, en examinant avec quelle indifférence on a laissé chasser ces députés qui faisoient l'espoir de la France, ainsi qu'annuler leurs décrets qui avoient excité tant d'enthousiasme. Quand on pense que cette violence, aggravée par la banqueroute du 18 fructidor, n'a pas excité un cri ni armé un bras, que la France entière s'est laissé arracher cette religion dont elle avoit embrassé le retour avec transport, certes, il faut renoncer à compter sur un tel peuple, à le ranger au nombre des obstacles ou des incidents possibles. Il est ce qu'on appelle dans les écoles *materia circa quam...* mais il n'est que cela.

Dans le fait, la France paroît contenir deux populations étrangères l'une à l'autre : une de conquérants fiers, actifs, entreprenants ; une de conquis tremblants, inactifs et subjugués. C'est comme en Egypte, où une poignée de mamelucks dispose de tout un peuple, où leur gouvernement est tout et la nation n'est rien ; de manière que lorsque le gouvernement français parle de ses

conquêtes, il faut toujours compter que la première est celle de la France même, et que la conservation de celle-là lui garantit toutes les autres.

L'asservissement de la nation est tel qu'il ne
laisse pas même l'espoir d'une guerre civile ; les
éléments n'en existent plus dans la nation. S'il y
en a quelque part, ils ne se retrouvent qu'aux
armées ; la nation les regarderoit combattre entre elles comme avec les Autrichiens et les Anglais. A-t-elle pris la moindre part aux mouvements de l'armée de Hoche, aux menaces de celle
de Buonaparte ? Il en seroit à Paris comme à
Rome, où les habitants, changeant alternativement de joug, ne se mêloient (1) en rien des querelles d'Othon et de Vitellius, de celui-ci avec
Vespasien, et de milliers d'autres compétiteurs à
l'empire, nommés par les armées, reçus avec
plaisir et chassés avec une indifférence parfaitement égale.

Les causes de cet asservissement conduiroient
trop loin ; nous en assignerons seulement quelques unes :

1° Le repos actuel équivaut au mouvement
passé ; il fut excessif, la lassitude l'a suivi ; elle
a rejeté la nation dans l'autre extrême. Le mouvement moral a suivi les lois de la physique, dans

(1) Première édition : ne se *mêleroient*.

laquelle l'angle (1) de réflexion est toujours égal
à celui d'incidence.

2° L'impression de la terreur subsiste encore
et pèse de tout son poids sur les esprits. On est
prêt à tout sacrifier pour l'éviter. C'est le seul
sentiment qui se soit manifesté dans la nation,
au 13 vendémiaire, au 18 fructidor; et, sur ce
point, Robespierre règne encore au fond du tombeau (2).

3° L'inutilité de plusieurs tentatives, le mauvais
succès de guerres cruelles, telles que celles de la
Vendée et des chouans, de Toulon et de Lyon,
mille insurrections étouffées dans le sang ou perdues par la *malfaçon* des entrepreneurs, la crainte
de se commettre avec un gouvernement inexo-
rable, tout a contribué à refroidir, à allanguir
les Français, à les dégoûter de toute opposition;
tout les a poussés vers une soumission inévitable;
et comme rien ne donne plus de force à un gouvernement que la répression des insurrections, le
succès avec lequel le gouvernement les a compri-

(1) Première édition : *l'âge.*

(2) « C'est toujours Robespierre qui gagne des batailles en ce
moment; c'est son despotisme de fer qui conduit les Français à la
boucherie ou à la victoire. » (*Considérations sur la France.*)

On sait que cet ouvrage n'a été écrit qu'en 1796, c'est-à-dire
deux ans après la mort de Robespierre.

mées toutes lui a donné une grande puissance
d'opinion dans l'intérieur.

4° L'éclat dont le gouvernement brille au-dehors ajoute aussi beaucoup à sa considération
au-dedans. A cet égard, rien ne manque au Directoire; il a marché de succès en succès, et la
nation le paie en obéissance de la gloire qu'il a
attachée à son nom. C'est là le piége où les usurpateurs prennent toujours les peuples ; ils cherchent à faire oublier par des exploits le vice de
leur intrusion. L'usurpateur se cache derrière des
trophées , et les peuples éblouis ne songent
guère à contester un pouvoir dont la source se
perd dans des lauriers (1).

M. Necker a dit avec beaucoup de raison, en
parlant de l'influence des victoires de la France,
que le bonnet du grenadier français avait caché
les infamies du bonnet rouge.

5° Enfin, la cause déterminante de la soumission de la nation à son propre gouvernement,
c'est la soumission des gouvernements étrangers.
Quand les hommes les plus opposés à la révolution ont vu l'éloignement des puissances pour la
cause royale en France et sociale dans tout le

(1) Nous n'avons pas besoin de faire remarquer la profondeur
et la parfaite justesse de cette pensée, vraie dans tous les temps et
dans tous les lieux.

monde ; quand, au lieu de ces motifs sacrés, ils les ont vues travailler à la destruction de la France, ne tenir aucun compte des dangers de la révolution pour la société en général et pour elles (1) en particulier, traiter continuellement d'Etat à Etat avec tous les gouvernements français, depuis Brissot jusqu'au Directoire, que pouvoient-ils, eux particuliers (2), vouloir contester (3) à ces gouvernements ? Charette mourant déclare n'avoir reçu de l'Angleterre qu'une somme de quinze, mille francs ; quinze mille francs, grands dieux ! quel encouragement pour le reste des Français !...

Quoi ! presque tous les gouvernements baissent à la fois pavillon devant les Français ; de grands princes sont leurs alliés, les agents de leurs fantaisies ; des monarques absolus chez eux, à la tête d'armées puissantes, se soumettent comme les autres à leurs exigences, et des particuliers isolés, dépourvus de moyens, ne se soumettroient pas ? Il faut le dire, ce sont les puissances qui ont achevé la conquête de la France pour le compte de son gouvernement, et qui lui ont imposé la nécessité du joug avec l'exemple de le porter.

(1) Première édition : eux.
(2) Première édition : aux particuliers.
(3) Première édition : lui contester.

Rien de tout cela ne fût arrivé dans un autre
ordre de choses de la part des puissances, rien de
tout cela n'auroit lieu dans notre plan ; mais rien
de tout cela n'appartient au système défensif (1),
qui est lui-même un plan de composition et par
conséquent de soumission.

— Si l'on me demande comment concilier tant
de contradictions, tant de grandeur et tant de
bassesse, tant de lâcheté et tant de victoires,
je répondrai que le Directoire est, en France,
ce que les empereurs, les plus vils des mortels,
furent à Rome ; que le sénat, tremblant devant
Tibère, étoit le corps législatif de France ; que le
peuple de la ville de Rome, abîmé de vices et
remerciant le ciel de la convalescence de Néron,
est le peuple de Paris, vautré dans la corruption
et criant d'une bouche affamée : Vive la république ! qu'enfin les armées françaises sont les armées romaines, achevant la conquête du monde
à l'époque de la plus grande dissolution de Rome.

C'est que dans les peuples éclairés il y a toujours aussi des hommes éclairés qui savent en tirer parti, et que le fond de la nation restant sain,
pendant que la capitale est gangrenée, des bras
robustes et bien dirigés suppléent aux vices d'une

(1) Première édition : *décisif*.

tête efféminée. En tout État, la corruption ne
sort guère des grandes villes ou des grands ras-
semblements; elle ne descend pas dans le fond des
nations, qui fait (1) les armées. Paris et Pétersbourg sont peuplés de sybarites, et leurs armées
sont dirigées par des hommes de génie et composées d'hommes vigoureux.

La finance de la république est encore une
des grandes espérances de ses ennemis de toute
espèce.

Il n'y a plus de finances en France depuis 1789;
car il n'y a pas de finances dans un pays où la
recette n'équivaut pas au cinquième, au sixième
de la dépense : ce n'est pas là une finance. Or,
tel est l'état de la France depuis le commencement de la révolution. Avec une dépense au-
dessus d'un milliard, sa recette ne s'est jamais
élevée au-dessus de cent cinquante millions de revenus effectifs; elle n'en a pas davantage aujour-
d'hui. Le ministre Ramel et la commission des
finances viennent encore de déclarer que la trésorerie ne touche pas quatre millions par décade,
ce qui fait cent quarante-quatre millions par an.
Cependant la France *a été*, elle *va* encore malgré ce déficit; c'est du sein de sa pénurie et de

_____

(1) Première édition : *font.*

ses désordres que sont sortis sa grandeur, et l'abaissement de ses voisins. Elle *ira* donc comme elle a déjà *été*, et le passé est le garant de l'avenir. On pourrait finir là l'histoire de la finance de la France et se borner à ce jugement par analogie; mais comme on insiste beaucoup sur l'épuisement à venir des objets qui composoient les ressources précédentes, il faut en expliquer la nature, l'étendue et la durée possible. C'est un des plus singuliers phénomènes de la révolution.

La France perçoit cent quarante-quatre millions, elle en dépense près de douze cents; la dépense étant évaluée à trois millions par jour, bornons-la à un milliard pour éviter tout extrême. Les cent cinquante millions sont employés en solde et en objets pressants; encore cela n'a-t-il lieu que depuis un an. Jusque là, l'armée avoit vécu de papier; une partie de la solde actuelle est toujours arriérée. En septembre 1797, sur environ cent millions de solde, il en étoit dû plus de trente. La garnison de Mantoue et l'armée de Rome se sont soulevées à défaut de paiement. Le papier de toute nature, les assignats (1), les bons des ministres font le service et comblent le déficit. Les fournisseurs les prennent comme

(1) Première édition: *assignations.*

argent, n'importe à quel prix ; le crédit alors vaut l'argent, et l'Etat vit de ce crédit. Voilà tout le secret, en France comme en Angleterre, où le gouvernement et le peuple s'entendent pour se donner des billets de banque. Mais comme le crédit du papier de France n'a pas les mêmes bases que le billet de banque anglais, il faut expliquer comment il se soutient.

Le crédit du gouvernement français se compose de deux éléments principaux.

1° D'intérêts correspondants aux siens dans l'intérieur de la France.

2° De la patience du peuple français.

Le gouvernement ayant passé six ans à transvaser les propriétés, une multitude d'intérêts se sont liés à ses opérations. Ce sont autant d'appuis d'une part, qu'il invoque dans tous les dangers, et autant de victimes de l'autre, qu'il pressure dans tous ses besoins.

Les ventes ayant été faites à vil prix, il change les conditions de ses contrats et rançonne à plaisir ses acquéreurs. Après plusieurs extorsions de ce genre, il vient de proposer d'élever d'un *quart* le prix de presque toutes les ventes. Quelle immense ressource ! Après celle-là, il passera à d'autres, et ainsi de suite... L'expérience lui ayant appris qu'il n'existoit aucune liaison, au-

21

cune prévoyance dans l'intérieur; que chacun
ne s'attachoit qu'à la partie de la loi qui le con-
cernoit nominativement, il prend en détail les
diverses classes d'acquéreurs et les rançonne
chacune à part. Tous ceux qui n'ont pas pris
part à ces acquisitions trouvent qu'il y a justice
à traiter ainsi des gens au moins peu délicats.
Le gouvernement s'alimente de l'insouciance et
des haines communes. Cela n'auroit pas lieu, si
la France étoit combattue sérieusement; mais
avec un système défensif qui, au lieu de lui contester ses acquisitions, ne fait que les lui confir-
mer, il n'y a pas de raison pour que ces remuements ne durent pas pendant cent ans. Les acquéreurs sont en grand ce qu'étoient les enga-
gistes du domaine.

Mais la richesse véritable du gouvernement
français, c'est la patience de la nation française;
voilà la mine inépuisable. Il a beau la tenter,
cette patience, il n'a pu la lasser... Cinquante
milliards d'assignats, trois milliards de mandats,
des milliards de rescriptions, de bons, de pape-
rasses de toute espèce se sont succédé, se sont
chassés, sont tombés les uns sur les autres, et le
tout en vain. On compte plus de dix grandes banqueroutes publiques depuis six ans; y a-t-il eu le
moindre mouvement ou la moindre secousse?

Les rentiers ont fait le désespoir de l'ancien gouvernement, ils font l'inquiétude de tous les autres, et, dans Paris, trois cent mille rentiers meurent de faim depuis six ans, sans demander autre chose à leurs spoliateurs que l'aumône.

Le désordre même s'est organisé au point d'avoir tué l'agiotage en grand, qui est fini depuis un an, de manière qu'il n'y a pas eu, depuis le 18 fructidor, plus de mouvement sur la place de Paris que sur celle de Londres.

La finance française va, à quelques égards, comme celle de l'Angleterre : avec un billet de banque, on a de l'or et des marchandises ; avec un bon du gouvernement français, on a un champ, de l'argent au perron du Palais-Royal et des étoffes chez les marchands.

En Angleterre, le parlement ne refuse aucun impôt au ministère ; le public, après quelques criailleries, accepte tout de celui-ci. En France, le corps législatif accorde tout de confiance au Directoire ; le public le laisse faire ; le secret, de part et d'autre, réside dans la patience de la nation. Elle a, dans les deux pays, rendu vains les pronostics de Thomas Payne, de MM. d'Ivernois et de Calonne. Le premier se fondoit sur des calculs d'arithmétique, sur les finances d'une nation qui ne compte plus ; le second a annoncé depuis

trois ans la perte de la république par la finance,
et le troisième la restauration de la finance française. Ils avoient à la fois tort et raison. M. d'I-
vernois avoit raison d'assigner un terme prochain
à la chute du papier ; il avoit tort d'en conclure
celle de la république, car elle n'a pas péri, elle
ne devoit pas périr, attendu qu'elle devoit faire
quelque chose de plus fort que le papier, qui
étoit de s'en passer. M. de Calonne avoit raison
de considérer la chute du papier comme étrangère à l'existence de la république ; il avoit tort
de croire à la restauration des finances, dont elle
ne s'occupoit pas : car elle a encore plus fait,
elle a su s'en passer.

L'erreur des deux auteurs provient d'avoir plus
calculé sur une richesse matérielle que sur une
faculté morale. Ils ont tous également oublié la
patience du peuple. Toute finance a un terme
nécessaire, au lieu que la patience d'un grand
peuple n'en a pas.

La finance française ne sera donc ni un embarras pour le gouvernement, ni une ressource
pour les puissances dans un système défensif ;
elle deviendroit même un danger pour elles, car
la France manquant d'or, mais non pas de fer,
tourneroit ce fer contre les puissances pour leur
arracher leur or. L'un donneroit l'autre, comme

il a donné l'Italie, la Suisse et la Hollande...,
comme il fait contribuer Hambourg et Bremen.
Qu'importe d'ailleurs que la finance et mille
autres causes tourmentent la France, si elle a le
temps de tout culbuter et détruire? Que font
maintenant à l'Italie, à la Hollande, à l'Empire
toutes les souffrances et toutes les pertes de la
France? Hercule, dévoré de mille feux, n'en déchire pas moins, avant d'expirer, les bergers qui
s'approchent de lui, et déracine les arbres et les
rochers (1).

On fonde encore de grandes espérances sur les
armées. Hélas! elles ne sont célèbres que par leur
courage et leur docilité, qui tient du prodige.
Premières victimes du despotisme, elles en sont
les instruments les plus dociles et les plus fermes
appuis. Elles ont bien dû apprendre aux gouvernements à ne pas craindre leurs propres armées,
et combien elles sont peu redoutables pour qui
sait bien les manier.

(1) J. de Maistre, même dans ses ouvrages de controverse religieuse, empruntait souvent ses comparaisons à la mythologie. Citons entre autres la suivante :

« Il pourroit arriver, dit-il dans la préface du livre *Du Pape*, à
l'écrivain qui ne veillerait pas continuellement sur lui-même, *le
malheur qui arriva à Diomède sous les murs de Troie, celui de
blesser une divinité en poursuivant un ennemi.* »

L'épigraphe du livre *Du Pape* est empruntée à l'*Iliade*.

Que n'ont-elles pas fait, ces armées françaises, dans l'ordre de la soumission et de l'obéissance? Quel souverain oseroit exiger de son armée ce que le Directoire fait faire aux siennes? On les envoie à la boucherie; on les promène de contrée en contrée, de Rome à Brest, d'Irlande à Strasbourg, de Strasbourg à Mantoue; on les laisse manquer de tout. Pendant trois ans la solde fut une dérision; on ne la paie qu'à moitié dans ce moment; en un mot, l'état habituel de l'armée française est tel qu'aucun prince n'oseroit en faire l'état de la sienne pendant quatre jours, et cependant on est encore à attendre le premier signe de révolte, le premier refus d'obéissance ou de service. Le soulèvement de Rome est un mouvement d'indignation contre un individu et contre des voleurs particuliers, et non pas contre les lois de la république. L'armée de Rome n'en réprima pas moins l'insurrection du peuple, ne témoigna pas moins de fidélité au Directoire; elle s'est embarquée sans murmures pour une destination éloignée.

Qu'est devenue cette armée d'Italie sur laquelle on comptoit tant, et tous ces généraux qui devoient venir tout renverser? Avec quel art on l'a séparée, morcelée, enlacée de cajoleries, et définitivement embarquée pour je ne sais quel monde!

De bonne foi, quand on a vu La Fayette et Dumouriez abandonnés par leurs propres soldats,
Pichegru arrêté par ceux qu'il façonna à la victoire, et tant d'autres guerriers fameux plongés
dans le néant ; quand on réfléchit à la rotation
continuelle dans les emplois, qui prévient toute
résistance (1) de leur part, comment compteroit-
on sur les généraux français ? Il ne faut calculer
que sur leur soumission, qui descend encore
plus bas que celle de leurs soldats. Moreau dénonçant Pichegru est plus vil que ne peut l'être
le dernier caporal de l'armée (2).

Il est assez plaisant de voir les étrangers prêter
des mouvements d'ambition aux généraux français et croire que le gouvernement ne les surveille pas. Quant aux mécontentements intérieurs
et à leur nombre, il faut les distinguer des causes de révolution ; ils diffèrent du tout au tout.
Il y a partout et en tout temps des mécontentements et peu de révolutions, comme il y a
dans tous les corps des principes de maladie
distincts des causes de mort (3).

(1) Première édition : *circonstance.*

(2) Première édition : Moreau dénonçant Pichegru est *le* plus
vil que ne peut *être* le dernier caporal de l'armée.

(3) Première édition : et *par des* révolutions, comme il y *en* a
dans tous les corps, etc.

Le gouvernement français a fait ses preuves sur l'article des mécontentements ; les autres gouvernements de l'Europe se sont débarrassés des leurs quand ils l'ont voulu, comme a fait l'Angleterre, la Russie et jusqu'à la Sardaigne. Pourquoi regarder comme cause de mort pour le gouvernement français les mêmes mobiles que l'on ne craint pas pour soi? Au reste, en cela comme en tout, des mécontentements qui ne renverseront pas le gouvernement français seront très-nuisibles aux puissances, car ils tiennent le gouvernement dans un état d'éréthisme (1) qui double ses forces. Un calme plat leur seroit favorable ; il faut aux puissances, comme à tous les ennemis de la révolution, ou le repos absolu ou l'abattement de la révolution ; il n'y a pas de milieu : tout demi-parti n'est bon qu'à les desservir (2).

Que des mécontentements opèrent d'ici à cent, à deux cents ans, à la bonne heure ; mais à qui cela importe-t-il, et qui peut calculer jusque là, avec la rapidité des événements actuels?...

La dernière ancre à laquelle on attache le système défensif est la nouvelle modération adoptée

---

(1) Nous avons déjà fait remarquer que Joseph de Maistre a fait plusieurs fois usage de ce mot, qui exprime avec tant de force l'état de surexcitation du gouvernement révolutionnaire.

(2) Première édition : qu'à les *servir*.

par le gouvernement français, qui permet de compter sur un avenir plus doux et sur des procédés plus rapprochés des usages généralement reçus parmi les peuples civilisés.

Le premier défaut du plan est son instabilité ; il est celui des hommes et non des choses, des circonstances et non des principes.

· Le Directoire et le ministère actuel sont modérés, à la bonne heure.

Le changement d'un de leurs membres peut changer la combinaison. Par exemple, François de Neufchâteau et l'évêque d'Autun sont modérés ; l'un sort du Directoire, l'autre peut sortir du ministère et entrer au corps législatif. Parmi leurs successeurs, l'un est un homme d'une trempe dure et grossière, l'autre peut être du même acabit. Les sentiments et les formes, qui, chez les deux premiers, avoient amené la modération, faisant place à la rudesse des autres, de nouveaux caractères ne produiront-ils pas de nouveaux procédés, et ceux-ci un nouveau système ?

Or, comment oser se fier à un ordre de choses dont la mobilité fait l'essence ? comment oser se reposer sur des hommes ou des circonstances dans une révolution dont le propre est d'imprimer aux hommes et aux choses une mobilité dont on ne les croyoit pas susceptibles ?

Pour éclaircir tout ce qui tient à cette bran-
che du système défensif, examinons en lui-même
ce système de modération, et voyons jusqu'à
quel point il peut s'adapter au système défensif...

Si, dès le commencement de la révolution,
tous les gouvernements se partagèrent sur les
moyens de lui résister, entre la fermeté et la condescendance, la révolution elle-même se partagea
sur ceux de les attaquer, entre la modération et
la terreur. Chaque parti arbora tour à tour ses
drapeaux: la terreur finissoit ce que la modération avoit commencé; elles ne se sont jamais séparées, l'une a toujours achevé l'ouvrage de
l'autre. Nous en sommes encore à ce cercle vicieux: les modérés sont toujours remontés au
terrorisme suivant le besoin. Ainsi, le 14 juillet,
La Fayette étoit terroriste; il rentra aux jacobins
lors du départ du roi pour Varennes.

Brissot, la Gironde et tout ce parti patelin furent terroristes jusqu'au 2 septembre.

Quand ils crurent remarquer que trop de sang
effarouchoit le peuple et éloignoit d'eux l'étranger, ils rentrèrent dans les voies de la modération
et de la douceur, et ne parlèrent plus que d'humanité. Chaque parti a fait de même. Jacobin pour
obtenir le pouvoir, il devint modéré pour le gar-

der, parce qu'il savoit (1) bien qu'on ne gouverne
à la longue que sur un peuple de modérés ; un
gouvernement et un peuple jacobins en seroient
toujours aux coups de poignard et n'obtien-
droient ou n'accorderoient jamais d'obéissance.
Or, voilà précisément où nous en sommes.

Le parti dominant en France est (2) composé
d'anciens thermidoriens, de membres des comités
après Robespierre (3), qui furent terroristes de son
temps, mais qui ne l'ont été après lui que dans de
très-grandes occasions. Ainsi ils l'étoient à Quibe-
ron ; ils le sont encore envers les chefs des chouans,
qu'ils font décimer sous prétexte de la sûreté
personnelle de ces chefs mêmes ; ils l'étoient au
13 vendémiaire, au 18 fructidor ; ils le furent
vraisemblablement envers le jeune Louis XVII,
après l'avoir été tant de fois envers son père ; ils
l'ont été contre les gouvernements de Suisse et
Rome ; ils le seroient encore contre tout ce qui
s'opposeroit à leur domination. La machine du
terrorisme est toujours montée, elle est sous leur
main ; ils la laissent reposer par l'inutilité de s'en
servir. Ils ne s'en cachent pas, et leurs écrivains,

(1) Première édition : *sait* bien.
(2) *Est*, mot ajouté.
(3) Première édition : après Robespierre, furent terroristes de
son temps, mais ils ne l'ont été, etc.

entre autres Benjamin Constant, les représentent
sans cesse comme tenant le terrorisme en laisse,
prêts à le lancer sur leurs ennemis. Le gouvernement français n'a donc pas une modération inhérente à des principes(1)de justice ou de morale,
mais il a seulement une modération de calcul et
d'intérêt personnel. Ce gouvernement, composé
en grande partie de ce parti politique que Burke
a si bien dépeint, a calculé sur l'esprit général
du siècle, et, bien sûr qu'en le flattant sur les
jouissances de la vie on n'auroit rien à lui contester sur le reste, il a déposé le sceptre de Robespierre pour jouir plus paisiblement de celui
de Louis XVIII. On ne peut se figurer ce que la
révolution a gagné à cette métamorphose : les
princes et les peuples n'ont plus rien eu à disputer à une révolution qui leur laissoit la vie ;
les assassinats ont été convertis en simples ex-
pulsions, comme à Modène et à Rome ; les gouvernements à une ou à plusieurs têtes, comme
Venise et Gênes, ont été réduits à se démettre.
Le résultat est le même, mais le moyen n'est pas
odieux et n'entache pas la révolution. Robespierre eût fait traîner à la barre de la Convention
le roi de Sardaigne, il eût renouvelé sur le doyen
des rois de l'Europe les insultes prodiguées au

(1) Première édition : à ses principes.

vieux Priam ; l'indignation, le courage de la peur
l'auroient peut-être vengé. La modération actuelle s'est bornée à dépouiller son fils et à l'en-
fermer entre quatre républiques, de manière à
ne pas pouvoir sortir de chez lui sans une carte
de sûreté. Le Pape eût certainement éprouvé un
traitement indigne. On accorde quelques égards
à son âge ; la chrétienté se félicite presque sur
sa retraite et sa pension ; et (1) les révolutionnaires montent tranquillement au Capitole et con-
tinuent sans reproches le cours de leurs des-
tructions.

Voilà tout l'art et le fond de cette modération. Tout ce qui ne se trouve pas sur le chemin
de la révolution est épargné : le lion n'attaque
pas celui qui lui cède (2)...

Le gouvernement de France est devenu modéré avec les étrangers lorsque ceux-ci ont cessé
de résister, comme il le devient à l'égard des
Français à mesure qu'ils sont plus soumis. Leur
soumission respective est la mesure commune
des ménagements qu'il accorde. Il n'est pas éton-
nant qu'il soit modéré envers qui ne lui conteste rien ou lui permet d'accomplir ses projets.
Il veut bien promettre du répit à la moitié de

(1) Première édition : *Mais.*
(2) Première édition : qui *le* lui cède.

l'Europe après s'être emparé de l'autre; il lui accorde un armistice, le printemps, après s'être emparé, pour ses quartiers (1) d'hiver, de Mayence, de Rome et de la Suisse. Si le gouvernement français s'adoucit un peu sur le continent, c'est qu'occupé d'une immense entreprise contre l'Angleterre, il ne veut pas avoir trop d'ennemis à la fois. Que la descente réussisse, et l'on verra ce que couvroit cette modération, et si la mesure de sa volonté n'est pas celle de sa puissance.

Sûrement la France n'est modérée à Rastadt ni pour la forme ni pour le fond; elle ne l'a été ni en Suisse ni à Rome; elle ne l'est pas envers l'Amérique, encore moins envers l'Angleterre, avec le commerce de tous les neutres. Cette bigarrure de conduite ne prouve-t-elle pas qu'elle manque de principe général, et qu'une opposition soutenue feroit bientôt tomber le masque de modération, de manière à faire appliquer au Directoire cette citation, qui peut dans tous les cas lui servir de devise :

Et l'univers qu'il trompe est plein de ses intrigues?

(1) Edition originale : *par* ses quartiers.

TABLE DES CHAPITRES.

———

www.ingramcontent.com/pod-product-compliance
Lightning Source LLC
Chambersburg PA
CBHW071616270326
41928CB00010B/1655